1면으로 보는

# 한국 근현대사

3

# 1면으로 보는 한국 근현대사 3

**초판 1쇄 인쇄** 2011년 7월 5일
**초판 1쇄 발행** 2011년 7월 10일

**기 획** 김홍식
**해 설** 황병주
**책임편집** 강영선
**자료수집** 강영선 조한솔

**펴낸이** 이영선
**펴낸곳** 서해문집
**이 사** 강영선
**주 간** 김선정
**편집장** 김문정
**편 집** 허 승 임경훈 김종훈 김경란 정지원
**디자인** 오성희 당승근 안희정
**마케팅** 김일신 이호석 이주리
**관 리** 박정래 손미경

**출판등록** 1989년 3월 16일 (제406-2005-000047호)
**주 소** 경기도 파주시 교하읍 문발리 파주출판도시 498-7
**전 화** (031)955-7470 | **팩스** (031)955-7469
**홈페이지** www.booksea.co.kr | **이메일** shmj21@hanmail.net



ISBN 978-89-7483-372-5 (세트)
978-89-7483-467-8 (04900)

값은 뒤표지에 있습니다.


이 도서의 국립중앙도서관 출판시도서목록(CIP)은 e-CIP 홈페이지(http://www.nl.go.kr/ecip)에서
이용하실 수 있습니다.(CIP제어번호: CIP2011001798)

군사 쿠데타에서

유신 종말까지

급박했던 순간들

# 1면으로 보는
# 한국 근현대사

3

김흥식 기획 • 황병주 해설

1961~1979

서해문집

근대 서구에서는 신문이 중세의 성경을 대신해 아침 식탁을 점령했다고 한다. 중세 유럽에서 교황으로 상징되던 기독교의 위력을 상기한다면, 신문의 힘이 얼마나 큰 것인지를 알 수 있는 말이다. 요즘은 TV 등의 방송매체와 인터넷의 비약적 발달로 종이 신문의 위력이 예전만 못하다고도 하지만, 여전히 신문은 권력 제4부의 핵심이다.

서구에 비할 바는 아니지만 한국의 신문 역사도 제법 오래되었다. 1883년에 〈한성순보〉가 창간되었으니 120년이 넘는다. 그 긴 세월동안 신문은 한국사회의 다양한 모습을 기록해왔고 이제 그 기록들은 매우 소중한 역사적 자료가 되었다. 신문이 없었더라면 한국 근현대사 서술은 지금과 크게 달라졌을 것이다.

신문의 기능과 역할을 한 마디로 규정하는 것은 쉽지 않은 일이다. 다양한 정보 제공이라는 기본적 기능은 물론이고 계몽과 선전선동의 장인가 하면, 문화예술과 스포츠가 넘쳐나기도 한다. 요컨대 신문 지면은 사회의 축도라 해도 지나치지 않을 것이다. 근엄한 도덕적 훈계의 목소리 바로 다음에는 시시껄렁한 가십 기사가 이어지기도 한다. 한 마디로 신문은 요지경을 닮았다.

한편 신문이 요지경 같은 세상을 단순하게 반영하는 것만은 아닐 것이다. 오히려 더 중요한 것은 신문이 세계를 구성한다는 점이다. 아무리 신문이 객관성과 공정성에 근거해 사실 보도를 한다 하더라도 있는 그대로의 현실을 보여줄 수는 없을 것이다. 무수하게 많은 세상사 중 기사 가치가 있다고 판단된 것들만 선별해 특정한 편집 방향과 기술에 의해 신문지면에 배열한다. 신문이 사회의 축도라면, 그것은 특수한 관점에 의해 기획되고 특정한 기술에 의해 재배치된 인공적 구조물에 가깝다. 예컨대 편집 방향과 정치 성향이 전혀 다른 두 신문을 비교해 보면, 매우 다른 두 사회 축도가 나타날 수밖에 없다. 그렇기 때문에 신문은 세태를 반영하는 것이자 특정한 세상을 만들어가는 것이기도 하다.

민족주의를 연구한 베네딕트 앤더슨B. Anderson이라는 학자는 '상상된 공동체'라는 말을 만들어냈다. 그는 민족이 원초적으로 주어진 것이 아니라 구성원들이 같은 민족이라는 상상을 함으로써 만들어지는 것이라고 주장했다. 이때 중요한 것은 동일한 상상을 가능케 하는 매개인데 그는 그것을 '인쇄 자본주의'라고 불렀다. 문학작품, 신문 등 근대 사회가 대규모로 만들어낸 다양한 인쇄물을 통해 사회 구성원들은 동일한 상상을 할 수 있게 되었다는 것이다. 예컨대 이효석의 〈메밀꽃 필 무렵〉이라는 소설을 같이 읽음으로써 이른바 '토속적인 것'에 대해 비슷한 감정 상태를 공유한다는 것이다. 이렇게 지식과 정보는 물론이고 집단적 감정까지도 공유함으로써 비로소 상상된 공동체가 구성될 수 있다고 본다.

신문은 바로 이 상상된 공동체를 만드는 핵심 요소였다. 전국에 흩어져 있는 수많은 사람들이 날마다 같은 시간에 같은 신문을 통해 같은 내용을 공유할 수 있게 됨으로써 같은 공동체 구성원이라는 동질감을 형성할 수 있게 되었다. 신문과 TV를 안보는 사람은 대화에서 소외되기 십상이고 심지어 이상한 사람으로 취급받을 수도 있다. 이러한 맥락에서 신문은 역사의 기록자를 뛰어넘어 역사를 만들어 온 주체라고 볼 수도 있다.

《1면으로 보는 한국 근현대사 3》은 1960, 70년대를 다룬다. 이 시기는 박정희 정권 주도로 본격적 산업화가 진행된 시기이자 유신으로 상징되는 18년간의 군사독재 시대이기도 하다. 요컨대 산업화와 군사독재가 어우러지면서 한국 현대사에서 최고의 격동기를 만들어냈고 그 결과가 현재 우리가 살고 있는 한국 사회다. 신문은 그 격동의 시대를 가장 충실하게 기록한 증언자이자 때로는 격동의 당사자가 되기도 했다. 1961년 5·16 쿠데타를 보도한 것도, 1979년 10·26을 알린 것도 신문이었는가 하면, 정권의 탄압에 맞서 백지 광고를 냈던 신문도 있었다.

신문의 1면은 사회의 얼굴과도 같았다. 삶의 고통에 일그러진 표정이 등장하는가 하면 주체할 수 없는 희열이 넘쳐나기도 했다. 권력의 압력에 의해 하기 싫은 일을 억지로 하는 표정이 있었는가 하면, 스스로 권력에 맞선 당당한 모습도 있었다. 물론 사람의 얼굴만 보고 모든 것을 알 수는 없겠지만, 안색을 잘 살피면 그 사람의 많은 것을 알 수 있는 것도 사실이다. 20여 년간 한국사회의 안색을 살피는 데 신문만한 것도 없다.

이 책은 앞서 나온 두 권의 후속편이기에 후발 주자로서 이점을 충분히 누릴 수 있었음을 다행으로 생각한다. 또한 편집부가 신문기사의 선별과 입력이 진행되었기에 편하게 해설 작업을 진행할 수 있었음에 감사드린다. 다 차려놓은 밥상에 숟가락 하나 들고 달려든 것은 아닌지 걱정된다. 물론 나 또한 기사 선별에 공동 책임을 지고 있다. 선별된 기사에 동의했고 또 부분적으로 수정 작업을 진행하기도 했다. 해설 부분은 전적으로 내 책임임을 밝혀둔다.

2011년 6월

황병주

차례



## 1961부터 1972까지

## 1973부터 1979까지

1. 1961년부터 1979년까지 국내외에서 발간되던 우리나라 신문에서 주요 역사적 사건과 관련된 신문 기사를 가려냈다.

2. 총 7종의 신문에서 찾아낸 기사 135건은 신문 영인본과 함께 원문을 따로 싣고, 해설을 덧붙여 각 사건의 전후 사정을 생생하게 이해할 수 있게 했다.

3. 시간의 흐름에 따라 기사를 배치하였으나, 몇 해에 걸친 사건이나 관련 사건이 여럿일 경우 함께 묶은 첫 기사의 시기에 맞추었다.

4. 역사적 사건이 일어난 시기와 신문 기사로 실린 시기가 일치하지 않은 경우가 있다. 따라서 각 장마다 속표지에 연표를 실어 본문에 나오는 역사적 사건을 시간별로 정리했다.

5. 신문 기사 원문 가운데 국한문 혼용체 문장은 되도록 원문을 그대로 살리되 조사나 부사는 현대어로 바꾸었다. 단 맞춤법과 띄어쓰기는 국립국어원의 《표준국어대사전》에 따랐다.

6. 신문 기사 원문에서 뜻풀이가 필요한 단어나 문장에는 편집자 주를 달았다.

7. 신문 기사 원문에서 한글로 표기한 숫자는 가독성을 위해 아라비아 숫자로 바꾸었다.

# 1961부터 1972까지

**1961**
- 5月 5 · 16 군사쿠데타
- 6月 중앙정보부 설치
  - 국가재건범국민운동 전개
- 7月 반공법 제정
- 8月 〈민족일보〉 사건

**1962**
- 1月 경제개발 5개년 계획 성안
- 3月 윤보선 대통령 사임
- 5月 증권 파동
- 6月 제2차 화폐개혁

**1963**
- 7月 농촌 고리채 정리
  - 4대 의혹 사건 폭로
- 10月 대통령 박정희 당선
- 12月 제3공화국 탄생
  - 광부, 서독 파견

**1964**
- 6月 한일회담 반대 시위, 비상계엄령 선포
- 8月 언론윤리위원회법 공포
  - 베트남전 파병

**1965**
- 3月 무즙 파동
- 6月 한일협정 조인
- 12月 한일 국교 정상화

**1966**
- 1月 간호사, 서독 파견
- 7月 한미행정협정 조인
- 9月 한비韓肥 사건

**1967**
- 2月 한미행정협정 발효
- 7月 동백림 사건

**1968**
- 1月 1 · 21사태
  - 미함 푸에블로 호 납북
- 5月 국민복지회 사건과 김종필 탈당
- 7月 중학 입시제 폐지
  - 임자도 사건
- 8月 통일혁명당 사건
- 11月 울진에 무장 공비 출몰
- 12月 국민교육헌장 선포

**1969**
- 9月 삼선개헌안 날치기 통과
- 11月 40대 기수론 제기
- 12月 KAL기 납북

**1970**
- 3月 정인숙 사건
- 4月 와우 시민아파트 붕괴
- 6月 김지하 필화 사건
- 7月 경부고속도로 개통
- 11月 전태일 분신

**1971**
- 7月 사법부 파동
- 8月 광주대단지 사건
  - 남북한 가족 찾기 운동 제의
  - 실미도 사건
- 10月 위수령 발동

**1972**
- 3月 새마을운동을 범국민운동으로
- 7月 7 · 4 남북공동성명 발표
- 8月 8.3조치-기업 사채 동결
- 10月 유신헌법 공포

# 5·16 군사쿠데타

1961年 5月 16日 동아일보 호외
5月 17日 | 5月 19日 민족일보
6月 7日 동아일보 | 7月 3日 동아일보 호외
11月 15日 동아일보

**오늘 미명未明[1] 군부서 반공 혁명**
**장도영 중장이 총 지휘**
**장면 정권을 불신임**
**군사혁명위서 성명 발표**

16일 군사혁명위원회 의장 장도영張都暎 중장은 부패된 현 정권을 신임할 수 없으므로 국민이 민생고民生苦에 허덕이는 이때 조국의 위기를 극복하기 위하여 군사혁명위원회를 조직하였다고 이날 상오 5시 중앙방송을 통해서 발표하였다. 이 발표에 의하면 동 위원회에서는 입법 · 행정 · 사법을 완전히 장악하였다고 하며 이 사업이 완수될 경우에는 양심적인 정치인에게 정권을 이양하겠다고 밝혔다. 또 동 군사위원회의 발표는 다음과 같다.

1. 지금까지 구호에만 그쳤던 반공 체제를 재정비한다.
2. 유엔헌장을 준수하고 국제협약을 성실히 이행하며 미국을 비롯한 자유 우방과의 유대를 한층 더 견고히 한다.
3. 현 정권의 병폐와 구악을 일소一掃하고 퇴폐된 국민 도의와 민족정기를 진작시킨다.
4. 절망과 기아 속에서 허덕이는 민생고를 시급히 해결하고 국가자주 경제체제를 완성한다.
5. 국민의 숙원인 국토 통일을 위하여 반공 실력을 배양한다.
6. 이와 같은 우리의 과업이 성취되면 새롭고 양심적인 정치인들에게 정권을 이양하고 우리들 본연의 임무에 복귀할 것이다.

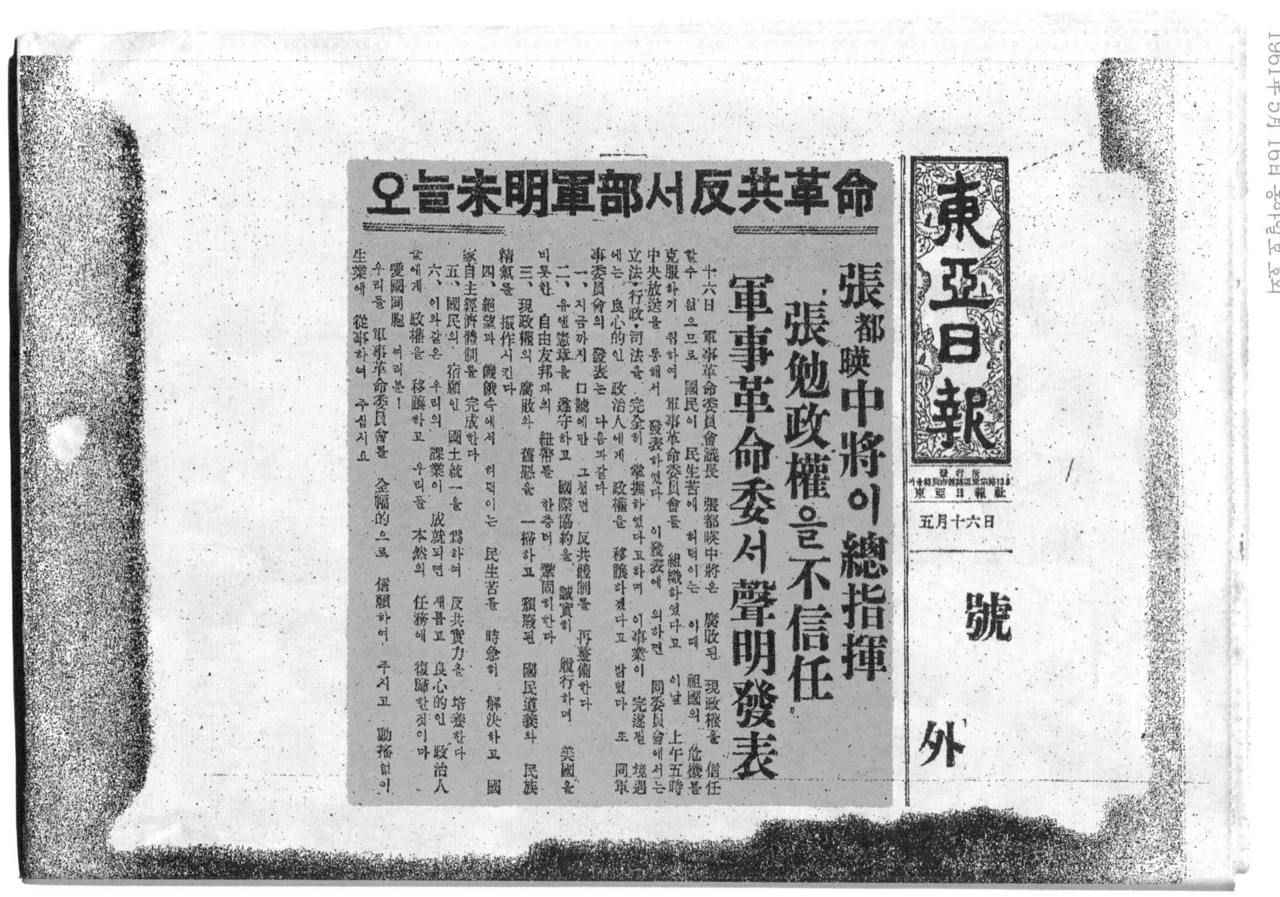

東亞日報
五月十六日
號外

오늘未明軍部서反共革命

張都暎中將이總指揮

張勉政權을不信任

軍事革命委서聲明發表

十六日 軍事革命委員會議長 張都暎中將은 腐敗된 現政權을 信任할수 없으므로 國民이 民生苦에 허덕이는 이때 祖國의 危機를 克服하기 위하여 軍事革命委員會를 組織하였다고 이날 上午五時 中央放送을 통해서 發表하였다 이發表에 의하면 同委員會에서는 立法·行政·司法을 完全히 掌握하였다고하며 이事業이 完遂될 境遇에는 良心的인 政治人에게 政權을 移讓하겠다고 밝혔다 또 同軍事委員會의 發表는 다음과같다

一、지금까지 口號에만 그쳤던 反共體制를 再整備한다
二、유엔憲章을 遵守하고 國際協約을 誠實히 履行하며 美國을 비롯한 自由友邦과의 紐帶를 한층더 鞏固히한다
三、現政權의 腐敗와 舊惡을 一掃하고 頹廢된 國民道義와 民族精氣를 振作시킨다
四、絶望과 饑餓속에서 허덕이는 民生苦를 時急히 解決하고 國家自主經濟體制를 完成한다
五、國民의 宿願인 國土統一을 爲하여 反共實力을 培養한다
六、이와같은 우리의 課業이 成就되면 새롭고 良心的인 政治人들에게 政權을 移讓하고 우리들 本然의 任務에 復歸할것이다

愛國同胞 여러분!
우리들 軍事革命委員會를 全幅的으로 信賴하여 주시고 動搖없이 生業에 從事하여 주십시요

1961年 5月 16日 동아일보 호외

# 民族日報

1961年 5月17日 (水曜日) 第90號

# 陸·海·空·海兵이「쿠데타」

## 金浦駐屯海兵一旅團이 主動

## 三府完全掌握에 成功

反共體制再整備·腐敗一掃宣言

## 서울等主要都市占領

軍事革命委議長에 張都暎中將

軍事革命委員會聲明

布告一號

## 全國에 非常戒嚴令宣布

## 金融凍結·港灣도 封鎖

19時부터 5時까지 通行禁止

〈第二軍副司令官〉

## 朴正熙少將總指揮

革命指揮官들 陸本訪問

布告二號

布告三號

尹大統領 青瓦臺에 健在

## 張總理는 行方不明

軍事革命委 五名으로 構成

政界指導者健在

「國家再建委員會」로 곧 改稱

## 地方行政完全掌握

共侵防止에 必要

애국 동포 여러분!

우리들 군사혁명위원회를 전폭적으로 신뢰하여 주시고 동요 없이 생업에 종사하여 주십시오. 1961 0516

[1]새벽

**육·해·공·해병이 '쿠데타'**
**김포 주둔 해병 1여단이 주동**
**3부 완전 장악에 성공**
**반공 체제 재정비, 부패 일소 선언**

혁명군사위원회 의장 장도영 중장은 16일 새벽 3시를 기하여 일어난 군사 '쿠데타'가 성공적으로 끝났다고 이날 아침 발표하였다. 이 위원회가 밝힌 군사혁명은 김포에 주둔 중인 해병 제1여단의 주동으로 이루어졌으며 여기에 육군 3사단(수색 주둔) 및 동33사단(부평 주둔) 등 2개 사단 병력과 6군단 5개 포병대와 육군 공수부대가 호응했다고 한다. 이 혁명부대는 이날 새벽 3시를 기하여 서울에 입성했으나 도중 저지선을 펴고 대기 중에 있던 수미상未詳의 헌병 부대와 충돌, 약간의 총격전을 벌였다고 한다. 이 위원회는 이 군사혁명이 부산, 대구, 광주, 대전 등 국내 주요 도시를 위시해서 전국적으로 파급되고 있는 것으로 안다고 말하고 '이것은 사전에 미리 계획된 것이었다'고 덧붙였다. 대부분의 요인要人은 이 군사혁명위에 의하여 이미 체포되었다고 하나 이들의 명단과 주소는 발표되지 않았다.

**서울 등 주요 도시 점령**
**군사혁명위 의장에 장도영 중장**

**제2군 부사령관**
**박정희 소장 총지휘**
**혁명 지휘관들 육본 방문**

**전국에 비상계엄령 선포**
**금융 동결, 항만도 봉쇄**
**19시부터 5시까지 통행금지**

**윤 대통령 청와대에 건재**

**장 총리는 행방불명**
**현玄 국방장군은 군에서 모처로 연행**
**군사혁명위 5명으로 구성**

군사혁명위원회는 다음 다섯 사람으로 구성되었다.

▲박정희 소장 ▲윤태일(36사단장) ▲채명신(5사단장) ▲송찬호(국방연구원생) ▲김윤근(해병 제1여단장)

**'국가재건위원회'로 곧 개칭**
**지방행정 완전 장악**
**군사혁명위, 3일내 혼란 수습** 1961 0516

**대한對韓 원조는 계속**
**혁명위와 접촉 중**
**미 국무성, 처음 태도 표명 성명**

[와싱턴 17일발 AP 특전=동화] 미 국무성은 17일 미국 군대는 한국의 혁명에 '어떠한 형식으로든 관계되지 않았고 또 앞으로 관계되지 않을 것'이라고 말하였다. 미 국무성 공보관 '조셉 리프' 씨는 한국군 봉기에 대한 광범한 분야에 걸친 다른 질문에는 논평을 회피하면서 이와 같은 성명을 발표하였다.

그런데 주한 미국군은 유엔군 사령부하에 복무하는 약 2만 3000명에 달하는 2개 사단을 주로 하여 구성되어 있다. '리프' 공보관은 미국의 대한 원조는 계속되고 있는 것으로 본다고 말하였다. 이 원조액은 현재 연간 약 2억 5000만 불에 달한다. '리프' 공보관은 '물론 이 원조를 중지하라는 지시는 없었다'고 말하였다.

그는 또한 국무차관 '체스터 보울즈' 씨가 상원 외교위원회에서 한 증언에도 논평하려 하지 않았는데 '보울즈' 씨는 자기가 혁명군의 어떤 성명에 용기를 얻었다고 말한 바 있다.

국무성은 주한 미국 관리들이 그들의 직권 테두리 안에서 행동하고 있다고 말하였으며 그러나 '와싱턴'이 장 정부를 지지한다는 취지의 같은 성명을 발표하기를 회피하였다. 1961 0519

# 對韓援助는 繼續

## 革命委와 接觸中

### 美國務省、처음態度表明聲明

【와싱턴十七日發AP特電=同和】美國務省은 十七日 美國軍隊는 韓國의 혁명에 「어떠한 形式으로든 關聯되지않았고 또앞으로도關係되지않을것」이라고말하였다 國務省公報官「조셉·리프」氏는 韓國軍蜂起에 對한 廣範한 分野에걸친 다른質問에는 論評을 回避하면서 이와같은聲明을 發表하였다

그런데 駐韓美國軍은 유엔軍司令部下에 服務하는 約二萬三千名에 達하는 二個師團을 主로하여 構成되어있다 「리프」公報官은 美國의 對韓援助는 繼續되고있는 것으로본다고 말하였다 이援助額은 現在年間約 二億五千萬弗에 達한다

「리프」公報官은「勿論 이援助를 中止하라는指示는없었다」고말하였다 그는또한 國務次官「체스터·보울즈」氏가上院外交委員會에서 한證言에도 論評하려하지않았는데 「보울즈」氏는 自己가革命軍의 어떤聲明에 勇氣를얻었다고 말한바있다

國務省은 그들의 駐韓美國官吏들이 그들의職權테두리안에서 行動하고있다고 말하였으며 그러나 「와싱턴」이 張政府를 支持한다는 趣旨의 같은聲明을 發表하기를 回避하였다

## 美의軍援置重에도有責

=「풀」外委長、보次官證言듣고言明=

【와싱턴十七日發AP急電=同和】「체스터·보울즈」美國務長官署理는 十七日 美上院外交委員會에서 現在 韓國政府를 運營하고있는 軍事革命委員會에 對한 美國의 公式政策이 「아직決定되지 않았다」고 말하였다고 報道되었다 外交委員會委員長「J·윌리암·풀브라이트」議員은 「보울즈」氏가 軍部이 목적은「腐敗를 一掃하고」政府에서 물러나겠다는 軍部聲明에 依하여 激勵를 받았다고 報告하였다고 말하였다 「풀브라이트」氏는「보울즈」氏가 會議에서 떠난後에 同秘密會議에 關하여 報告하면서 國務長官署理가 上院議員들에게 國務省은 選擧된 政權首班인 張勉總理와 連絡을 取할수가 없다고 말하였다고 傳하였다 「풀브라이트」議員은「그들은 그가 어디있는지 모르고있다 그는나타나지않고있다」고 덧붙였다 그러나 同上院議員은「그(보울즈氏)는 將星들이 腐敗의 뿌리를 뽑아내는데에만 關心을 갖고있다고 表明한것을 多幸히생각한다고 말하였다」고 附言하였다

## 라오스

# 聯立政府樹立키로

### 「나몬」休戰·政治會談에서合意

【나몬(라오스)十七日發AFP=合同】이곳에서 會同한 「라오스」의 右翼 中立 親共三派는 十七日 聯立政府樹立에 合意하였으며 이問題討議에 最優先權을 賦與하는點에 意見이 一致를 보았다 그들은 또 國際休戰監視委員團과 協調할수있도록 하기爲하여 「라오스」의 三政派代表로 構成되는 軍事委員會를 設置하는데 ...

「케네디」大統領과 카나다首相이 회담모습

○年代의 防衛要請에 應하려면 「나토」各國은 다음과같은 두가지 主要路線에 따라 同時에 推進하지않으면 안된다

## 令狀없이 逮捕·拘禁

### 革命委布告10號·11號·2號發表

## ＜一軍司도＞

# 革命全幅支持宣言

=美의張政權支持努力을抹殺시킨것=

## 〃〃李司令官 革命完遂를强調

【1】 檀紀四千二百九十四年六月七日 水曜日 동아일보 The Dong-A Ilbo 【日刊】 第12115號

東亞日報

# 國家再建非常措置法公布

## 國家再建最高會議가 最高統治機關

### 革命裁判所·革命檢察部設置도 規定

### 現行憲法 一部條項은 效力停止

「非常措置法」을 公布하는 國家再建最高會議와 同措置法을 朗讀하는 李錫濟法務分科委員(圓內)

國家再建非常措置法全文

## 陸軍參謀總長 金鍾五中將

### 中國防次官, 長官代理兼務發令

## "韓國事態를 注視"

### 「언커크」 最終會議 10日頃에 公式聲明

社說 不景氣의 回復·上昇의 起點은?

和蘭代表辭偉

高等學校教師採用 東光考試學院

大同英語學院

宇宙公社

高等考試準備叢書

新憲法 / 新行政法(上·下) / 新民事訴訟法 / 民法(總則) / 民法(物權法) / 民法(債權法) / 新物權法各論(上·下) / 新經濟原論 / 財政學 / 國際法 / 新行政學 / 改正 韓國刑法(各論) / 新刑事訴訟法 / 刑事訴訟法概要

受驗英語의 決定版!! 遂出刊! 大學入試 英語의 要点 著者會心의 力作!

檀國大學法律政經講義錄 檀國大學附設通信大學

校外生募集

**국가재건 비상조치법 공포**
**국가재건최고회의가 최고통치기관**
**혁명재판소, 혁명검찰부 설치도 규정**
**현행 헌법 일부 조항은 효력 정지**

국가재건비상조치법은 6일 하오 1시 최고회의령 제42호로 공포되어 이날부터 효력을 발생하였다.

최고회의는 이날 하오 1시 5분부터 최고회의 의사당에서 최고위원 전원과 각료 등이 참석한 가운데 이 비상조치법을 공포하는 짤막한 식전을 올렸다.

전문 4장 24조 부칙으로 된 이 비상조치법은 국가 민족의 위기를 극복하여 민주공화국을 재건하기 위한 비상조치로서 국가재건최고회의를 설치한다고 제1조에서 밝히고 '5·16 군사혁명과업 완수 후에 시행될 총선거에 의해 국회가 구성되고 정부가 수립될 때까지 대한민국의 최고통치기관으로서의 지위를 가진다'는 점을 제2조에서 명시했다.

그리고 이 비상조치법에 저촉되는 현행 헌법의 일부 조항에 대한 효력 정지도 규정하였으며 특별법을 제정하여 혁명재판소와 혁명검찰부를 설치할 수 있도록 하였다.(중략) 1961 0607

**최고회의 의장에 박정희 소장**
**내각 수반에는 송요찬 씨** _현 국방장관
**국가최고회의서 임명**

국가재건최고회의는 3일 하오 6시 반 장도영 중장의 의장직 사표를 수리하고 후임에 부의장 겸 상임위원장이던 박정희 소장을, 내각 수반 후임에는 현 국방장관인 송요찬宋堯讚 예비역 중장을 각각 임명하기로 의결했다고 발표하였다. 최고회의는 또한 최고회의법 제4조 1항을 개정해서 상임위원장은 의장이 겸하도록 하였다. 1961 0703

**미, 강력한 원조 확약**
**박 의장 민정 복귀 공약 다짐**
**한미정상회담 후 공동성명 발표**

**한국군 증강도 토의** _국제정세
**양 수뇌, 회담 결과에 만족 표명**

[워싱톤에서 15일 본사 권오기, 정연권 지급 전화] 미국은 한국의 장기적인 경제 발전을 위해서 가능한 범위의 경제 원조를 제공하겠다는 점을 약속하여 미국의 한국 혁명정부에 대한 지지를 재확인하였다. 14일 하오 1시간 25분 동안에 걸친 박정희 의장과 '케네디' 대통령과의 역사적인 백악관 회담이 끝난 다음 발표된 공동성명은 박 의장이 혁명정부가 취한 '적극적인 조치'를 설명했고 1963년 8월까지에는 정권을 틀림없이 민간에게 넘기겠다는 혁명정부의 공약을 재천명했다는 사실을 명백히 하였다. 1961 1115

1961年 7月 3日 동아일보 호외

東亞日報

七月三日

號外

最高會議議長에 朴正熙少將

內閣首班에는 宋堯讚氏 現國防長官

國家最高會議서 任命

1961年 11月 15日 동아일보

The Dong-A Ilbo 第12276號

東亞日報

夕刊

# 美, 强力한 援助確約

## 朴議長, 民政復歸公約다짐

### 韓美頂上會談後共同聲明發表

## 國際情勢·韓國軍增强도討議

### 兩首腦會談結果에 滿足表明

## 長期經濟開發計劃 韓美間見解差

### 具體的解明위해 다시會合?

### 朴·케네디 共同聲明全文

## 韓美行政協定締結 實務者級서交涉

### 柳外務委長, 頂上會談後言明

### 韓日修交希望的

朴議長, 韓美會談서說明

## 長期低利借款提供하면 多額請求權撤回에同意

### 伊關氏, 朴·池田會談內容公開

### 美政府要人과歡談

### 駐日代表部 論評會拒否

**해설** 짧게는 박정희 정권 18년, 길게는 군사정권 30여 년의 서막을 알리는 사건이 발생했다. 5·16 군사쿠데타는 더 이상 설명이 필요 없을 정도로 한국 현대사의 유명한 사건이다. 그 주역들은 '목숨을 걸었다'고 한껏 비장했지만, 사실 쿠데타는 엉성하기 그지없었다. 군 정보기관들의 쿠데타 음모 보고는 말할 것도 없고 항간에도 소문이 파다했다. 쿠데타는 실상 반공개적으로 진행된 셈이었다. 게다가 쿠데타 군이 동원한 병력은 3000명 정도에 불과했다.

문제는 쿠데타를 저지할 수 있는 실력자들이 별로 진압의지가 없었다는 데 있었다. 당시의 실력자라고 한다면 미국과 군부였는데, 둘 다 확고한 진압 의지가 없었다. 잠시 오락가락하기는 했지만 미국은 곧 쿠데타 지지로 돌아섰고, 진압의 1차 책임자라 할 장도영 육군참모총장은 오히려 쿠데타의 '주역'이 되었다. 군 핵심 실세들이 보여준 기회주의는 쿠데타가 성공하는 중요한 요인 중의 하나였다. 게다가 윤보선 대통령 또한 그 유명한 "올 것이 왔다"는 말로 사실상 쿠데타를 수수방관하는 듯 했다.

유일하게 쿠데타에 적대적이던 인물은 장면 총리밖에 없었다. 그러나 그는 깔멜 수녀원에 숨어 쿠데타 진행을 지켜볼 수밖에 없었다. 5월 16일 새벽 쿠데타 소식에 그가 맨 처음 찾아간 곳은 미국 대사관이었다. 그러나 '신원 미상자'란 이유로 문전박대를 당했고, 그 다음 찾아간 미 대사관 숙소에서도 사정은 마찬가지였다. 한국의 역대 권력자 중 최고의 친미 인물로 꼽히는 '예스맨' 장 총리는 미 대사관 문턱조차 넘을 수 없었다. 그가 기댈 곳은 인력이 미치지 않는 하느님의 영역밖에 없었지만, 천상의 하느님조차 쿠데타를 막을 수는 없었다.

당시 여건으로 보아 쿠데타 성패를 좌우할 결정적 열쇠는 미국 손에 있었다. 한국군의 작전 지휘권은 물론이고 막대한 군사 원조로 막강한 영향력을 행사하던 미국이 쿠데타 진압을 시도했다면 사태는 간단하게 정리될 수 있었을 것이다. 당시 미 케네디 정권은 '근대화 노선'을 새로운 대외정책으로 들고 나왔고, 그 핵심인물 중 하나이던 로스토우는 군부의 역할을 강조했다. 자칭타칭 최고의 근대화된 집단으로 떠오른 군부가 국가 전체의 근대화 주역이 되어야 한다는 논리였다. 한국전쟁을 겪으면서 60만 명이 넘는 거대 집단으로 성장한 군부는 드디어 국가와 사회 전체를 장악하기에 이르렀다.

또 하나 기억해야 될 것은 당시 비판적 지식인들이 대부분 쿠데타에 동조적이었다는 점이다. 예컨대 지식인 사회에 커다란 영향력을 행사하던 〈사상계〉 발행인 장준하 또한 쿠데타 지지 입장이었다. 매우 독특한 캐릭터인 함석헌의 쿠데타 비판을 빼고 공개적이고 즉각적으로 반대 입장을 밝힌 경우는 찾기 힘들었다. 요컨대 쿠데타는 성공보다 실패하는 것이 더 힘든 상황이었다.

# 중앙정보부 발족과 반공법 제정

1961年 6月 11日 동아일보
7月 4日 조선일보

**중앙정보부 설치**
**수사 활동 검사 지휘 받지 않기로**
**법률 619호 공포**

국가재건최고회의國家再建最高會議는 10일 하오 최고회의법 제18조에 따라 최고회의의 직속기관으로 두게 된 중앙정보부의 기능과 그 수사권 관계를 정한 중앙정보부법을 법률 제619호로 공포하였다.

전문全文 9조 부칙으로 된 이 법은 서울에 본부를 두며 필요에 따라 지부를 둘 수 있게 되어있으며 부장 1인, 기획운영 차장, 행정 차장 각 1인씩을 두고 본 지부에 수사관을 두게 되어 있다. 중앙정보부는 이 법 제6조에 따라 수사관이 소관업무에 관련된 범죄를 수사할 때에는 검사의 지휘를 받지 않으며 그 직원은 그 업무수행에 있어서 필요한 협조와 지원을 전 국가기관으로부터 받을 수 있도록 되어 있다. 1961 0611

**공산계열의 노선 따르는 단체의 활동 봉쇄**
**반공법을 발표, 국가보안법의 보강**
**7년이하의 징역형**
**찬양 · 고무鼓舞 · 통신 등에**
**불고지죄不告知罪에도 징역 5년이하**

4일 상오 정부는 3일자로 공포된 '반공법' 전문을 발표하였다. 동법同法은 "국가재건 과업의 제1목표인 반공체제를 강화"하기 위하여 '반국가단체 구성'을 규정한 국가보안법 제1조 내용 중 "공산계열의 내용에 따라서 활동하는 단체"의 활동을 봉쇄함을 그 목적으로 하고 있다. 전문 11조 부칙으로 된 동법에는 ①전기前記 단체나 그 구성원의 활동을 찬양 고무하는 자는 7년이하의 징역에 처하며 ②공산계열의 이익이 된다는 정情을 알면서 전기 단체 구성원과 회합 또는 통신을 하거나 금품의 제공을 받은 자도 7년이하의 징역에 처하게 되어 있으며 ③동법에 규정된 죄를 범한 자를 인지하고 수사정보기관에 고지하지 않는 자도 5년 이하의 징역 또는 10만 원 이하의 벌금형에 처하게 되어 있다. 동법의 공포와 더불어 군사혁명위 포고布告 제18호는 폐지케 되었는데 동법 전문은 다음과 같다. 1961 0704

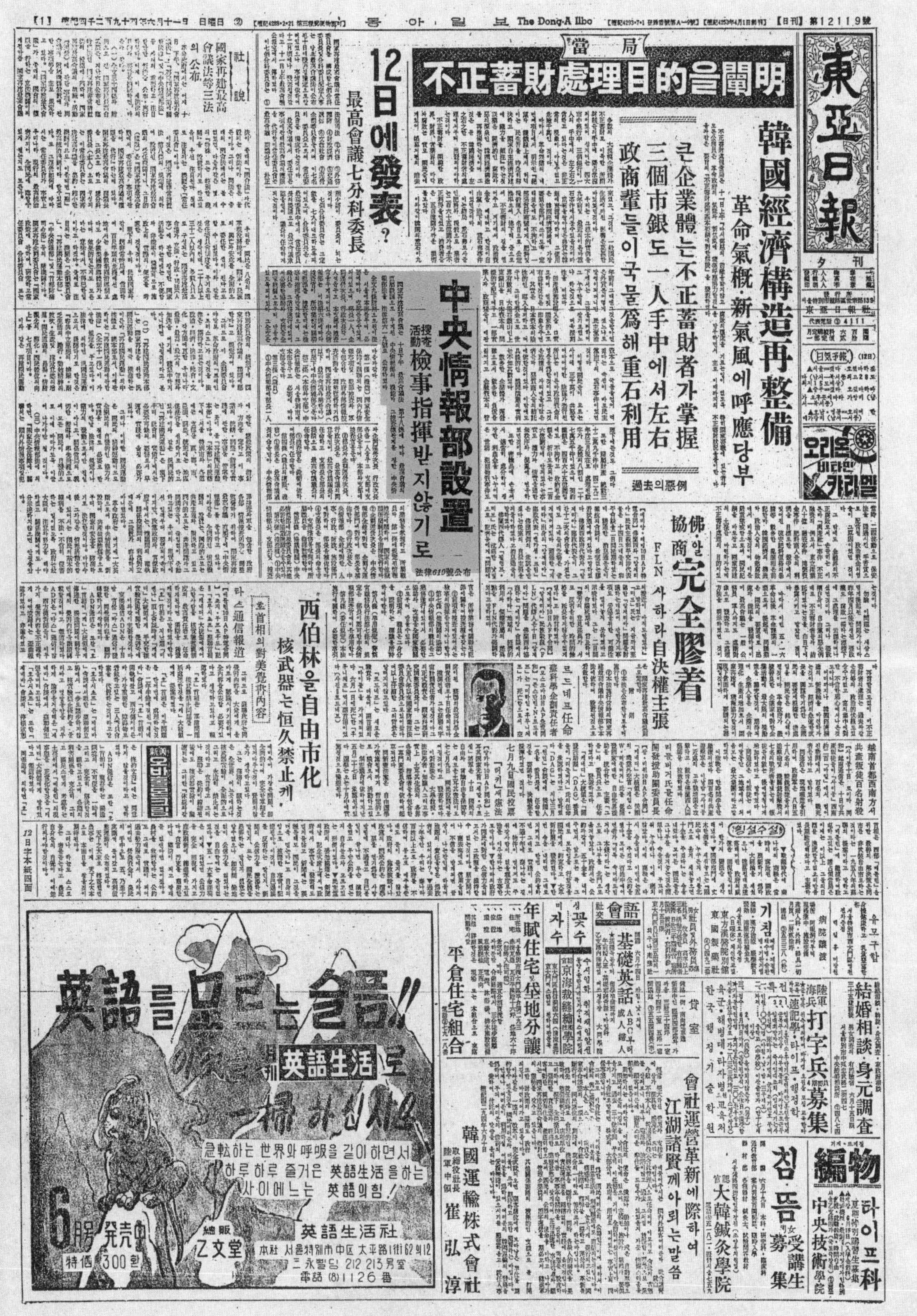

東亞日報

夕刊

The Dong-A Ilbo

當局

# 不正蓄財處理目的을闡明

## 韓國經濟構造再整備

革命氣概·新氣風에呼應당부

큰企業體는不正蓄財者가掌握

三個市銀도一人手中에서左右

政商輩들이국물爲해重石利用

過去의惡例

## 12日에發表?

最高會議七分科委長

社說

國家再建最高會議法等三法의公布

## 中央情報部設置

搜査活動 檢事指揮받지않기로

法律610號公布

## 佛·알協商完全膠着

FLN 사하라自決權主張

## 西伯林을自由市化

核武器는恒久禁止케

흐首相의對美覺書內容

타스通信報道



1961年 6月 11日 동아일보

The Chosun Ilbo 檀紀4294年7月4日 (火曜日) 【第三版】 【日刊】

朝鮮日報 夕刊

# 共産系列의 路線따르는 團體의 活動封鎖

## 反共法을 發表、國家保安法의 補强

## 七年以下의 懲役刑

## 讚揚·鼓舞·通信등에

### 不告知罪에도 懲役五年以下

◇反共法

## 美、豫測했었다고

### 政府內閣 公式論評은 回避

## 不正手票團束法도 發表

## 二年以下의 懲役

### 告發안한 者도 處罰

九月一日부터 施行

### 不渡·署名變造등

＜不正手票의 定義＞

尹大統領禮訪

宋首班任命式

尹大統領祝電

美·比獨立日에

## 四日下午에 出發

親善使節團第三班

### 모든 人間은 平等

四日下午歸國

IPI代表三氏

日側서 樂觀

韓國政局에

社說

革命當局 首腦部의 更迭에 對하여

「쿠와이트」事態에 對한 「英」의 措置



公示送達

春川地方法院原州支院

書記 金日浩

영흥도 도등탑 설치공사 정정공고

해무청장

재도입찰공고

체신부재무관

**해설** 정식 명칭보다 '중정'이라는 약칭이나 '남산'이라는 별칭으로 더욱 유명하던 중앙정보부 창설 보도기사다. 정권이 여러 차례 교체되었는데도 국가안전기획부(안기부), 국가정보원(국정원) 등으로 이름을 바꿔가면서 아직까지 건재한 것을 보면, 권력에게는 매우 소중한 존재라고 할 수 있다.

현대의 정보기구들은 대부분 전쟁과 군대로부터 기원한다. 대표적인 것이 미국의 중앙정보부(CIA)일 것이다. CIA는 제2차 세계대전 당시 특수작전을 책임지던 전략첩보국(Office of Strategic Services, OSS)의 후신이다. 권력과 폭력은 실상 동전의 양면이며, 국가권력에게 군대는 최후의 보루다. 모든 권력이 총구에서 나온다고 한다면, 총구 방향을 조종하는 것이 무엇보다 중요하며, 정보기관은 곧 그 가늠자다.

중앙정보부 창설 요원은 대부분 특무대 출신이었다. 특무대는 1950년대 공포의 대명사였는데, 특히 특무대장 김창룡은 미국인들이 '스네이크 김'이라는 별명을 지어줄 정도로 잔혹하기 그지없었다. 중정은 곧 특무대의 '사회 진출'이었다. 5 · 16으로 군대가 본격적으로 사회에 진출했고, 정보기구라고 예외는 아니었다. 요컨대 권력과 군대가 만나 생산해낸 최고의 작품이 중앙정보부였다.

중정은 명칭부터 부훈까지 미국 CIA의 벤치마킹이었다. KCIA의 부훈은 '우리는 음지에서 일하고 양지를 지향한다.'였는데, 미국의 그것은 '익명에의 열정'이다. 미국 CIA는 알게 모르게 KCIA 창설과 활동에 매우 중요한 역할을 했지만, 그 진실은 역시 익명과 음지에 묻혀 있다.

중정은 정말 무시무시했다. 그것을 두려워해야 할 사람들은 단지 북한과 반체제 진영만이 아니었다. 여당인 공화당 의원들도 가차 없는 고문 대상이었고, 서울대 교수 최종길도 의문의 죽음을 당해야만 했다. 최종길 교수의 동생이 중정 요원이었는데도 말이다.

중정 부장은 여럿 있었지만, 역시 김형욱과 김재규가 극적인 인물이었다. 중정은 '좀 무서워야' 된다고 생각한 박정희의 뜻을 가장 충실하게 따른 김형욱은 '남산 멧돼지', '돈까스'라 불리며 장장 8년여 동안 장안을 공포에 떨게 했다. 그러나 권불십년이요, 토사구팽이라 했던가. 김형욱도 결국 중정부장에서 쫓겨나 날 서린 복수의 칼날을 피해 해외로 도피하는 신세가 되었다. 주인에게 버림받은 그는 과거 중정부장 시절 확보한 각종 고급 정보들을 무기삼아 박정희와 거래를 시도했지만, 일련의 흥정 끝에 거래는 실패했다. 미 하원 청문회 증언, 회고록 발간 등으로 박정희와 날선 대립을 이어가던 그는 결국 1979년 10월 파리에서 실종되어 아직까지 음지를 헤매고 있다. 청와대 지하실, 파리 교외 양계장 사료분쇄기 등등 그의 마지막을 둘러싼 무성한 소문과 함께.

무엇보다 중정은 한국현대사에서 전무후무한 '특수 공작'을 감행했는데, 바로 10 · 26이다. 박정희 심복 중의 심복인 중정부장 김재규가 '야수의 심정으로 유신의 심장'을 강타했다는 것은 도무지 상식으로 이해하기 힘든 것이었다. 어쨌든 10 · 26사건에도 불구하고 중정은 안기부로 개명되어 그 명을 이어갔다. 비록 주인을 한 번 물기는 했지만, 지킬 게 많은 자들에게 무서운 개는 쉽게 포기할 수 있는 게 아니었다.

중정은 사실상 초법적 기구처럼 움직였기에 사법적 지원이 필요 없었을지도 모른다. 그러나 명색이 민주공화국인 나라에서 법률적 정당성을 확보하는 것은 매우 중요하다. 중정의 최대 법률 자원은 국가보안법과 반공법이었다. 국가보안법은 이미 1949년에 만들어졌지만, 반공법은 쿠데타 직후 새로 제정되었다. 반국가 사범 중에서도 공산주의 계열만 특별하게 다루기 위해 만들어진 반공법은 반공을 국시의 제1로 내세운 권력의 입장을 그대로 반영했다. 박정희 정권 18년간 국가보안법과 반공법 위반으로 사형당한 사람만 170여 명에 이른다. 전두환 정권 7년간 10명인 것에 비하면 압도적으로 많았다. 1980년 반공법은 다시 국가보안법으로 흡수 폐지되었다.

# 재건국민운동과 농촌 고리채 정리

1961年 6月 11日 조선일보
1963年 7月 23日 경향신문

**국가재건 범국민운동을 전개**
**신생활 체제를 확립**
**중앙에 본부 · 각 도에 지부 설치**
**각 기관 · 단체에는 촉진회 두고**

국가재건최고회의는 지난 9일의 회의에서 '국가재건을 위한 범국민운동을 촉진하기 위한' "재건국민운동에 관한 법률"을 의결하고 10일 하오 최고회의 공보실을 통해 발표하였다. 전문 11조 부칙으로 된 동 법은 '전 국민이 청신淸新한 기풍을 배양하고 신생활 체제를 견지하며 반공이념을 확고히 하기 위한 것' 으로 ① 용공중립사상의 배격 ② 내핍생활의 여행勵行 ③ 근면정신의 고취 ④ 생산 및 건설의식의 증진 ⑤ 국민도의의 앙양昻揚 ⑥ 정서관념의 순화 7. 국민체위의 향상 등을 목표로 하고 있다. 이 국민운동을 위해 재건국민운동 본부를 설치하고 본부장 및 차장 각 1명을 두며 서울특별시와 각 도에 지부를 설치하며 구 · 군(시) 읍 · 면 · 동(리) · 통 · 방(반) 등에 지구재건국민운동촉진회를 두며 각 기관 및 사회단체에 '집단재건국민운동촉진회' 를 둘 수 있게 규정하였다.

**유진오 씨를 임명**
**재건국민운동 본부장에** 1961 0611

**농어촌 고리채 신고하면 혜택**
**연내에 신규 농자農資 121억 환 방출**

장형순 농림장관은 22일 "농 · 어촌 고리채를 정리하기 위하여 농촌과 어촌에 있어서 채권자와 채무자 들은 이동里洞에 설치된 이동농 · 어촌고리채정리위회委會에 한 사람도 빠짐없이 오는 8월 5일부터 동 24일 사이에 신고를 하여 이번 기회에 고리채를 깨끗이 정리하여 주기를 바란다."고 말하였다. 장 장관은 농 · 어촌 고리채 정리에 관한 담화를 발표하고 "정부에서는 고리채의 신고를 강요하지는 않겠으나 신고기간 내에 신고하지 아니한 경우 빚을 갚을 사람은 7년 분할상환의 혜택을 입지 못하게 되고 빚 받을 사람은 권리를 잃게 된다."고 농민들의 주의를 환기시켰다. 1963 0723

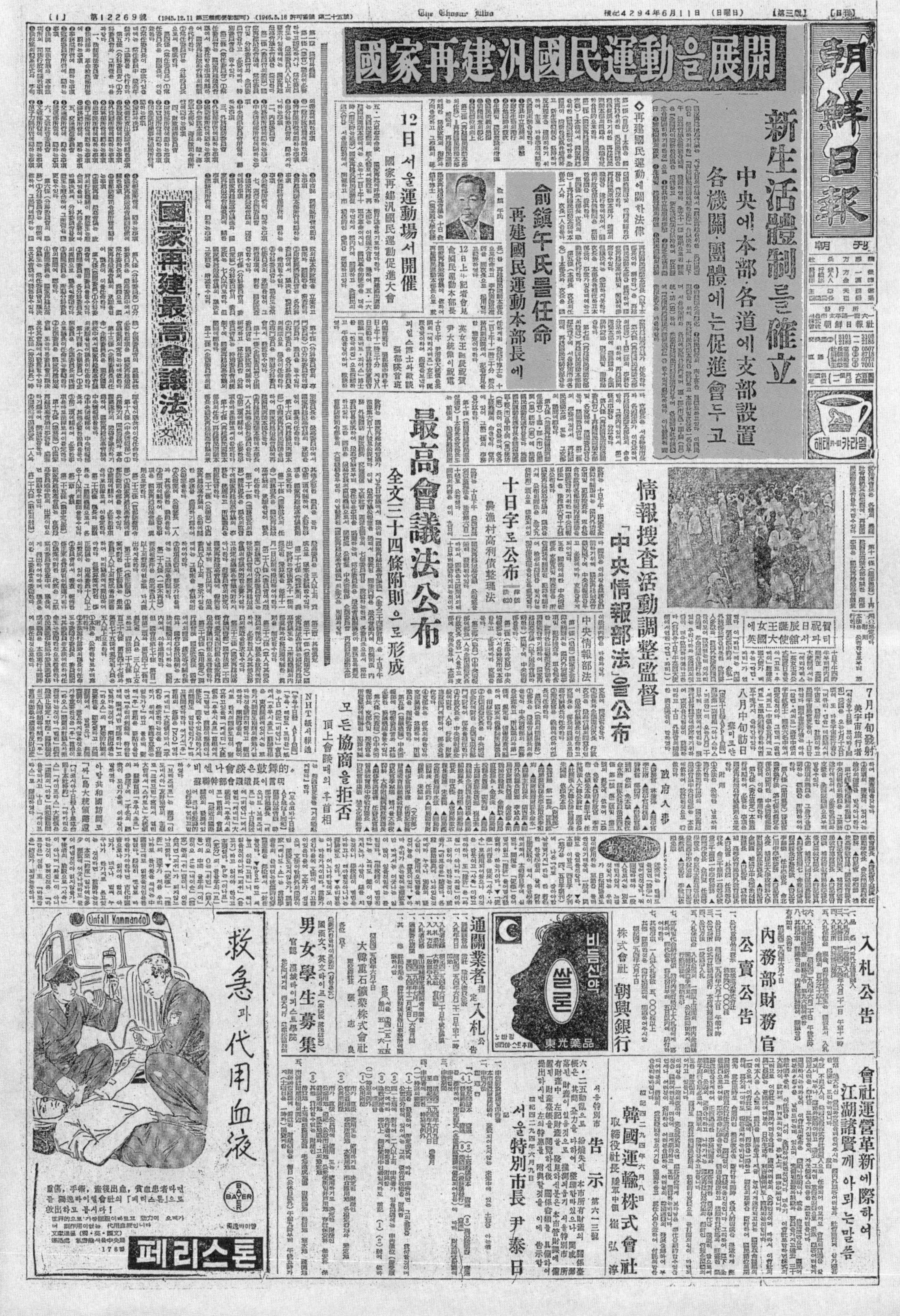

朝鮮日報

朝刊

第12269號 檀紀4294年6月11日 (日曜日)

# 國家再建汎國民運動을展開

## 新生活體制를確立

中央에本部·各道에支部設置

各機關·團體에는促進會두고

再建國民運動에關한法律

## 兪鎭午氏를任命

再建國民運動本部長에

## 12日 서울運動場서開催

國家再建汎國民運動促進大會

## 最高會議法公布

全文三十四條附則으로形成

十日字로公布

農漁村高利債整理法

## 情報搜査活動調整監督

「中央情報部法」을公布

中央情報部法

祝日誕辰王女에 / 英國大使館서파티

國家再建最高會議法

모든協商을拒否

頂上會談에의 후首相

7月中旬發射

八月中旬訪日

政府人事

入札公告

內務部財務官

公賣公告

朝興銀行

通關業者 入札公告

男女學生募集

大韓重石鑛業株式會社

救急과代用血液

페리스톤

會社運營革新에際하여 江湖諸賢께 아뢰는말씀

韓國運輸株式會社

告示

서울特別市長 尹泰日

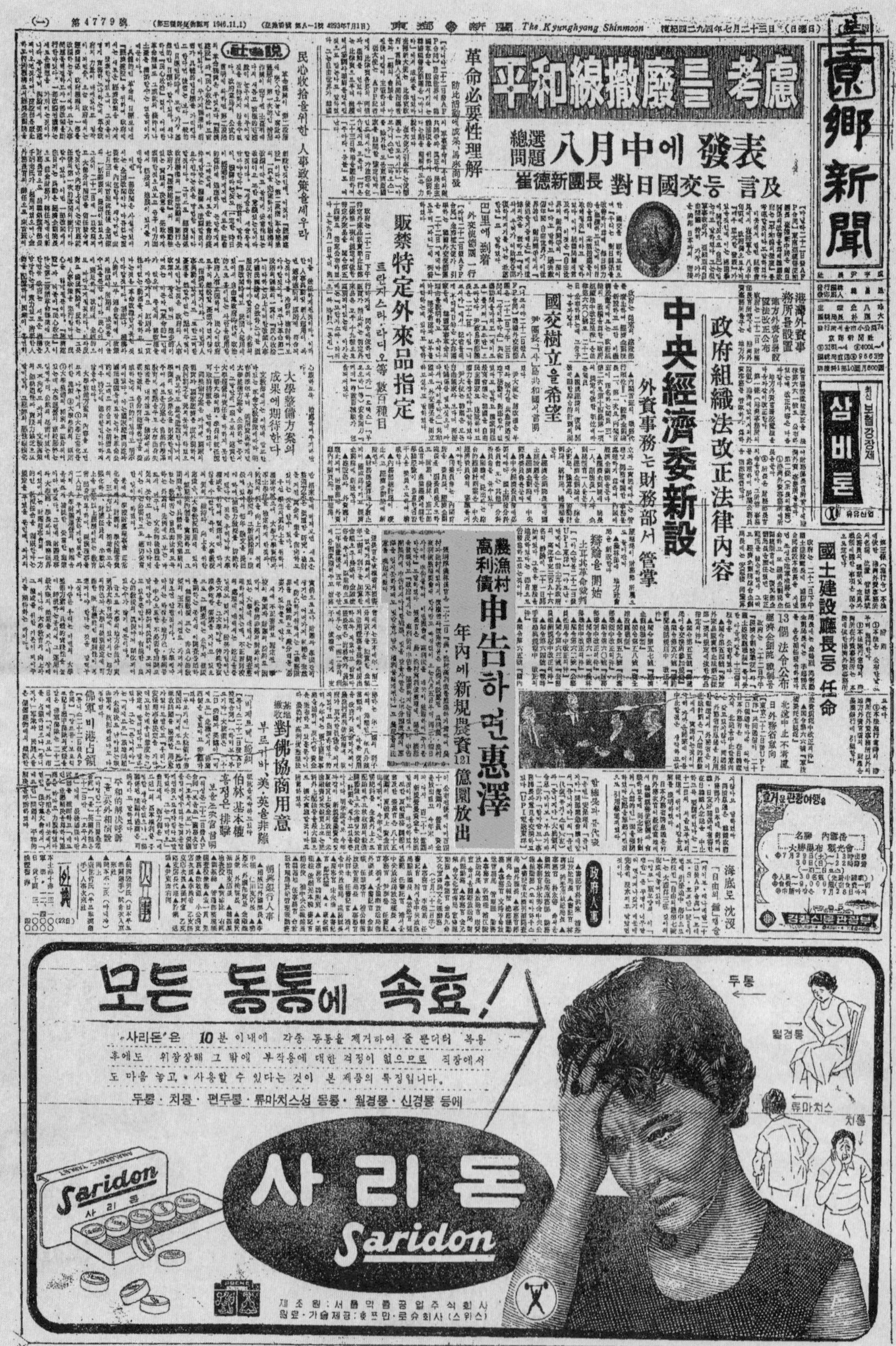

(一) 第4779號 京鄕新聞 The Kyunghyang Shinmoon 檀紀四二九六年七月二十三日

# 京鄕新聞

## 平和線撤廢를 考慮

## 總選問題 八月中에 發表

崔德新團長 對日國交등 言及

革命必要性理解

## 中央經濟委新設

政府組織法改正法律內容

外資事務는 財務部서 管掌

國交樹立을 希望

## 販禁特定外來品指定

트란지스타 라디오等 數百種目

社說

民心收拾을 위한 人事政策을 세우라

大學整備方案의 成果에 期待한다

## 農漁村高利債 申告하면 惠澤

年內에 新規農資131億圜放出

國土建設廳長등 任命

13個法令公布

對佛協商用意

부르기바, 美·英을 非難

佛軍 비港占領

伯林 基本權 흥정은 排擊

海底로 沈沒

政府人事



1963年 7月 23日 경향신문

해설

쿠데타로 권력을 잡은 군인들이 일성으로 내지른 것 중의 하나가 이른바 재건국민운동이었다. 쿠데타 주도세력은 당시의 한국을 한마디로 '후진성'으로 요약하고, 근대화가 시급하다고 판단했다. 물론 이러한 인식은 군인들의 독창적 아이디어가 아니라 미국발 근대화론을 내면화한 지식인들의 주문사항이었다. 말레이시아와 필리핀에도 뒤쳐진 처참한 상황을 강조하면 할수록 근대화의 충동은 강렬해져야만 했다.

이들은 근대화의 기본 동력을 국민정신에서 구하고자 했다. '올바른 정신에서 올바른 행동'이 가능하다는 신념을 가진 이들은 국민정신 개조운동에 혼신의 노력을 기울였다. 그래서 시작된 것이 재건국민운동이었다. 이 운동은 사실상 쿠데타 세력이 주도하여 관의 강력한 개입을 통해 추동된 것이었지만, 민간 부문을 동원해 자율적 외양을 갖추고자 했다. 유진오가 초대 본부장에 추대된 것은 이러한 맥락에서였다. 물론 유진오는 몇 달 만에 물러나 야당 정치인으로 변신했고, 유달영이 그 뒤를 이었다.

요란한 시작과 달리, 대부분의 관 주도 운동이 그렇듯이 재건국민운동은 몇 년 안 가 흐지부지되고 말았다. 운동은 전형적인 정신개조 캠페인의 양상을 띠었다. 신문기사에 나오듯이 국민체위 향상 한 가지만 빼고 모두 정신 관련 목표들로 채워진 운동이었다. 이들이 정신을 강조한 것은 '서양=물질, 동양=정신'의 오리엔탈리즘과 밀접히 관련되었다. 물질문명의 서양을 따라잡기 위한 그들의 전략은 '정신일도 하사불성'으로 요약된다.

정신개조 더 나아가 정신혁명을 끊임없이 외쳐댄 쿠데타 세력이기는 했지만, 물질세계를 전연 도외시한 것은 아니었다. 권력의 정당성이 취약한 상황에서 기층 대중의 고통을 마냥 외면할 수는 없었다. 그래서 나온 것이 농촌 고리채 정리였다. 농촌의 고리채는 오래된 고질병이었다. 자립적 생산기반을 갖추지 못한 영세소농들에게 빚은 삶의 필수요소처럼 되어버렸다. 더 심각한 것은 그 이자율이 극히 높다는 것이었다. 춘궁기에 쌀 두 가마를 빌리면 가을에는 세 가마를 갚아야 되는 정도였다. 이른바 '장리쌀'로 불리기도 한 고리채는 당시 농촌의 최대 문제였다.

농민이 전 인구의 70퍼센트가 넘는 상황에서 쿠데타 세력이 이 문제를 포착한 것은 어쩌면 당연했다. 문제는 고리채가 농촌지역의 독특한 특성과 맞물려 있다는 것이었다. 다들 체면을 중시하고 또 끈끈한 혈연관계로 묶여 있는 농촌에서 채권채무 관계 또한 이러한 연줄망을 타고 이루어졌다. 요컨대 삼촌에게 꾼 돈을 조카가 안 갚을 수 있겠냐는 것이었다. 쿠데타 정부는 고리채를 신고하라고 아우성쳤지만, 채무 농민의 입장에서 그것은 곧 돈 몇 푼에 자신의 인생 전체를 망칠 수도 있는 것이었다. 당연히 고리채 정리는 소리만 요란한 빈 수레였다. 박정희 스스로도 사업의 실패를 공식적으로 인정할 수밖에 없었다.

# 〈민족일보〉 사건

1961年 8月 28日 조선일보

**조용수 · 송지영 · 안신규 피고에 사형**

**혁재革裁, 민족일보 사건에 선고**

**국시國是 어겨 괴뢰 동조** _판결 이유

**피고 5명엔 5년서 15년 징역**

28일 혁명재판소 제2심판부 김홍규 재판장은 민족일보 사건의 조용수 · 송지영 · 안신규 등 3 피고인에게 특수범죄처벌에 관한 특별법 제6조(특수반국가행위)를 적용하여 구형求刑대로 사형을 선고했으며 이상두 피고 등 5명에 대해서 동 죄명으로 징역 5년 내지 15년을, 이종률 피고인 등 5명에는 무죄를 각각 선고하였다.

**이종건 씨 등 5명 무죄**

**민족일보 사건 판시判示 요지**

① 조趙 등 3명의 주도적 행위자들은 간첩 이영근으로부터 운영자금을 받아 그 지령대로 민족일보사를 창설 운영 상황을 그에게 보고하여 북한 괴뢰집단의 간첩 침략을 뒷받침하기 위해 주장하는 한미간의 유대 이간離間과 외세 의존 반대, 반공 태세 강화에 대한 적극적 반대, 위장 평화통일 등을 내용으로 한 사설 논설 등을 게재하여 북괴의 활동을 고무 동조하였고 그 다음 이상두 등 5명의 방조적 행위자들은 전기前記 주도적 행위자들에게 적극 호응하였으나 나머지 5명은 형식적으로는 민족일보사의 주요 간부로서 반국가 행위에 실질적으로 가담하거나 방조한 하등의 증거가 없기 때문에 특별법 위반이 되지 않는다.

② 민족일보사가 광의의 사회단체 개념에 해당될 수 없으나 특별범죄처벌에 관한 특별법 제6조에 규정한 협의의 사회단체에 해당된다고 인정한다. 왜냐하면 동 법의 입법 취지에 비추어 민족일보사가 조직의 영향력에 있어 단체적 특성을 나타낼뿐더러 반국가 행위를 저질렀을 경우에는 상사商事[1] 법인의 개념을 초월하기 때문이다. 1961 0828

[1]민사에 상대되는 개념. 상법 또는 특별법에 의하여 상법의 적용 대상이 되는 생활 사실.

**해설**

5·16 쿠데타 발발 3개월여 만에 그 실체의 일단이 드러났다. 〈민족일보〉 조용수 사장의 사형이 단적인 예였다. 쿠데타 발발과 함께 진보적 입장을 가진 2000여 명이 체포되었으며, '민족일보 사건'도 그 중 하나였다.

사실 쿠데타 초기 주역들의 정치 · 이념 성향은 매우 큰 관심사였다. 미국은 박정희가 남로당에 가입한 사실을 알고 있었고, 김종필 등 쿠데타 핵심 인물들이 '강렬한 민족주의' 성향을 가진 것으로 파악하고 상당한 의구심을 지우지 못했다.

이러한 상황 속에서 쿠데타 세력이 가장 확실하게 내세울 카드는 반공밖에 없었다. 쿠데타 공약의 첫째가 반공이라는 점이 그것을 잘 보여준다. 경제개발은 한참 뒤에나 나오고, 이미 장면 정권이 '경제제일주의'를 내걸고 있었기에 그다지 참신하지도 못했다. 스스로 좌익연루 혐의를 벗겨 미국을 안심시키고 혹 있을지 모르는 저항을 무자비하게 봉쇄하는 데 반공을 들이대는 것만큼 효율적인 것은 없었다.

조용수는 매우 독특한 이력을 가졌다. 한국전쟁 무렵 일본으로 건너간 그는 민단 간부로 재일교포 북송반대운동의 선봉에 선 인물이었다. 우파적 입장이던 그는 조봉암 사형에 큰 충격을 받고 진보적 인물로 거듭났다. 일본에서 조봉암 구명운동에 동참한 조용수는 4·19 이후 귀국하여 혁신운동에 참여했고, 7·29 총선 때에는 사회대중당 후보로 경북 청송에서 출마하기도 했다. 그러나 조용수의 가장 중요한 활동은 〈민족일보〉 창간이었다.

〈민족일보〉는 4·19 이후 가장 진보적인 언론 중의 하나로 많은 주목을 받았다. 반공의 희생양을 찾고 있던 쿠데타 세력에게 〈민족일보〉는 매력적인 대상이 될 만했다. 좌우를 넘나들기는 했지만, 그가 북한의 간첩이라는 증거는 어디에도 없었다. 그를 포섭했다는 '간첩' 이영근은 사후에 한국 정부로부터 국민훈장 무궁화장을 받았다. 결국 조용수를

朝鮮日報

檀紀4294年8月28日 (月曜日) 【第三版】 【夕刊】

# 趙鏞壽·宋志英·安新奎 被告에 死刑

革裁, 民族日報事件에 宣告

國是어겨 傀儡同調

被告五名엔 五年서 十五年懲役

李鍾律氏등 五名無罪

勇敢히 過誤是正

朴議長, 地方長官會議에의 訓示서指摘

過去政治처럼 糊塗策 쓰지말라

基本方向과 要領再檢討

朴議長 再建運動에도 言及

유엔의 展望樂觀

建設事業促進指示

28日 地方長官會議開催

穀價低落防止등

社說 司法府革新

民族日報事件 判示要旨

工事入札公告

韓國電力株式會社 서울支店

죽음으로 몰아간 것은 그의 행위가 아니라 쿠데타 주역들의 의지였다.

2008년 1월 16일, 서울중앙지법 형사합의22부는 민족일보 사건 재심 공판에서 조용수의 무죄를 선고했고, 이듬해인 2009년 9월 11일 사건 연루자 양실근의 유족들을 포함하여 총 99억 2940만 원을 배상하라고 판결했다.

# 경제개발 5개년 계획

1962年 1月 1日 조선일보

## 경제개발 5개년 계획 해부

### 2차 산업에 중점
### 고용량과 조세 부담 증가

◇ 5개년 계획의 주요 목표

제1차 5개년 계획은 60년도를 기준년도로 삼아 62년도를 제1차 연도로 66년도를 목표년도로 해서 5개년 계획 기간 중 총 3조 1829억 원의 자본을 만들어 경제성장을 연평균 7.1퍼센트로 증가시키겠다는 것이며, 이 거대한 자본 형성은 6828억 원의 자본 소모충당금과 6570억 원의 국내순저축, 그리고 1조 8441억 원의 대외 경제적자로 충당하겠다는 것으로 되어 있다. 대외 경제적자 1조 8441억 원은 약 14억 불에 해당하는 것이나 이것은 공공 및 민간 증여에서 1조 3567억 원 그리고 4874억 원을 해외 차관으로서 조달해 보겠다는 것인데 이상과 같은 총 투자로 해서 정부는 국민 총생산을 목표년도에 가서 3조 2700억 원에 달하게 하여 기준년도에 대비 40.8퍼센트를 늘게 하고 국민의 생활향상, 즉 민간소비지출을 60년(기준년도)에 비하여 목표년도에는 18.8퍼센트를, 총 자본형성은 60년에 비해서 152퍼센트를, 고용증가는 기준년도에 비하여 28.3퍼센트를 각각 증가시켜 결국에 가서는 1인당 국민 총생산을 9만 4000환에서 11만 2000환으로 19퍼센트가 늘어나게 한다는 것이다.

이상과 같은 모든 경제지표의 실현을 위해 정부는 계획기관 중 총 투자의 16.3퍼센트를, 제1차 산업(농수산업)에, 33.6퍼센트를, 제2차 산업(광업, 제조업)에 50.1퍼센트를, 제3차 산업(전기, 철도 도로, 통신, 주택, 서비스업 등)에 각각 투입시켜 기준년에 비해서 쌀이 29퍼센트, 보리가 18퍼센트, 어류가 74퍼센트, 석탄이 2배, 씨멘트가 3~4배씩 각각 증산되고 비료가 목표년도에 가서 10만 톤(질소질窒素質 환산), 이제까지 없던 정유가 930만 '바렐'을 각각 생산하게 되는 한편 발전량이 목표연도에 가서 기준년도 보다 약 3배가 되는 50억 '킬로왓트아워'에 달하게 되는 것이며, 상품 수출이 약 4.2배 무역외수입이 83퍼센트로 각각 증가해서 국제수지의 적자를 상당히 줄이게 된다는 것이다. 1962 0101

**해설** 한국의 급속한 산업화와 경제개발계획은 박정희 정권 최대의 성과로 회자된다. 그러나 쿠데타 주역들은 애초 경제와는 담 쌓고 살던 인물이었다. 소위 '혁명공약' 중에서도 경제 관련은 네 번째에 가서야 겨우 나오는 '민생고 해결'이 다였다. 당시 미 대사관의 보고에도 쿠데타 주역들이 경제에 전혀 '문외한'이었다고 했고, 박정희는 '보세 가공'이란 말도 몰랐다고 한다. 심지어 그는 '개발'이란 말을 쓰자는 관료들의 제안에, '너무 어려워 나도 모르는데 국민들이 알겠냐'고 하면서 반대할 정도였다.

경제개발계획은 연원이 오래되었다. 이미 이승만 정권 말기인 1950년대 말부터 시작하여 장면 정권에 이르면 대강의 골자가 짜인 상황이었다. 장면 정권의 캐치프레이즈가 '경제 제일주의'였다는 것은 이러한 상황을 반영했다. 더 중요한 것은 미국이 경제개발에 매우 큰 관심을 갖고 있었다는 점이었다. 케네디 정권이 추구한 근대화 노선의 핵심은 사실상 경제개발이었고, 그것도 국가가 계획적으로 추진하는 것이었다.

물론 미국과 쿠데타 주역들 사이에 이견과 마찰이 없었던 것은 아니었다. 특히 1차 계획 수립 당시에는 개발방식을 두고 옥신각신했다. 수입대체 공업화를 우선하던 쿠데타 주역들의 모습은 보는 각도에 따라 상당히 '민족주의적'으로 보일 수도 있었다. 미국 몰래 추진한 화폐개혁은 그 갈등의 정점이었다. 그러나 거기까지였다. 미국의 반대로 화폐개혁이 흐지부지되면서 경제개발계획은 미국의 입맛에 맞게 조정되었고, 또 그대로 추진되었다.

1차 경제개발계획은 꽤 성공적이었다. 특히 수출에서 톡톡히 재미를 보았다. 애초 경제개발계획이 무조건 수출 중심인 것은 아니었다. 그러나 실제 결과에서 수출이 독보적인 성과를 거두자, '되는 놈 밀어주자'가 되었다. 그 결과는 주지하듯이 세계에서 유례를 찾기 힘든 대외의존형 경제구조의 탄생이었다.

특히 대일 의존이 심했다. 애초 쿠데타 세력은 서독 등 다른 국가들

朝鮮日報 西紀一九六二年一月一日 (月曜日)

1962年 內外 經濟展望

國外 外援競爭 激化를豫想 新興國家들도한몫끼어

國內 再建基盤 마련에注力 政策面서「인프레」抑制

物價趨勢

大體로騰勢難免 稅制改革·通貨膨脹등이 刺戟

經濟開發 五個年計劃解剖

二次產業에重點 雇傭量과租稅負擔增加



로부터 지원을 기대했지만, 여의치 않자 일본으로 눈을 돌렸고, 1965년 한일국교 정상화 이후 일본에 대한 한국의 기술, 자본의존은 거의 절대적이었다. 현재 GDP 대비 수출입 의존도가 80퍼센트를 넘나드는 국가는 싱가포르 같은 도시국가 빼고는 한국이 유일하다.

경제개발계획은 국가의 강력한 시장개입을 의미하는 것이기에 초기 자본주의의 자유방임과는 많이 다르다. 사회주의 체제의 계획경제와 유사한 점도 있다. 대공황을 겪은 이후 국가의 시장개입이 빈번해졌고 경제개발계획은 그 연장선상에 있었다. 경제개발계획은 1982년부터 경제사회발전계획으로 바뀐 다음 1996년 7차 계획을 마지막으로 중단되었다. 국가계획이 무의미해질 정도로 경제규모가 커진 것과 함께 신자유주의가 유행하게 된 것이 그 배경일 것이다.

# 윤보선 대통령 사임

1962年 3月 22日 경향신문

**윤 대통령 하야下野**
**구 정치인 제재制裁가 동기**
**인화 · 단결에 금 안 가게**
**사임 성명 혁명 성취에 전력 집중 촉구**

윤보선 대통령은 22일 상오 11시 20분 대통령직을 사임한다고 성명하였다. 이로써 윤 대통령은 정식으로 대통령직 사임의 뜻을 국가재건최고회의에 밝힌 것이 된다. 사임 이유로서 윤 대통령은 '5·16 직후에 물러나려 했으나 당시의 국내 정세 때문에 뜻이 꺾였었다. 그러나 이제는 정세도 많이 달라졌다' 고 말하면서 '물러나려 하게 된 중요한 동기는 구 정치인에 대한 제재법이며 국민의 단결에 금이 가지 않을까 우려했기 때문이다' 고 표명하였다. 헌법에 따라 최고회의는 대통령 사임 허가 문제를 결정해야 하며 후임 대통령의 보선을 즉시 실시해야 하는 것이다.

1962
0322

**해설**

"올 것이 왔다."는 아리송한 말로 5 · 16 쿠데타를 맞았던 대통령 윤보선의 하야를 알리는 기사다. 그런데 문제는 타이밍이다. 1962년 3월 22일이면 쿠데타 발발 이후 물경 열 달도 더 지난 시점이다. 헌정을 중단시킨 초법적 쿠데타인데도 어째서 헌법상 최고 권력기관인 대통령이 자리보전을 할 수 있었는가. 일견 복잡해 보이지만, 고차 방정식도 필요 없는 덧셈과 뺄셈 문제였다. 즉 권력 장악에 덧셈인지 뺄셈인지만 계산하면 견적서가 바로 나온다.

다 알다시피 4 · 19 이후 권력을 잡은 민주당은 구파와 신파 간의 신물 나는 권력투쟁으로 날을 지새우고 있었다. 윤보선이 속한 구파는 애초 총리직에 마음이 있었지만, 어찌하다 보니 총리직을 신파에게 넘기고 허울 좋은 대통령 감투를 쓰게 된 것이다. 총리와 대통령을 놓고 벌인 자리싸움 이후에도 신구 대결은 그칠 줄 몰랐고 결국 분당까지 하게 되었다.

사정이 이랬으니 윤보선에게 최대 정적은 다름 아닌 장면 총리일 수밖에 없었다. 적의 적은 친구라고 했던가. 쿠데타가 대체 무엇이건 간에, 자신의 적을 처리해주니 친구 아니겠는가. 그런데 '올 것이 왔다.'는 말은 어감이 애매하다. 당연히 올 것이 왔으니 반갑다는 뜻이기도 하고, 안 왔으면 했는데 이왕 왔으니 어쩔 수 없다는 체념을 담아낼 수도 있다. 실상 윤보선의 마음이 애매했을 법하다.

바로 그 애매함과 더불어 열 달이 흘러 무언가 나올 때가 되었다. 윤보선은 장면만 없으면 되겠다 싶었을지 모르지만, 그것은 권력의 생리와 쿠데타 주도세력을 몰라도 너무 몰랐던 소치일 뿐이었다. 박정희 입장에서는 대통령 자리보전을 통해 정치적 이득을 챙길 만큼 챙겼다. 그들의 행위를 헌정을 중단한 불법 쿠데타가 아니라 대통령도 인정하는 '혁명'으로 포장할 수 있게 된 것이다.

열 달이 흘러 애매함이 분명해졌다. 박정희는 더 이상 아쉬운 게 없었고, 윤보선은 자신의 즐거운 공상이 일장춘몽임을 깨닫게 된 것이다. 기사에 나오듯이 윤보선은 하야 이유로 두 가지를 들었다. 그러나 정치인들이 으레 그렇듯 '국민 단결' 운운은 레토릭(미사여구)이었고 실제 이유는 '구정치인 규제' 때문이었다. 권력을 놓을 생각이 전혀 없었던 박정희와 쿠데타 세력은 가장 큰 정적인 기존 정치인들을 꽁꽁 묶어두고자 했고, 구 정치인의 대표 격인 윤보선이 그것을 반길 리 만무했다. 박정희와 윤보선의 열 달간의 동상이몽은 그렇게 끝났고, 1년 반이 지난 이듬해 10월 두 사람은 대통령 선거에서 진검 승부를 펼치게 된다. 좌우지간 열 달은 꿈꾸기에는 너무 긴 시간이다.

【1】 第5021號 (第3種郵便物認可 1945.11.1) (日刊 第八一1號 1960年7月1日) 京鄕新聞 The Kyunghyang Shinmun 西紀1962年3月22日 (木曜日) 【夕刊】

# 尹大統領 下野

## 舊政治人 制裁가 動機

## 人和·團結에 금안가게

### 辭任聲明 革命成就에 全力集中促求

### 尹大統領辭任聲明書

### 次期政權의 担当勢力

### 國民信任묻는 總選

### 革命政府에 充分한 勝算

### 27日 美蘇會談

宇宙共同探索에

### 軍縮會議不拋棄

### 對韓政策은 不變

美, 下野엔 論評拒否

### 어쩔수 없는일

各界反響

### 辭任日前通告

### 下午에 告別會見

### 女流飛行士

# 제2차 화폐개혁

1962年 6月 10日 경향신문

**화폐개혁 10환圜을 1원으로**
**10일 0시 기해 '긴급통화조치법' 발효**
**악성 '인플레'를 미연 방지**
**어젯밤 최고의 긴급 본회의서 발표**

군사혁명정부는 10일을 기하여 화폐개혁을 단행했다. 이는 해방 후 두 번째이다. 종전의 '환圜' 통화를 10분지 1로 환가換價하여 '원' 단위로 한 이 개혁의 법적 절차는 9일 밤 7시 30분, 긴급 소집된 최고회의 제10차 본회의에서 취해졌다.

비밀리에 개회된 본 회의는 먼저 박정희 의장의 긴급소집 이유 설명을 들은 후 곧 유원식 재정위원으로부터 '긴급통화조치법'의 제안 설명, 그리고 축조逐條[1] 심의가 있은 다음 하오 8시 35분 동 법은 만장일치로 통과되었다. 전 국민은 10일 0시에 공포 발효되는 이 법에 따라 10일부터 새로 발행되는 한은권韓銀券(1원 · 5원 · 10원 · 50원 · 100원 · 500원)을 사용하게 되었다. 액면 50환 이하의 구 화폐는 잠시 병용竝用되지만 그 밖의 구화舊貨는 무효가 된다. 따라서 구화는 금융기관에 예입預入 신고해야 하며 규정에 따라 10대 1의 비율로써 신 '원' 표시 화폐로 교환된다. 만약 고의로 이 법을 어기면 10년 이하의 징역 또는 500만 원 이하의 벌금을 물게 된다. 1962 0610

[1]해석이나 검토를 하는 데 한 조목 한 조목씩 차례로 좇음

**해설** 화폐개혁은 국가적 수준뿐만 아니라 개인에게도 매우 큰 영향을 미치는 중대한 사건이다. 해방 후 한국의 화폐개혁은 두 번 있었다. 하나는 전시 인플레가 심각하던 1953년에, 나머지 하나는 이 기사에 보도된 것이다. 그러면 박정희는 왜 화폐개혁을 하고자 했을까? 기사에서 보듯이 '악성 인플레를 미연에 방지' 하고자 한다는 이유를 댔는데, 세상에 이러한 이유로 화폐개혁을 한 경우가 있을까? 이미 인플레가 만성인 상황에서도 화폐개혁은 쉬운 일이 아닌데, 하물며 그것을 예방하기 위해 화폐개혁을 한다는 것은 경제학 논리에서 벗어나도 한참 벗어났다.

화폐개혁을 한 진짜 이유는 경제개발계획 때문이었다. 다 알다시피 경제개발계획을 추진하기 위해서는 막대한 자금이 필요했다. 그런데 당시 정부 재정은 그것을 감당할 수 없을 정도로 빈약하기 그지없었다. 정부 재정의 50퍼센트 가까이가 미국 원조로 충당되던 상황에서 경제개발 자금을 확보한다는 것은 어불성설이었다. 그렇다면 해외에서 차관을 들여오면 될 터인데, 초기 쿠데타 세력의 '민족적 열정'은 그것을 감내할 수 없었다. 그들은 국내 투자로 경제개발을 추진할 각오였고, 고심 끝에 시도한 것이 화폐개혁이었다.

쿠데타 세력은 장롱 속에 현찰을 꽁꽁 숨겨둔 '알부자'들이 많다고 생각했고, 그 돈만 끌어내면 경제개발 종자돈은 충분할 것이라는 장밋빛 전망을 갖고 있었다. 어려운 말로 '축장화폐'라 불리는 장롱 속 현찰 꺼내기에 가장 좋은 방법은 역시 화폐개혁이었다. 화폐개혁을 하면 강제로 환전할 수밖에 없고, 이렇게 은행으로 들어오는 돈 중에서 일부만 환전해주고 나머지는 강제 저축시켜 산업개발공사에 대출해준다는 게 쿠데타 세력의 계획이었다.

그런데 결정적 문제가 두 가지 있었다. 하나는 미국의 반대였다. 애초 쿠데타 세력의 '민족적 열정'에 의심의 눈초리를 거두지 못하고 있던 미국이 이러한 계획에 찬성할 리 만무했고, 쿠데타 세력은 미국 모르게 극비리에 화폐개혁을 추진했다. 국가재건최고회의 재경위원인 유원식의 주도로 진행된 화폐개혁은 영국에서 신 화폐를 인쇄해 들여올 정도로 미국을 완전히 바보로 만드는 특급 비밀작전이었다. 결국 전모를 확인하게 된 미국은 노발대발하면서 모든 원조를 중단하겠다는 초강수를 들고 나왔다. 그것이 엄포가 아니라 현실이 되면 사실상 한국 정부는 모라토리엄을 넘어 풍비박산이 될 지경이었으니 쿠데타 세력으로서는 속수무책으로 당할 수밖에 없었다.

둘째 이유는 실제로 돈도 모이지 않았다는 것이었다. '알부자'인 줄 알았는데, 알고 보니 '알거지'였던 게 당시 한국 상황이었다. 이렇게 되니 애초 의도한 씨드 머니Seed Money(종자돈)도 안 되고 괜히 미국 원조만 깎일 상황이 되어 화폐개혁은 유야무야 될 수밖에 없었다.

[1] 第5101號 京鄕新聞 The Kyunghyang Shinmun 西紀1962年6月10日 (日曜日) [第3版]

京鄕新聞

# 貨幣改革 10圜을 1원으로

## 10日零時期해 「緊急通貨措置法」發效

### 惡性「인플레」를未然防止

어젯밤 最高議緊急本會議서發表

## 陰性資金 投資財源으로

國民의財産權은保障

朴議長 談話發表

## 速히補完措置토록

生必品臨時配給制도必要

經濟界의 反響

## 預置金의 支拂限度注目

17日까지物資流通에 支障憂慮

## 美「行協」協商拒否?

稅關規定등못가지만用意表明

## 弗換率은 百30對1

AP서도報道

社說

通貨改革과 新經濟體制에 對한 强力한 要望

정말意外의發表

한미關係總辭職說도

反射鏡

# 4대 의혹사건-증권파동

1962年 6月 27日 | 1963年 6月 28日 조선일보

**증권 파동 관계자 엄중 조치**
**최고회의 감사단서 정부에 지시**
**유 단장 상위常委도 결과 보고 청취**
**시장 육성의 필요성 강조**

내각 수반의 사임으로까지 번져 나갔었던 이른바 증권파동의 진상과 그 책임을 규명한 최고회의 증권파동 특별감사단은 그동안의 조사 결과를 27일 상오의 제5차 상임위원회에 보고하였다.

(중략)

**정부 · 거래소 · 업자에 유책有責**
**오 위원 증권파동의 원인 등 지적**

(중략)

상임위에서의 보고 뒤 하오 3시 오정근 위원은 내각에 지시한 다섯 가지의 증권시장 육성 방안을 밝히고 파동의 책임이 재무부 당국과 증권거래소 및 거래원인 업자들에게 다 같이 있다고 말했다. 그는 정부가 증권거래소에 372억 원의 가도假渡[1] 자금을 무담보로 융자하여 그 회수가 불능不能하다고 송효찬 전 내각수반이 말한 것은 근거가 없다고 말하고 이 372억 원 중 대부분은 다 회수되고 150억 원이 남았었는데 그것도 확실한 담보가 있다고 말했다.

오 위원이 말한 5월 증권파동의 원인 및 책임과 거래소 육성 방안은 다음과 같다.

▶원인 및 책임 ① 재무부 당국이 일관된 증권 정책을 세우지 못하고 있었다. ② 증권거래소에서는 시세의 등귀騰貴와 하락을 방지할 수 있는 수단이 있었는데도 불구하고 이를 행사할 태세를 갖추지 않았으며 가도 자금 등의 관리가 소홀했다. ③ 거래원인 증권업자들은 특히 보통 거래 방식을 악용했으며 자전매매自轉賣買를 가장해서 자기 매매를 성행케 했다. ④ 연합증권이 제구실을 못했다.

이러한 책임은 책임을 물을 수 있는 사람에 의해서 구체적으로 묻게 될 것인데 최고회의 의장도 앞으로 계속해서 책임을 묻게 될 것이다. 1962 0627

**증권 파동 사건**
**피고 전원에 무죄 선고**
**'정부 시책에 기여'** _판시 내용
**검찰 측선 즉석에서 공소 표명**

육군본부 보통군법회의(재판장=박형훈 소장, 법무사=최영환 대령)는 27일 상오 4대 의혹사건 중 가장 큰 사건으로 알려진 증권파동 사건의 전 최고회의 재경위원 유원식 피고인, 전 재무부장관 천병규 피고인 등 전원 10명에게 '증거가 없거나 법률에 비추어 범죄가 구성되지 않는다' 는 이유로 무죄를 선고했다.

상오 10시 12분 필동 군재軍裁 제1호 법정에서 개정된 판결 공판에서 법무사 최영환 대령은 1시간 30분에 걸쳐 판결문 이유를 낭독하고 '농협의 이익을 위해 한전주 12만 8000주를 시가보다 헐케 증권업자 윤응상 피고인에 수의계약隨意契約으로 매도케 하는데 관여한 행위와 증권시장 파탄을 구하는 데 한도외 융자 320억 원을 방출한 행위는 혁명과업 수행을 위한 애국적 애정哀情으로 증권시장 육성의 정부시책에 기여한 것' 이라고 판시했다.

이어 재판장 박형훈 소장은 주문主文 선고에 앞서 이례적으로 이 의혹사건을 심리審理한 소감을 피력한다면서 '작년 4, 5, 6월 증권 시장이 혁명정부 시책에 수급되어 파동에 이르지 아니했으며 한도외 융자 330억 원도 증권거래소에 수도受渡[2] 결제 자금으로 나가서 매도 측 대고객이나 군소 투자자의 이익이 되고 특정인 또는 기타의 이익으로 귀착되지 않았을 뿐만 아니라 융자 전액이 회수되어 한도외 융자 자체가 완전 합법적인 것으로 판명되었다' 고 강조했으며 '원인 없는 의혹으로 국가를 소란케 하는 일이 근절되어야 한다' 고 말했다.

무죄 판결이 선고되자 즉각 관여 검찰관도 이례적으로 재판장의 허가를 받고 '이 판결을 승복할 수 없어 피고인 전원을 고

【1】 第12650號 The Chosun Ilbo 西紀1962年6月27日 (水曜日) 【日刊】

朝鮮日報 夕刊

# 證券波動關係者 嚴重措置

## 最高會議監查團서 政府에 指示

## 常委도 結果報告聽取

### 柳團長 市場育成의 必要性强調

## 政府·去來所·業者에 有責

### 與委員 證券波動의 原因등指摘

## 法의 未備點是正

### 報告聽取後 朴議長指示 良心的證券業者는 育成

## 店頭時勢는 昻騰

### 證券…去來所의 周邊이 市場化

### 證券育成策建議 業者協會서 去來所側

## 常套的宣傳術策을 粉碎

### 蘇의 駐韓外軍撤收提議確認토록 外務部서 駐유엔代表部에 訓令

## 七月二日에 開催

### 라오스問題國際會議

## 史上最大의 規模

### 地下核爆發을 許可

## 우리空軍서 年內에 引受

### 美의 F104제트 全天候戰鬪機

### 東西外相會談 七月中 府서

### 建國功勞勳章을 授與

## 社說

### 輸出振興을 爲하여 要望되는 몇가지 根本策

### 왜 爆發物事故는 그치지 않는가

### 內外動靜

### 人事







## 株金拂込公告

謹啓 弊社의 신규사업을 위한 五拾萬株 증자계획에 따른 第一次分 拾萬株 증자에 있어서 그간의 通貨改革으로 인하여 延期되어왔든 株金拂込은 금반 六월二十三일의 閣議議決에 따라 當社의 株金拂込을 위하여 封鎖計定으로부터의 緊急融資措置가 특별히 허용됨에 따라 다음요령으로 期日內에 잔액을 拂込하여 주시기를 바라나이다

一、緊急融資 商工部長官 推薦마감……六월三十일

신입하신 분은 六월三十일까지 상공부장관 추천원(推薦願)을 當社에 제출하고 當社에서의 확인 및 상공부장관의 一括추천을 받아주시기 바라며 용지는 當社에 備置되어있읍니다

但 상공부장관 추천원의 도장은 申込時의 印鑑과 같아야 하며 양수인(讓受人)의 경우 讓渡證의 印鑑도 이에 準합니다

二、融資手續

신입하신 분은 七월二일과 三일 양일간에 예금은행의 封鎖預金證書와 상공부장관의 추천서를 붙여 申請金融機關에 제출하셔야 합니다

三、拂込마감……七월九일

申込人은 七월九일 이내에 融資金融機關으로부터 「大韓重石株金拂込用」이 명시된 韓一銀行營業部앞 特定橫線手票를 받아 韓一銀行本店에 拂込하셔야 합니다

여러분의 緊急融資에 대한 여러 便宜를 도모하고저 當社經理課에 相談室을 設置하였아오니 기타 자세한 사항은 직접 문의하시기 바랍니다

상담소 當社經理課內 ③四一五一~四一五七 ⑧四六〇一~四六〇二

大韓重石鑛業株式會社

取締役社長 張志良

【1】 第12970號 The Chosun Ilbo 西紀1963年6月28日 (金曜日) 【第3版】 【日刊】

# 朝鮮日報

## 救護糧穀 7月中에 29萬石放出

### 需給量正確히 파악, 道別로配定 朴議長指示

### 最高議·內閣·地方長官連席회의 어제下午

### 不足量, 美서供給約束

### 어떤일있더라도 國民을 굶기진않을터

### 朴議長特別談話 食糧難打開에協調呼訴

### 食糧難打開協議 버거大使, 朴議長訪問

### 「年內國交正常化」를再確認

### 漁業·借款交涉등促進, 崔大使·大平外相會談서合意

### 金外務訪日時具體的인協議 四個項合意聲明

### 漁業協力案 共同作成키로

### 漁業協商의促進 專門家들에指示 大平日外相會見談

### 政府, 國交用意通告 「토고」政府承認

### 證券波動事件 被告全員에無罪宣告

### 政府施策에寄與, 判示內容

### 檢察側선即席에서控訴表明

### 在野三黨, 證券波動事件에論評 끝까지糾明

### 臺灣米사서 韓國에轉賣 日서2萬屯契約

### 食糧事情討議 金貞烈駐美大使 美高位官吏訪問

### 民主黨創黨大會 七月中旬으로延期

社告

### 50萬원懸賞 長篇小說募集

〈무게있는 大作을 기다립니다〉

應募마감迫頭…30日까지

一, 길이…
一, 마감…
一, 審査…
一, 發表…

一, 賞金…
一, 版權…
一, 其他…

朝鮮日報社

〈確認〉

萬物相

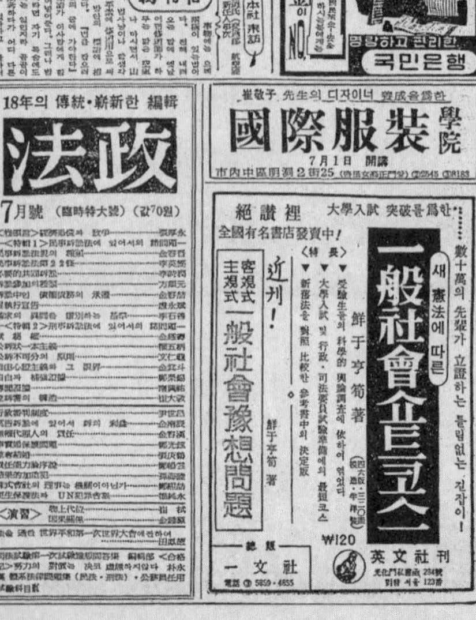

등군법회의에 공소하겠다'고 말했다. 과거의 재판에서는 판결문 낭독 이외에 재판장이 심리한 소감을 피력하거나 검찰관이 판결 직후 공판정公判廷에서 공소 제기를 표명하는 일이 없었다. 1963 0628

[1]운송업자나 창고업자들이 선하 증권이나 창고 증권을 나중에 받기로 하고 물품을 먼저 내주는 일

[2]돈이나 물품을 받고 넘겨줌

해설

엄밀히 말해 주식시장은 '돈 놓고 돈 먹기'와 본질적으로 다르지 않다. 그것을 아무리 투자라는 경제용어로 표현한다 해도 투기라는 사기술과 구분되기 힘들다. 실제 사용가치의 변동 없이 교환가치만의 롤러코스터가 영원히 돌아갈 수 있을 것이라고 믿기 힘들기 때문이다. 그런 점에서 주식시장은 피라미드 판매술과 유사하기도 하다.

한국의 증권시장은 이미 일제시기부터 성업 중이었지만, 그것이 세간의 주목을 받게 된 것은 투자 대신 사기사건을 통해서였다. 이른바 1962년의 '증권파동'이 그것인데, 국가기관이 조직적으로 개입된 희대의 사건이었다. 증권파동이라는 애매한 표현으로 등장하지만, 실제 그것은 지금도 주기적으로 나타나는 '작전'과 같은 원리에 의한 사기였다. 원리는 간단하다. 어떤 방법을 사용해서건 주식 가격을 올린 다음 재빨리 주식을 처분하고 빠지는 것이다.

당시 사용한 방법은 가격만 올려놓고 실제 거래를 하지 않는 '불성'이라는 것이었다. 권력을 이용해 주식을 반강제로 빌린 다음 높은 가격에 팔아 차액을 챙긴 후 다시 주가를 떨어뜨려 싼 가격에 주식을 되사 빌린 곳에 되갚는 식이었다. 이는 지금도 사용되는 방법으로, 당시로서는 첨단 '금융기법' 쯤 될 것이다.

증권파동을 주도한 것은 중앙정보부였고, 실무 책임자는 강성원이었다. 강성원 목장으로 유명한 그 인물이다. 그의 말에 따르면, 당시 20억(지금 돈으로 대략 2, 3천 억 정도)의 돈을 벌어 재건동지회에 갖다 주었다고 한다. 그들은 이러한 행위가 범죄라고 생각하지 않은 듯 했다. 김종필은 대수롭지 않게 '주식시장이란 게 돈 버는 사람이 있으면 잃는 사람도 있는 것 아니냐'고 했다. 또 제2차 세계대전 때 미국 CIA(그 시기면 OSS다)가 썼던 수법을 모방했다고도 했다.

그들이 이렇게 도덕불감증을 넘어 범죄 인지불능 상태로까지 빠지게 된 이유는 정말로 돈이 절실하게 필요했기 때문이다. 장발장처럼 그들도 생존을 위해 무엇이든 해야 했는데, 그것은 다름 아닌 공화당 창당과 각종 선거에 대비한 정치자금 확보였다. 다시 김종필의 말을 들어보자. 그는 증권파동에 대해 추궁 당하자, '정당을 만드는 데 국고를 쓸 수는 없었기에 증권시장에서 조달'하려 했다고 고백했다. 국고 대신 민간인 호주머니를 턴 증권파동은 이후 한국정치에서 정치자금이 어떻게 '조달'되어야 하는지를 보여준 선구였다.

# 파친코·워커힐·새나라 사건

1963年 7月 23日 경향신문

**재야 3당 4대 의혹 사건 진상 폭로**
**거래소 이사진 30억 환 배임 횡령**
**이득 700억 행방 대라** _증권파동
**새나라 차로 1억 9000만 원 취리取利**
**워커힐 공사 청부請負 회사명도 추궁**

민정民政·민주民主·신정新政 3당은 23일 증권파동부정을 비롯한 4대 의혹 사건의 진상을 폭로했다. 4대의혹사건규명 투쟁위원회와 3당 연락위원회가 공동으로 폭로한 공개장은 중앙정보부가 증권파동에 직접 개입하였고 증권거래소 이사진이 30억 환을 배임 횡령했다고 주장했다. 그들은 또한 약 700억 환에 달하는 이득금의 행방이 어느 특정인이 착복한 것인지 정치자금으로 유용된 것인지 알 도리가 없다고 자금행방의 공개를 요구했다. 재야 3당 4대의혹사건규명투쟁위는 지난 6월 30일 증권파동 사건 피고전원 무죄판결에 자극을 받아 구성되었다. 야당에 의해 최초로 공개된 4대 의혹 사건 흑막黑幕 내용은 다음과 같다.

▲증권파동 의혹 사건

1. 정치적 실정책임

①증권거래소의 민영제民營制는 정책상 배치되는 것이다.

②증권거래소를 통한 내자內資 동원은 한전주韓電株, 미창주米倉株, 대한중석증자大韓重石增資 등 7억 환에 불과하다.

③대증주大證株 5전짜리를 '프리미엄' 1원 40전에 방매放賣하여 13억 8600만 원을 편취했다.

④증권피해자 수만 명을 내어 사회불안을 조성했다.

⑤중앙정보부는 윤모계尹某系의 증권회사 설립으로부터 그 경영에 이르기까지 개입했다.

⑥금통위에 현역군인인 최고위원이 참석하여 특정인의 이익을 위해 대부를 강요했다.

2. 형사상책임

①증권거래소 이사진은 증권업자의 신원보증금 및 매매증거금 약 30억 환을 전부 매방측買方側에 유용流用했으며 통일증권에서 127억 환 일흥증권에서 200억 환을 연수표延手票로 받았으며 이것은 부도가 되었다.

②농협 소유의 한전주韓電株 매각은 재무장관인 천병규千炳圭의 직무유기이거나 편취이다.

③한도 외 융자는 일대 오점이다.

④약 700억 환의 이득금 행방은 특정인이 착복한 것인가 정치자금으로 유용된 것인가.

▲새나라 자동차 수입에 대해=1대에 8만 5000원 도합 1억 9957만 원의 이득을 취했다.

▲워커힐 건설 의혹=원화 5억 7000만 원, 불화弗貨 250만 불의 '워커힐' 재원은 누가 염출捻出했으며 공사 시공자는 외국인인가 내국인인가.

▲빠찡꼬 사건=무모한 정부 시책으로 8억여 환의 피해를 입은 피해자에 보상하지 않은 이유는 무엇인가. 1963 0723

**해설** '구악舊惡 일소'를 내걸고 '혁명과업'을 추진하던 쿠데타 세력이 '신악新惡' 세력으로 낙인찍히는 데는 오래 걸리지 않았다. 1961년 권력을 잡자마자 세칭 빠찡꼬(파친코) 사건이 터졌는가 하면 곧이어 워커힐 사건, 해를 넘겨 1962년에는 새나라 자동차 사건 등이 꼬리를 물었고 증권파동은 그 압권이었다. 일본에서 파친코 기계를 몰래 들여왔던 것이나, 워커힐 호텔을 짓는다는 명목으로 이루어진 각종 비리와 횡령, 자동차 공업 육성을 내세운 채 이루어진 새나라 자동차 사건 등은 하나같이 권력의 비호가 없었다면 불가능한 부정부패였다.

쿠데타 세력이 신악이라는 불명예스런 비난까지 감수하면서 각종 의혹사건을 일으킨 이유는 분명했다. 개인적 치부도 있었지만, 가장 크게는 1963년으로 예정된 민정이양과 대통령 선거였다.

애초 쿠데타 세력은 권력을 놓을 생각이 전혀 없었던 것은 물론이고 민정 전환에도 관심이 없었다. 그러나 미국의 집요한 압력과 국내의 정치사회적 정세에 따라 민정이양을 약속할 수밖에 없었고, 그 첫걸음인 대통령 선거가 정치일정에 올라선 것이다. 정치적 관심이야 높았지만, 실제 정치를 해본 경험이라곤 없던 군사 전문가들이 가장 먼저 깨달은 것은 '정치는 돈'이었다. 군사 전문가들이 또 하나 깨달은 것은 '권력은

京鄕新聞

在野3黨 4大疑惑事件眞相暴露

去來所理事陣 30億환 背任橫領

利得7百億行方대라

새나라車로1億9千萬원取利

워커힐工事請負會社名도追窮

證券波動

民政黨法統利用問題

中央選委, 法解釋이 판가름

地區黨組織消滅與否가 注目

共和強·穩兩派로異見

自民黨과協商繼續 (金東煥씨系)

尹致暎씨系 一方的으로協商拋棄宣言

無任所長官에 金在春씨任命

最高議法司·內務兩委員長과—

自民黨側最終接觸

最高議 說明듣는程度로

親與聯合戰線摸索

地熱 ②

少年과 바다

더위쯤 신이난다

「포도」알처럼 푸른彈力들

◇落馬憂慮◇

二十世紀講座 3

二十世紀의文芸

旣刊販賣中!

二十世紀의課題



돈 만드는 요술방망이' 라는 것이었다. 4대 의혹사건은 하나같이 중앙정보부와 밀접한 관련을 가지고 있었고, 중정은 당시 이미 권력 중의 권력이었다. 이 사건들은 피해가 분명했고 정황 증거도 충분했지만, 모두 '의혹사건' 으로 머물고 말았다. 1964년 국회 국정감사까지 받았지만 밝혀진 사실이라곤 별로 없었다. 그러나 꼬리를 무는 의혹사건은 권력 집단 내부에서까지 문제를 불거지게 만들었다. 중정을 장악한 김종필계가 '다 해먹는다' 는 불만이 쿠데타 세력 내부에서 제기되었고, 결국 김종필이 자의반타의반 외유를 떠나게 되는 한 이유가 되었다.

# 제3공화국 탄생

1962年 12月 28日 조선일보
1963年 2月 19日 | 4月 9日 조선일보
10月 16日 | 12月 17日 동아일보

**최고위원 군복 벗고 참정參政**
**대통령 출마 여부는 당 결정에 따라**
**박 의장 민정이양民政移讓 일정을 발표**
**대통령은 4월 초순**
**국회의장 5월 하순**
**민정 이양식은 8월 중순 희망** _선거시기

박정희 최고회의의장은 27일 3군참모총장과 해병대사령관을 제외한 최고위원 전원이 "군복을 벗고 민정民政에 참여하기로 결정했고, 자신도 최고위원의 한 사람으로 민정에 참여하기로" 했으며, 대통령 출마 여부는 당 결정에 따르겠다는 뜻을 표명했다. 상오 10시 10분부터 11시 17분까지 최고회의 본회의실에서 385일 만에 내외기자와 회견한 그는 자신의 대통령 출마 문제는 "말할 수 있는 입장에 있지도 않으며 시기도 아니다"고 말하고 "그러나 당원으로 당에서 결정을 내리면 복종해야 하는 것"이라고 출마의사를 정식으로 표명한 것이다. 1962 1228

**내來 23일까지 각 정당 찬부贊否 확답 기대**
**"수락되면 민정에 불참"**
**박 의장 정국수습 9개안 제시**

박정희 최고회의의장은 18일 정오 혁명의 정당성과 헌법의 권위를 인정하고 민정民政이 4·19 및 5·16혁명을 계승한 것을 확약하며 혁명 주체들은 그들의 의시에 따라 정치직 거취를 정하고 유능한 예비역군인을 우선 기용한다는 것 등 9가지 시국수습 방안을 제시하고 이 제안이 모든 정당인과 정치 지도자들에 의해서 수락된다면 그는 민정에 참여하지 않을 것이고 정정법에 발묶인 기성정치인들을 특수한 경우만 제외하고 전면 해제할 것이며 선거를 5월 뒤로 미루겠다고 약속하는 중대성명을 했다. 그의 이 조건부 약속은 지난 13일부터 5일 동안 그의 측근자들과의 광범한 접촉을 통해 정국수습 방안의 형식으로 내외기자들에게 공표되었다. 박의장은 각 정당이 이 제의에 대한 수락 여부는 앞으로 5일 이내인 23일까지 밝혀줄 것을 요구하고 이를 수락할 때는 "본인은 지체 없이 군 · 정당대표, 정치지도자들과 만나 그것을 엄숙히 준수할 것을 선서할 것"이라고 밝혔다.

**혁명과업 계승 · 정쟁 지양**
**군의 중립 · 정치 불보복不報復_9개 방안 골자骨子**
**9개 수습방안 받아들이면**
**정정법政淨法 해제 · 선거는 5월 이후로** 1963 0219

1963年 2月 19日 조선일보

朝鮮日報

第12816號 西紀1962年12月28日 (金曜日) 【第3號】 【日刊】

# 最高委員 軍服벗고參政

## 大統領出馬與否는 黨決定에따라

## 朴議長 民政移讓日程을發表

選擧時期

大統領은 四月初旬

國會議員 五月下旬

民政移讓式은八月中旬希望

朴議長會見談에 日側反響

請求權은 一段落

代表部設置反對엔失望

請求權 더論할 必要없다

漁業問題讓步는 日側態度

「經協」은國交正常化뒤

韓日協商 多少不滿있어도妥結

1年만의 朴議長會見

申告制와 許可制로

集會示威에관한法律

場所·時間등에

朝鮮日報

西紀1963年2月19日 (火曜日) 【第3號】 【日刊】

# 來23日까지各政黨贊否確答期待

# 「受諾되면民政에不參」

大體로受諾을表明

朴議長 政局收拾九個案提示

革命課業繼承·政爭止揚

軍의中立政治不報復

九個收拾方案받아들이면

政淨法解除·選擧는五月以後로

九個方案骨子

朴議長이 신체內外記者에 時局收拾방안을 제시하고있다

中央情報部나搜査機關員의

脫線·越權안된다

朴議長, 行政干涉말라고警告

새로운進路

世界傳記文學全集

世界의人間像

全12卷

〔1〕 第12901號 The Chosun Ilbo 西紀1963年4月9日 (火曜日) 【第3版】 【日刊】

朝鮮日報

# 九月末까지 國民投票保留

## 朴議長, 聲明통해 四個緊急措置를 發表

### 國民投票나 總選擧나 九月에 各黨과 協議決定

### 臨措法廢止·政治活動再開

政權移讓앞서 民生問題解決에 全力

朴正熙議長

措置內容

### 月內에 全面改閣

金首班도 辭任할듯 側近者示唆

今週內에 開催
地方長官會議

臨時閣議서 決定

### 朴議長 出馬豫想

李公報室長談

3·16聲明의 撤回아니다

四個項措置實踐方案점차發表

### 4·8聲明에 反對와 愼重論

在野政界反響

### 黨內에 두갈래見解

尹氏側=「時間끌어 軍政피하는것」

金氏側=「體質改善·再整備贊成」

民政黨

### 再改憲案撤回토록

不透明한 態度는 泥亂을 助長

新政黨聲明

### 解體與否에 未結論

事務當員들, 體質改善파르檢討

共和黨 朴議長聲明을 支持

### 어젯밤全員釋放

拘束된「데모」關聯者69名

九月까지 保留
憲法改正案의
最高會議議決

### 事前通告

在野政客에
政府서「4·8緊急措置」에

### 新黨組織運動活潑

各黨少壯政治人들
政界改編·主導勢力形成目標로

非常事態收拾 臨時措置法 廢止公布

### 9월말까지 국민투표 보류
### 박 의장, 성명 통해 4개 긴급조치를 발표
### 국민투표냐 총선거냐
### 9월에 각 정당과 협의 결정
### 임조법臨措法 폐지 · 정치활동 재개
### 정권이양 앞서 민생문제 해결에 전력

박정희 최고회의의장은 8일 하오 정국수습에 단안斷案을 내려 군정연장을 위해 공고중의 개헌안에 대한 국민투표를 오는 9월 말까지 보류한다는 등 4가지 긴급조치를 발표했다. 3 · 16 성명 이후 재야정치인들과 정국수습을 위한 협상을 진행해온 박 의장은 그 23일 만인 이날 성명을 통해 오는 "9월 중에 각 정당대표들과 모든 정치정세政治情勢를 종합 검토하여 공고된 개헌국민투표를 실시하든가 또는 개정헌법에 의한 대통령 및 국회의원선거를 실시하든가를 협의 결정한다"고 밝혔다. 그는 또 정치활동을 다시 허용하며 "이 기간 중에 모든 정당은 정계의 개편 · 재정비를 단행하여 체질개선과 정계의 정화를 기함으로써 새로운 정치 풍토를 조성하여 건전한 민정이양의 토대를 구축할 수 있게끔 과감한 조치 있기를 권고한다"고 말했다.

정당 활동의 재개를 위해 비상사태 수습을 위한 임시조치법은 폐지되었다. 박 의장의 이 같은 결정은 8일 상오 11시45분부터 하오 1시경까지 열린 최고위원들의 비공식 전체회에서 보고된 뒤 이후락 대변인에 의해 발표되었다. 1963 0409

### 박 · 윤 두 후보, 초유의 '씨소 · 게임'
### 박정희=402만 9000여 · 윤보선=400만 500여 표
16일 1시 30분 현재
### 당락當落은 약 10여만 표로 결정?

제3공화국의 주인공 제4대 대통령은 15일 밤부터 전국적인 순조

1963年 10月 16日 (2) 동 아 일 보 The Dong-A Ilbo 【日刊】 第12914號

東亞日報

# 朴·尹 두 候補, 初有의 「씨소·게임」
## 朴正熙=402萬9千餘·尹潽善=400萬5百餘票
16日 1時 30分現在

## 當落은 約10餘萬票로 決定?
## 八割六分의 開票 끝나
16日밤이면 大勢完全判明視

## 朴씨, 嶺南湖南서 制壓
## 尹씨, 서울·中部서 壓勝
過去의 與·野基盤을 뒤집어

投票率 83.6%

〈철야개표하는 개표소 15일밤 城北개표소에서〉

各道別得票狀況 16日 ..午1時30分現在

| | 張利錫 | 朴正熙 | 吳在泳 | 尹潽善 | 卞榮泰 | 計 | 投票率 | 有權者數 |
|---|---|---|---|---|---|---|---|---|
| 서울 | 9.394 | 339.814 | 18.517 | 733.463 | 14.210 | 1.125.398 | 77.5% | 1.076.262 |
| 釜山 | 3.419 | 242.779 | 11.214 | 239.083 | 7.106 | 486.480 | 80.1% | [illegible] |
| 京畿 | 23.533 | 339.319 | 47.625 | 591.568 | 29.717 | 1.031.752 | 85.9% | 1.492.207 |
| 江原 | 23.318 | 281.447 | 33.576 | 353.739 | 23.806 | 715.886 | 88.8% | 938.143 |
| 忠北 | 14.153 | 195.255 | 25.969 | 238.952 | 13.612 | 487.941 | 86.9% | 657.380 |
| 忠南 | 18.259 | 344.033 | 38.161 | 417.596 | 20.760 | 838.860 | 87.1% | 1.278.294 |
| 全北 | 11.834 | 265.620 | 24.660 | 219.972 | 17.974 | 534.060 | 86.1% | 1.076.248 |
| 全南 | 14.510 | 528.897 | 34.561 | 360.652 | 11.674 | 950.294 | 75.5% | 1.687.302 |
| 慶北 | 31.496 | 776.620 | 52.229 | 505.891 | 27.990 | 1.394.226 | 85.8% | 1.940.975 |
| 慶南 | 14.847 | 660.442 | 57.074 | 326.429 | 26.023 | 1.084.821 | 86.9% | 1.427.810 |
| 濟州 | 1.949 | 62.039 | 2.501 | 21.218 | 1.360 | 89.067 | 88.6% | 144.849 |
| 計 | 166.279 | 4.023.730 | 344.804 | 4.000.577 | 197.395 | 8.738.785 | 83.6% | 12.985.015 |

1963年 10月 16日 동아일보

1963年12月17日 火曜日 동아일보 The Dong-A Ilbo 第12967號

東亞日報

# 第三共和國誕生

## 朴正熙씨 大統領에 就任

### 겨레의 忠僕으로 奉仕 다짐

無窮花大勳章授與, 새憲法發效

새國會가 17日上午9時10分에 처음으로 集會, 새憲法이 발효되었으며 이어 正熙大統領이 下午2時에 정식으로 大統領에 취임함으로써 드디어 第三共和國이 탄생, 法的인 民主國家가 역사적인 그 第一步를 내디디었다. 이로써 61年5月16日 이래 二年七個月동안 계속되어온 軍事統治는 완전히 終止符가 찍혔으며, 새憲法에 따른 民主政治의 常軌로 복귀되었다.

<大統領就任 宣誓를 하는 朴正熙씨>

## 第六代國會開院

## 議長에 李孝祥씨

副議長엔 張坰淳·羅容均씨 選出

國會運營問題협의

오늘下午에與·野總務團會談

少數의 意見尊重

16日로 原隊復歸

參政軍人65名, 免職코

17日아침에 決定

羅容均副議長指名경위

就任宣誓

朴大統領과 새選良全員

새出發

오!… 눈이 부시다…

女像

新年特大號 特價 80원

★여러분 友誼에 家庭에 幸運이 깃들기를 빕니다!

青瓦台에 푸른 꿈을 심으리

英親王妃의 手記

새해를 사는 智慧 12章

年末年始의 主婦들과 크리스마스 쌀

韓國女流人名事典

로운 개표가 진행되어 16일 정오 현재 전全 투표의 약 8할 6분을 개표했으나 공화당 박정희 후보와 민정당 윤보선 후보가 402만 표 대에서 아슬아슬하게 백중伯仲하고 있어 대세는 전혀 예측을 불허케 하고 있다. 전국 개표에서 16일 낮 12시 반 현재 박정희 후보는 402만 9730표, 윤보선 후보는 400만 577표로서 박 후보가 2만 9000여 표 '리드' 하고 있으나 당선권 결정은 비상한 주시 속에 진행되는 한 표 한 표의 개표가 거의 완전히 끝나는 16일 밤 늦게나 판명될 수밖에 없는 정세에 놓여 있다. 현재 추세로 보아 당선은 아마도 15만 표 내외의 극히 근소한 차로 결정될 것 같다.

**박씨, 영남 · 호남서 제압**
**윤씨, 서울 · 중부서 압승**
**과거의 여 · 야 기반을 뒤집어** 1963 1016

**제3공화국 탄생**
**박정희 씨 대통령에 취임**
**겨레의 충복忠僕으로 봉사 다짐**
**무궁화 대훈장 수여, 새 헌법 발효**

새 국회가 17일 상오 9시 15분에 처음으로 집회, 새 헌법이 발효되었으며 이어 박정희 대통령이 하오 2시에 정식으로 대통령에 취임하여 드디어 제3공화국이 탄생, 합법적인 민주국가가 역사적인 그 제1보를 내디뎠다. 이로써 61년 5월 16일 이래 2년 7개월 동안 계속되어온 군사 통치는 완전히 종지부가 찍혔으며, 새 헌법에 따른 민주정치의 상궤常軌로 복귀되었다. 1963 1217

**해설** 말도 많고 탈도 많았던 군정이 끝나가고 민정이양이 가시화되는 시기의 기사들이다. 민정이양 과정에서 핵심은 박정희의 정치참여 문제였는데, 겉으로 드러난 모습만 보면 그는 갈팡질팡한 것처럼 보였다. 유명한 '번의' 소동이 그것이었다. 박정희는 몇 가지 조건을 내걸고 이것만 수락된다면 민정에 참여하지 않겠다고 했다가, 다시 이를 번복하고 대통령에 출마할 것이라고 밝히는 등 오락가락하는 모습을 보여주었다. 이는 나름대로의 정치였다. 박정희는 애초 한강다리를 건널 때부터 권력을 놓을 생각이 전혀 없었다고 보는 것이 정확할 것이다.

문제는 여러 정황으로 보아 군정 대신 민정 방식으로 지배를 연장해야 하는 상황이었던 데 있었다. 군정도 힘들었는데 민정은 군사 전문가들에게 더더욱 낯선 방식이었다. 선거도 치러야 하고 복잡한 정치공학 기술도 익혀야 했다. 명령 하나면 모든 것이 일사천리였던, 인간관계의 기본을 상하 수직 관계로 파악하고 몸에 익힌 군인에게 '정치'는 비효율적이고 낯설고 어려운 것이었다. 수십 년간 정치판을 주물럭대던 노회한 정객들에게 박정희는 애송이처럼 보였을 것이다.

박정희가 정치 애송이인 것은 맞지만, 빠르게 정치기술을 익히고 있었고 무엇보다 권력의 생리를 잘 알고 있었다. 특히 박정희와 쿠데타 세력은 민간인 전문가, 즉 지식인이나 관료 들을 적절하게 동원 · 이용할 줄 알았다. '교수 정치'라는 비아냥거림을 들을 정도로 쿠데타 세력은 지식인을 대규모로 권력 주위에 모았다. 이는 전임 정권들과 확연히 구분된다. 이승만은 자신이 최고의 지식인이자 독립 운동가였으니 굳이 남의 머리를 빌릴 이유가 없다고 생각했지만, 박정희는 달랐다. 박정희 정권은 한국 최초의 '지식-권력'이라 부를 수 있는 체제를 구축했다고 보인다.

엄민영, 정구영 등이 쿠데타 초기 박정희의 지식-권력에 참여한 대표 인사들이었고 이외에도 윤천주, 박희범, 유진오 등 수많은 엘리트 지식인들이 길고 짧게 박정희 정권과 협력했다.

쿠데타 이후 민정이양까지 미국의 영향을 빼놓을 수 없다. 미국은 쿠데타 승인 후 민정이양의 큰 그림을 그리게 했고, 지식인을 비롯한 민간 전문가들과의 연합을 매우 강조했다. 당시 주한 미 대사 사무엘 버거는 박정희에게 최고의 후원자였다. 그는 박정희의 정치적 가정교사라 할 만했고, 박정희가 의기소침해 있을 때에는 격려와 지원을 아끼지 않아 박정희로 하여금 '가장 행복한 순간'을 맞게 해주었다.

박정희와 쿠데타 세력은 이 모든 조건을 활용해 선거라는 대중정치에 뛰어들 수 있었다. 그들은 선거를 통해 구정치인들을 양반-귀족-봉건-수구-노쇠-무능-나태-부패타락-사대 등으로 이미지화하고, 자신들을 개혁-참신-서민-유능-청렴-자주-신세대 등으로 재현함으로써 대중의 강렬한 호응을 이끌어내고자 했다. 특히 박정희 체제는 '조국 근대화'로 집약되는 민족주의와 근대화의 결합을 시도했다.

조국 근대화라는 구호는 공화당 조직에서 만들었다고 알려졌는데, 대통령 선거 직후인 1963년 11월에 처음 출현해 이후 박정희 체제의 핵심 지향가치를 대변했다. 이와 함께 민족적 민주주의라는 용어도 등장해 4 · 19 이후 민족주의적 감수성이 예민해진 청년층에게 크게 어필했다. '조국 근대화'와 '민족중흥', 이러한 대중정치가 일정한 효과를 냈음은 분명했다. 대표적 진보 문학가인 임헌영 같은 사람조차 "휘황찬란한 단어 '민족적 민주주의' 때문에 아주 황홀해서" 박정희에게 투표하고 심지어 다른 사람들에게 운동까지 했다고 회고할 정도였다.

# 박정희 전역과 좌익 시비

1963年 8月 30日 경향신문
9月 28日 동아일보
10月 13日 동아일보 호외

**박정희 대장 예편**
**오늘 5군단 비행장서 전역식**
**여생은 민주 · 공화 기치 아래**

**혁명 과업 완수 위해**
**민정民政 참여를 결심**
**다시는 이 나라에 본인과 같은**
**불운한 군인이 없도록 합시다.** _마지막 말 1963 0830

**10 · 1 영남 폭동 주동자**
**한때 북괴 무역성 부상副相**
**중앙정보부, 황태성 사건 공개**

중앙정보부는 27일 밤 세칭 간첩 황태성 사건의 진상을 공개했다. 간첩 황이 피검된 지 거의 2년 만에 그리고 황이 고등군법회의 1심에서 사형언도를 받은 지 약 1년 9개월 만에 세상에 밝혀진 이 사건의 진상은 ① 간첩 황이란 10 · 1 영남 폭동사건의 주동자며 한때 북괴 무역성 부상으로 있었던 자로 ② 대남 공작의 지령을 받고 1955년 8월 말 남한의 군사혁명지도자 박 의장의 형수 조 여사를 포섭하고 박 의장과 접촉할 것을 기도하기 위해 남하한 자로 ③ 1961년 10월 20일 체포 한화韓貨 29,400원과 암호문건 등이 압수됐으며 ④ 1961년 12월 1일 육군 중앙고등군법회의에 구속 송치, 12월 27일 동 군법회의 1심에서 황은 사형, 관련자 권상준은 15년, 김문하는 10년의 징역 언도를 받은 뒤 황은 1963년 7월 19일 대법원에 불복 상고하여 현재 계속[1] 중에 있다는 것으로 발표됐다.

이날 김형욱 중앙정보부장은 담화를 통해 "최근 정계 일각에서 국가안전 보장이라는 '국기國基' 마저 위태롭게 하면서 폭로 정략으로 정국을 가일층 어지럽게 하고 있는 사태와 추이에 대하여 유감됨을 그치 못하는 나머지 반공 시책상 공개할 수 없는 간첩 황태성 사건에 대한 진상을 2년 만에 공표하여 불필요한 불안과 왜곡된 사실이 해소되기를 바란다"고 말했다.

세칭 황태성 간첩사건은 25일 시내 교동초등학교 교정에서 열린 재야 6당 공명선거관투위 주최의 합동시국 강연회장에서 뿌려진 '비라'로 처음으로 일반에게 알려졌으며 27일 '국민의 당' 대통령 후보 허정 씨가 기자회견을 통해 혁명정부에 진상을 밝히도록 요구했었던 것이다. 1963 0928

**민정당 여순사건 자료를 공개**
**당시의 두 신문보도 제시**
**'49년 2월 13일 군법회의서'**
**박정희 씨에 무기 언도**
**심판관은 김완용 중령 등 7명**

민정당은 13일 상오 박정희 후보가 "여순반란사건 이래 진행된 숙군肅軍 당시 1949년 2월 13일 군법회의에서 김학림, 조병건, 배명종 등과 같이 무기징역 언도를 받았다"는 요지의 1949년 2월 17일자 경향신문 기사와 "서울고등군법회의에서 심판관 김완용 중령 이하 6명, 검찰관 이찬형 중령 이하 1명이 참석한 가운데 심리한 결과 박정희씨는 무기징역을 선고받았다"는 요지의 1949년 2월 18일자 서울신문 기사를 증거물로 발표했다. 1963 1013

[1] 소송 계속

**해설** 박정희와 군대는 거의 숙명적인 관계였던 것으로 보인다. 박정희가 만주 신경군관학교로 가지 않고 문경 보통학교 훈도 생활을 계속했다면 우리가 아는 박정희는 결코 없었을 것이다. 박정희는 보통학교 훈도라는 안정된 직업을 버리고 스물넷이라는 적지 않은 나이에 군인의 길을 선택했다. 대구사범 꼴찌에서 신경군관학교 만계 수석 졸업, 일본 육사 특별반 3등 졸업이라는 탁월한 성적으로 비약한 것은 그에게 군대가 정말 '체질'이었음을 보여주는 것이 아닐까? 그러한 박정희에게 전역은 정말 슬픈(?) 일이었는지 모른다. '다시는 본인과 같

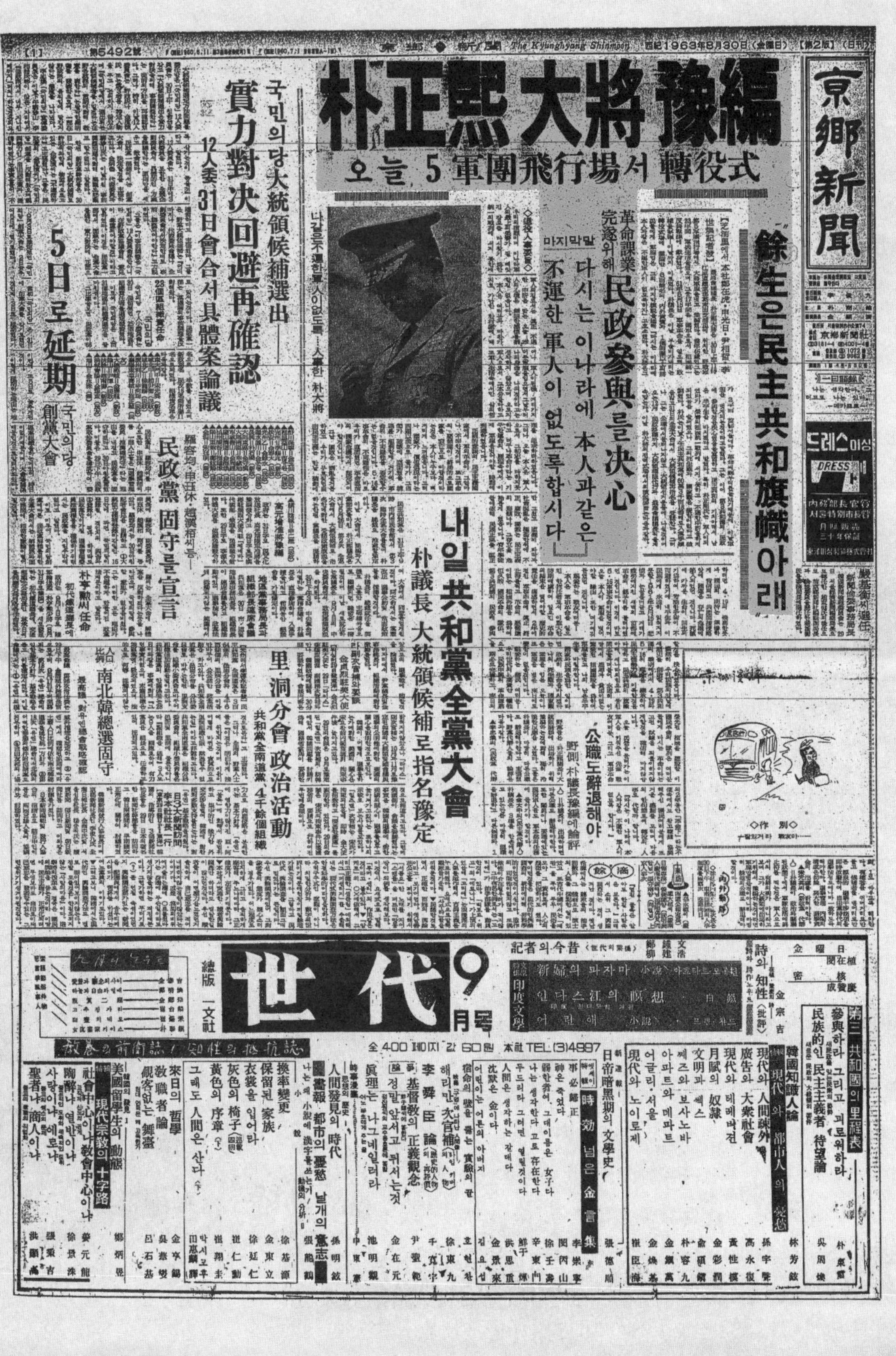

第5492號 京鄕新聞 The Kyunghyang Shinmun 西紀1963年8月30日(金曜日) 【第2版】

# 京鄕新聞

# 朴正熙大將豫編

## 오늘 5軍團飛行場서 轉役式

## "餘生은民主共和旗幟아래"

## 革命課業 完遂위해 民政參與를決心

마지막말 「다시는 이나라에 本人과같은 不運한 軍人이 없도록합시다」

## 국민의당大統領候補選出 實力對決回避再確認

12人委 31日會合서具體案論議

## 5日로延期

국민의당 創黨大會

## 民政黨 固守를宣言

## 내일 共和黨全黨大會

朴議長 大統領候補로指名豫定

## 里洞分會 政治活動

共和黨全南道黨 4千餘個組織

## 公職도辭退해야

野側, 朴議長豫編에論評

## 南北韓總選固守

은 불행한 군인이 없도록 합시다.' 라는 유명한 전역사가 빈말이 아니었을지도 모른다. 사실 그가 군문을 벗어나는 순간부터 영욕이 교차했고, 부인과 본인의 비극적 종말이 준비되었다.

그는 군대를 선택한 이유를 단순명쾌하게 설명했다. '큰 칼 차고 싶어' 군대 갔다는 그의 짧은 고백은 모든 것을 응축하고 있다. 한 마디로 그것은 '권력의 의지' 였다. 다시 말해 그에게 군대는 곧 '권력' 의 또 다른 이름이었고, 그의 전역 역시 또 다른 권력으로 질주하기 위해서였다. 권력에 의한, 권력을 위한, 권력의 군대, 이것이 박정희가 군대를 동경한 이유이자 또 군대를 통해 배운 세상 이치였다고 할 수 있다. 그가 군복무 시절 남로당에 가입한 것도 사상적 이유라기보다는 권력을 향한 전략적 판단에 근거했다고 보인다. 당시 남로당은 최대의 정치세력이었고, 권력 장악에 가장 가까운 정당으로 보였기 때문이다. 이 남로당 전력이 1963년 대통령 선거에서 기묘한 역할을 하였다.

박정희의 좌익 전력 폭로 보도는 한국의 역대 대통령 선거 중 가장 센세이셔널했다. 여당 격인 공화당의 유력한 대통령 후보가 남로당 당원이었다는 폭로는 가히 경천동지할 만한 특종임이 분명했다. 박빙의 피 말리는 선거 막판, 야당의 윤보선 후보 측은 분명 회심의 미소를 지었을 것이다. 반공을 국시로 들고 나온 쿠데타 세력의 수장인 박정희가 오히려 진짜 '빨갱이' 였다는 사실만큼 극적인 반전이 또 어디 있겠는가? 이 폭로로 선거는 끝났다고 생각해도 전혀 이상하지 않을 법했다.

여기에 거물 간첩 황태성 사건까지 곁들여지니 거의 완벽한 시나리오가 짜질 만했다. 황태성이 누구인가? 북한 정권의 부상(한국의 차관)까지 지낸 거물 '빨갱이' 가 박정희에게 '밀사' 로 파견되었다는 소문은 사람들은 아연실색케 할 만했다. 게다가 황태성이 접근한 박정희의 형수는 곧 대구 10월항쟁 와중에 경찰에 사살 당한 박상희의 부인이지 않은가. 그 딸은 김종필의 부인이었기에 가족 문제가 아니라 쿠데타 권력 전체 문제로 비화될 소지도 있었다. 시정의 소문과 술자리 방담은 근엄한 언론보도를 훨씬 뛰어넘는 선정성과 파격이 있으니, 모르긴 몰라도 박정희와 그 가족이 온통 빨갛게 도배질이 되었음직하다.

박정희의 남로당 가입은 물론 숙군과 군사재판 결과도 부인할 수 없는 사실이었다. 박정희와 쿠데타 세력으로서는 별 방어수단이 없는 처지였고, 꼼짝없이 '빨갱이' 전력을 고백해야할 곤혹스럽기 그지없는 코너로 몰리고 있었다. 선거캠프는 박정희의 결백함은 이미 증명되었다는 식의 한가한 소리만 반복하고 있었다. 그런데 박정희는 의외로 담담했다고 한다. 선거전이 최고로 가열되는 상황 속에서도 박정희와 선거 캠프는 별다른 방어조치를 취하지 않았다. 이는 명백한 사실 앞에 속수무책이었다는 판단과는 좀 다른 느낌의 고요함이었다. 야당이 노골적으로 색깔공세를 펴는데도 별다른 방어나 탄압 정책을 구사하지

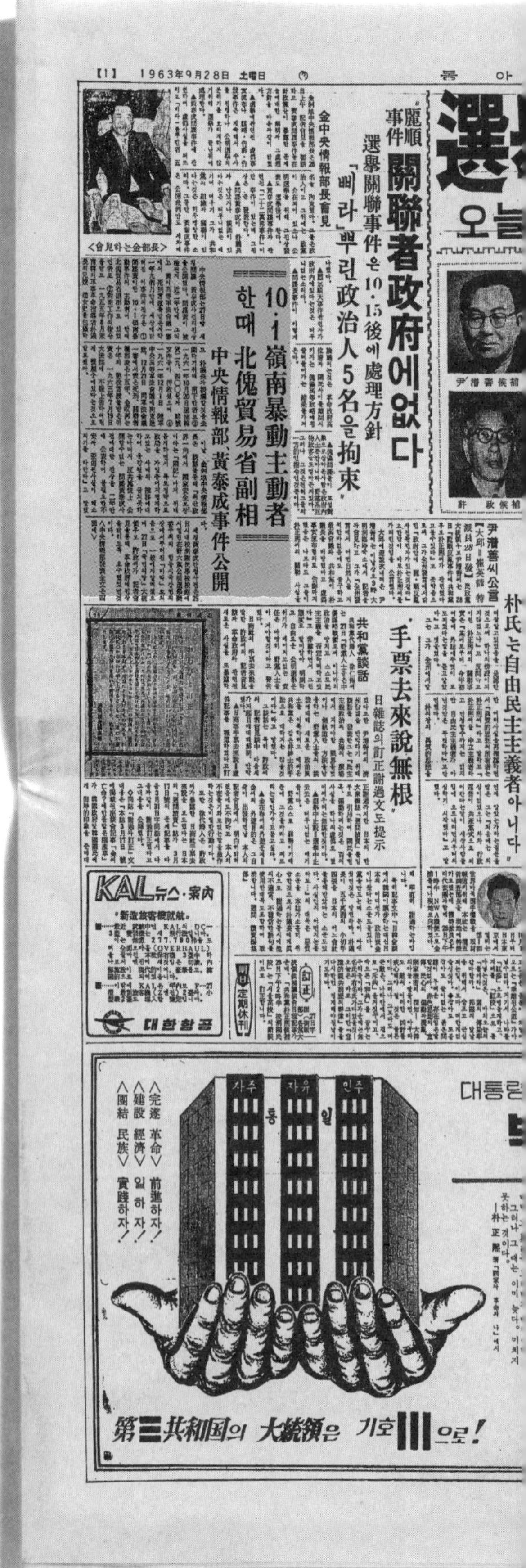
【1】 1963年9月28日 土曜日 동아

選 오늘

"麗順事件" 關聯者政府에없다

選擧關聯事件은10·15後에處理方針

「삐라」뿌린政治人5名을拘束

金中央情報部長會見

<會見하는金部長>

10·1嶺南暴動主動者 한때 北傀貿易省副相

中央情報部, 黃泰成事件公開

尹潽善候補

許政候補

尹潽善씨公言

朴氏는自由民主主義者아니다

手票去來說無根

日雜誌의訂正謝過文도提示

共和黨談話

않고 방관했다는 것은 뭔가 다른 계산을 하고 있었다고 볼 수도 있다.

결과로 보건대, 당시 야당의 좌익 전력 시비는 득보다 실이 많았던 것으로 보인다. 한국전쟁을 통해 수백만의 좌익 연루자와 가족 들이 견디기 힘든 고통을 겪었다. 4 · 19 직후 거창 학살사건 유가족들이 학살 당시의 면장을 생화장했다는 사실은 전쟁의 고통이 얼마나 질기게 사람들을 옥죄고 있었는지를 웅변한다. 억울하고 하소연할 데 없는 죽음이 널려 있는 전쟁의 기억이 생생한 사람들에게, 박정희의 좌익 연루 혐의는 무언의 동질감을 느끼게 했을 수도 있었다.

투표 결과는 좌익 연루 피해가 심각한 전라-경상 지역에서 박정희의 승리와 충청 이북 지역에서의 윤보선 승리로 나타났다. 당시 언론에 의해 제2의 38선 분단이라 불릴 정도로 확연히 갈린 투표 양상은 과연 무엇 때문이었을까?

1963年 9月 28日 동아일보

The Dong-A Ilbo 第12899號

東亞日報

「最高潮

불꽃튕기는舌戰

朴正熙(高校) 政治理念밝혀

宋堯讚(國鐘民路) 政府失策규탄

尹潽善(大邱 壽城川) 思想戰에結論

許政(大田驛前) 軍政延長攻駁

一部地域서「돈」뿌려動員

勝算없는候補者는自退

許씨, 野單一候補方案에言及

釜山驛前 遊說强行

희

民主共和

民政黨 麗·順事件 資料를公開

當時의 두新聞報道 提示

〈49年2月13日軍法會議서〉

朴正熙씨에 無期言渡

審判官은 金完龍中領등七名

東亞日報

10月13日 號外

共和黨서反駁

"造作된 人身攻擊"

解明할時間餘裕 왜 안주나…

3·15되풀이말자

共和黨聲明

野黨서破壞工作

討伐戰한일없다

裁判長안됐다

南間諜事件 處理에疑問

1963年 10月 13日 동아일보 호외

# 광부와 간호사 서독 파견

1963年 12月 21日 동아일보
1966年 1月 6日 조선일보

【1】 1963年12月21日 土曜日

勞動輸出…제트機타고 西獨으로

外書輸入을 抑制

柳達永第5隨想錄

에덴의 郊外

이 誠實한 人間愛의 속삭임을 들어보라

新太陽社

레이디英語

敎室에서 오피스 그리고 부엌에서까지도 파아티에서 旅行 데이트에서

Fancy Lessons for Miss & Mrs.



## 노동 수출…제트기 타고 서독으로

우리나라의 젊은 노동력이 수출된다. 서독으로 가는 우리나라 광부 제1진 123명은 21일 상오 10시 '에어 프랑스' 전세기로 김포공항을 떠났다.

우리나라엔 남고 처지는 노동력이기에 노동자가 금보다도 귀하다는 서독 탄광에서 우리나라로부터의 광부 수입(?)을 희망해 오자 그동안 수많은 지원자가 쇄도하여 심한 경쟁 끝에 252명이 합격됐던 것. 그 1진 123명의 꿈을 실은 거대한 '보잉=707' '제트' 항공기는 북극을 쾌속으로 날아 22일 새벽 1시(한국시간)엔 서독 '두셀돌프' 공항에 도착, '함보루노'와 '에치바일저' 두 탄광으로 반씩 나뉘어 들어가 앞으로 3년간 고된 갱내 생활을 한다.

이날 공항에는 떠나는 광부들 가족 약 200여 명이 나가 작별인사를 나눴는데 떠나는 젊은이들은 해외로 나간다는 기쁨과 매달 600 '마르크'(미화 150불)씩 받게 된다는 흐뭇함에 들떠 오히려 즐거운 표정들…. 1963 1221

## 향독向獨 간호원 환송식
## 128명, 30일 전세기로 출발

보사부가 모집한 서독 파견 간호원의 1차 합격자 128명의 환송식이 5일 오후 7시 서울 YWCA 대강당서 파견 간호원 전원 및 가족들이 참석한 가운데 열렸다.

22세부터 38세까지의 이들 간호원은 30일 전세기 편으로 향독, 독일 프랑크풀트의 8개 병원에 나뉘어 3년간 근무하게 된다. 월수입은 최저 440마르크(미화 110달라). 이 자리에는 특별히 내한한 프랑크풀트 시 의사협회장 슐타이제 박사 및 이번 간호원 서독 파견을 직접 서독 정부와 교섭한 이수길(서독 마인쯔 대학병원 소아과병동장) 박사가 참석, 이들을 격려해 주었다. 1966 0106

1963年 12月 21日 동아일보

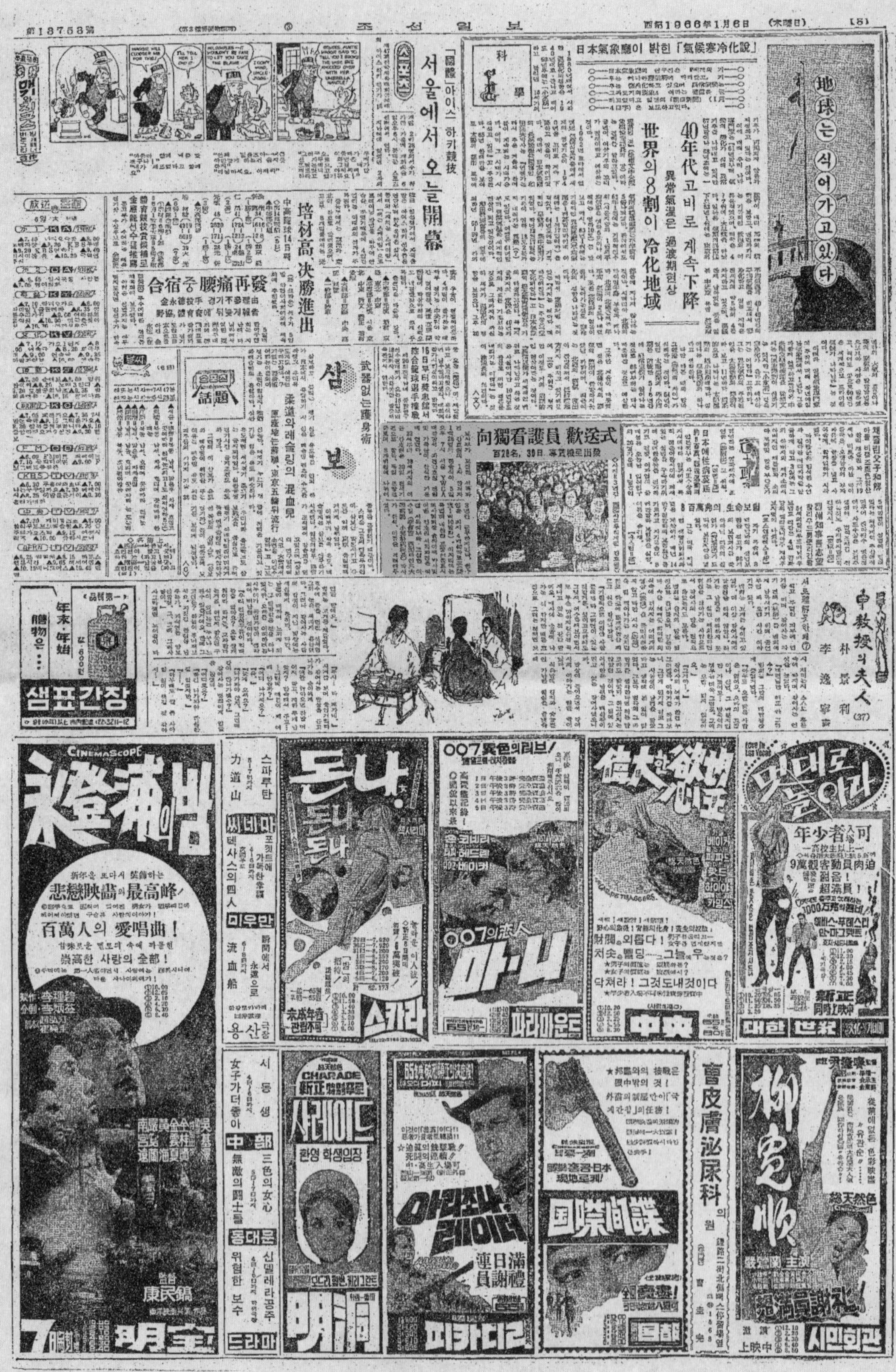

第18758號 조선일보 西紀1966年1月6日 (木曜日) 〔8〕

「國際」아이스 하키競技
서울에서 오늘開幕

科學

日本氣象廳이 밝힌「氣候寒冷化說」

地球는 식어가고 있다

40年代고비로 계속下降
異常氣溫은 過渡期현상
世界의 8割이 冷化地域

放送

培材高 決勝進出

合宿중 腰痛再發

話題

삼보

武器없는 護身術

柔道와 레슬링의 混血兒

向獨看護員 歡送式

申教授의 夫人

年末·年始 膳物은…
샘표간장

**해설** 최근 한국 사회는 100만이 넘는 이주 노동자를 포함하고 있다. 집 떠나면 고생이란 말도 있듯이 이들이 낯선 타국에서 겪고 있는 고통이 결코 남의 일만은 아닐 것이다. 근대 이후 한국의 노동력 이출은 대한제국 말기 하와이 농업이주를 시작으로 간단없이 이루어져왔다. 특히 일제시기 만주와 일본으로의 노동력 이출은 그 규모가 수백만을 헤아릴 정도였다. 해방 이후 가장 대표적인 이주 노동자들은 파독 광부와 간호사였다. 이 기사는 바로 그 이주 노동자들의 파독 관련 소식을 전한다.

해방 이후 한국 노동력 이출로 대표적인 것은 베트남과 중동이었다. 베트남과 중동은 그 이유가 충분히 이해가 간다. 그런데 독일은 한국의 노동력 이출 대상으로 선뜻 이해가지 않는 면이 있다. 영국, 프랑스, 이탈리아도 아니고 왜 하필 독일이었을까?

박정희 정권은 유독 독일(당시에는 서독)과 이스라엘을 편애했다. 미국이 가장 중요하기는 했지만, 박정희 개인이 미국에 우호적인 시선을 던진 적은 별로 없었다. 그 대신 거의 항상 전시와 준전시 상태의 동원국가 이스라엘에 특별히 관심을 보였다. 서독 역시 분단국가라는 동병상련에다 '라인 강의 기적'으로 불리는 급속한 전후 복구가 강렬한 인상을 주었던 듯하다. '한강의 기적'은 쿠데타 초기부터 내세운 구호인데, 독일의 그것을 본뜬 것임은 두말하면 잔소리다.

또 하나 독일이 중요했던 것은 경제협력 파트너가 될 수 있을 것이란 기대감이었다. 미국은 한국의 경제개발 파트너로 끊임없이 일본을 밀고 있었다. 이른바 지역통합 전략에 따라 한·미·일 삼각동맹을 강화하는 것이 미국의 일관된 동북아 정책이었다. 이러한 압력이 부담스러운 박정희 정권은 1965년 한일국교 정상화 이전까지 다른 경제협력 파트너를 찾고자 했고 그 과정에서 독일이 눈에 들어왔다. 미미한 정도긴 했지만, 실제 1960년대 초반까지 독일과 경제협력이 제법 있었고, 박정희 또한 독일을 방문하기도 했다. 이러한 맥락에서 노동력 부족 사태에 직면해있던 독일로 노동력이 옮겨간 것이다.

1963년부터 1979년까지 독일로 간 노동력은 광부가 8000명, 간호사가 1만 2000명으로 모두 2만 명 정도였는데, 결코 적은 숫자가 아니었다. 노동력의 질적 수준도 대단히 높아 서울 법대생, 교사, 장관 보좌관까지 있었다. 1963년 500명 파독 광부 모집에 무려 4만 명이 넘는 지원자가 몰렸다는 것만 보아도 당시 파독의 매력이 얼마나 강했는지를 짐작할 수 있다.

전혜린이 뮌헨의 슈바빙을 그리워하며 자살한 것이 그리 이상하지 않을 수 있었다. '선진국 독일'에 대한 콤플렉스에 비례하여 '민족적 자존감' 또한 강렬했던 듯하다. 그것은 파독광부들이 절도 혐의를 받고 있던 한 동료를 '민족적 수치'로 규정하여 집단 린치를 가한 사례에서도 확인된다.

파독 노동자들의 삶은 그리 만만치 않았다. 대부분의 돈을 반강제적으로 송금해야 했고, 낯선 환경과 문화 차이 등으로 정신질환자가 속출했다. 전체의 절반 정도인 만 명의 노동자들은 계약기간 3년이 지난 후에도 자의반타의반으로 귀국하지 못하고 불법 체류자가 되어 독일사회의 허드렛일을 감당해야 했다.

경남 남해에 가면 귀국한 파독 노동자들을 위한 '독일마을'이 있다. 파독 후 수십 년이 지난 후, 그들의 귀향은 행복할까? 세계화를 부르짖고 있지만, 사실 그것은 자본의 영광을 위한 노동의 고통일 수 있겠다. 영혼 없는 자본의 월경은 확대재생산으로 귀결되겠지만, 노동자의 월경은 뿌리 뽑힘과 영혼의 파멸을 향한 여정일 수 있었다.

# 한일회담 반대 시위

1964年 6月 3日 경향신문
6月 4日 동아일보 호외

**학생 데모 점차 확대**
**서울 · 수원 · 대전 등지서**
**민정民政 이후 최대 1만여 명 참가**

2일부터 재연된 대학생들의 반정부 '데모'는 3일 상오 점진적으로 확대되고 있다. 학생들은 3·24 '데모' 때의 국부적인 구호를 완전히 버리고 '박정희 하야'를 초점으로 하는 극한투쟁을 전개하고 있다. 학생 '데모'의 일부인 고대, 동대, 성균관대학 및 서울의대생 등 연 2000여 명은 삼엄한 경비망을 뚫고 하오 1시경 국회의사당 앞에 집결, 박정희 하야를 외친 후 중앙청 쪽으로 달려가 경찰과 충돌했다. 1964 0603

**서울에 비상계엄 선포**
**3일 하오 8시로 소급**
**공공질서의 안녕 위해**
**계엄사령관에 민 육참총장**

박정희 대통령은 3일 하오 9시 40분 대통령 공고 11호로 동일 하오 8시로 소급하여 서울 지역에 '비상계엄'을 선포했다. 계엄 선포의 이유는 공공질서의 안녕을 위해서라고 발표됐다. 계엄사령관에는 민기식 육군 참모총장이 임명됐다. 국무회의를 거쳐 선포된 비상계엄 내용은 다음과 같다.

▲이유=계엄법 제4조에 의하여 혼란된 질서를 회복하고 공공의 안녕을 유지하기 위함. ▲종류=비상계엄 ▲시행 일시=1964년 6월 3일 20시 ▲지역=서울특별시 ▲계엄사령관=육군 참모총장, 육군대장 민기식

**반성할 점도 많으나 헌정 도괴倒壞[1] 묵과할 수 없다** 1964 0604

[1]넘어뜨리거나 무너뜨림

**해설** 이른바 '6 · 3사태' 관련 기사들이다. 한일회담 반대 학생시위로 출범 반 년 만에 최대 위기를 맞은 박정희 정권은 계엄령 선포로 맞섰다. '민족적 민주주의'를 내세우며 대통령에 당선된 박정희가 대학생들의 '민족적 민주주의 장례식'으로 도전받게 된 이유는 무엇인가? 한일회담은 사실 상당히 오래되었다. 전쟁이 한창이던 1951년부터 시작했으니 10년을 훌쩍 넘긴 회담이었다. 한일회담의 강력한 추동력은 미국에서 왔다. 미국의 지역통합 전략에 따르면 아시아 반공 보루의 중심은 일본이었고, 한국은 일본의 경제적 배후지이자 군사적 전초기지의 역할을 떠맡았다. 따라서 한일관계 복구는 미국이 세운 동북아 전략의 기본이었다. 다 알다시피 이승만은 미국의 동북아 전략을 잘 알고 있으면서도 강력한 반일정책을 구사해 회담은 지지부진이었다. 장면 정권은 시간이 없었고 박정희 정권도 쿠데타 초반에는 한일회담에 큰 관심을 두지 않았다. 그러다 회담이 급진전하게 된 결정적 이유는 역시 '돈'이었다. 경제개발에 정권의 운명을 건 박정희로서는 한 푼의 돈이 아쉬웠고, 이런저런 시도 끝에 결론은 일본 돈을 가져다 쓰는 수밖에 없다는 것이었다.

회담 진행은 졸속이었다. 이미 이쪽의 카드를 다 읽은 일본은 느긋하게 나왔고, 몸이 단 것은 한국이었다. 핵심 관건이 돈인 만큼 핵심 쟁점 또한 액수와 명목이었다. 액수는 계수조정을 통해 해결되었고 명목 처리가 묘했다. 즉 일본에서는 '독립 축하금'이라 칭하고 한국에서는 '대일 청구권 자금'이라 부르도록 합의한 것이다. 묘수인지 궁여지책인지 모르겠지만, 두고두고 말썽을 일으켰다. 대학생들의 시위는 매우 격렬했고 급기야 계엄령까지 불러왔지만, 4년 전 4·19와 같이 시민들이 대거 동참하는 경우는 없었다. 김지하의 증언에 따르면 자신들은 '제2의 독립운동'을 한다는 심정이었지만, 시민들의 반응은 냉담했다고 한다. 박정희는 시위로 길이 막히자 헬기를 이용해 청와대로 날아온 주한 미대사와 협의 후 계엄령을 선포하고 6·3사태를 해결했다. 이후 박정희의 자신감은 한층 고조되었고, 그 여세는 1967년 대선 승리, 1969년 삼선개헌을 거쳐 결국 1972년 유신체제 선포로 연결되었다.

京鄕新聞 西紀1964年6月3日 (水曜日) 第5728號

# 學生데모 漸次擴大

## 서울·水原·大田等地서

## 民政이후最大 萬餘名參加

## 朴政權下野등 외치며

3千餘 世宗路서 警察과對峙

## 國家安保에 影響

安保議 戒嚴令問題엔 노·터치

戒嚴 두고보면 안다

政府·與黨收拾協議

## 與·野領袖會談

共和黨, 政爭中止呼訴에

一部人士除名推進

1964年 6月 3日 경향신문

東亞日報 6月 4日 號外

# 서울에 非常戒嚴宣布

## 3日 下午8時로 遡及

## 公共秩序의 安寧위해

戒嚴司令官에 閔陸參總長

〈朴大統領〉

## 憲政倒壞 默過할수 없다

反省할 點도 많으나

―朴大統領談話―

## 데모激化 超緊張 열時間

安保議·緊急閣議·韓美高位會談

非常戒嚴이 宣布되기까지

1964年 6月 4日 동아일보 호외

# 언론윤리위원회법 공포

1964年 8月 6日 동아일보

**정부 언론윤리위법 공포**

**신중한 운용을 다짐** _이 공보

정부는 5일 상오 임시국무회의를 열고 4일 국회에서 이송되어온 언론윤리위법을 의결 박 대통령의 재가裁可로 이를 공포했다.

이수영 공보부장관은 6일 상오 '언론윤리위법을 정부가 공포함에 따라 앞으로 사회공익을 위한 건전하고 책임있는 언론을 창달 육성하기 위해 이 법을 신중 공정하게 운영할' 것이라고 말했다.

이 법은 공포일로부터 시행되며 2개월 안에 새 신문윤리위와 심의안을 구성토록 돼 있지만 동법 시행에 협력을 거부하는 언론인들 태도 때문에 그 운영은 시련을 겪을 것으로 보인다.

**악법 철폐 '투위鬪委' 구성**

**10일 전국언론인대회** 1964 0806

1964年8月6日 木曜日

政府 言論倫理委法공포

愼重한 運用을 다짐

李公報

惡法撤廢 「鬪委」構成

10日 全國言論人大會

廢棄法律案제출

◇民政黨에서◇

反對高潮

共和黨 幹部全員辭表

民政黨 柳·鄭兩派激突

坐視할수없

越盟侵略은中共侵略

소년동아

발행일자변경

화·금요에 발행

見習記者募集

韓國電力株式會社 江原支店長

財團法人 遞成會長

都給工事入札公告

노벨受賞小說!

70미리大型映畵

"BARABBAS"

The Dong-A Ilbo 第13164號

東亞日報

'통킹灣'에

南亞로大擧移動

出擊64回 越盟魚雷艇25隻破壞

유엔 安保理서 美·蘇對決

美"公海上被侵" 蘇"越盟代表부르자"

美國의 決心을 歡迎

戰爭擴大는 不願

反擊承認을 議會에 要請

蘇戰鬪機하노이着 2個中隊

一筆一評

비타엠

開墾干拓事業

獎學生募集

KBS의 노래 歌詞懸賞公告

公報部長官

激讚上映中!

北京의 55日

스크린

**해설** 한국 현대사에서 언론자유가 가장 크게 보장되던 시기는 해방공간이었다. 해방과 함께 일제시기의 가혹한 언론통제가 사라지면서 수백, 수천의 언론 매체가 만들어졌고 극좌와 극우까지 거의 모든 정치사상과 이념이 자유롭게 표출되었다. 미군정이 좌파 계열 언론사들을 탄압하기도 했고, 또 좌우 테러세력이 언론인과 언론기관을 공격하기도 했지만, 해방공간에서 누린 언론자유는 전무후무했다. 이후 한국의 언론자유는 일보전진 이보후퇴를 거듭해 박정희의 유신체제 시기에 이르면 더 이상 후퇴할 배후지도 없을 지경이었다.

유신체제에 비하면 그나마 3공화국 시기에 상대적으로 언론자유가 더 컸다고 할 수 있지만, 이미 박정희 체제는 '말'에 신경질적인 반응을 보이고 있었다. 이 기사들은 바로 박정희 체제가 언론을 어떻게 길들이고자 했는지를 보여주는 대표적 사례를 다루고 있다.

언론윤리위원회법이 그것인데, 야당의 반대 속에 법률안이 국회를 통과하기는 했지만 언론계의 격렬한 반대투쟁에 직면하였다. 정권의 회유공작에 많은 언론사들이 넘어가기도 했지만, 언론계는 '악법철폐투쟁위원회'를 만드는가 하면 19개 언론사 기자들이 모여 한국기자협회를 조직하는 등 날로 투쟁의 강도를 높여갔다. 박정희 정권으로서는 혹 떼려다 도리어 혹 하나만 더 붙인 꼴이 되었고, 결국 1964년 10월에는 법안 시행이 보류되기에 이른다. 아직까지 박정희 체제의 지배기반이 그리 튼튼하지 못했고 다른 한편으로는 한국 언론계가 살아있음을 보여준 사건이었다.

# 베트남전 파병

1964年 8月 25日 조선일보
1965年 7月 2日 경향신문
1971年 12月 10日 조선일보

**월남 파군派軍 환송식**
**창군創軍 이래 처음으로 우방友邦 원조**

월남으로 파견되는 군사 지원단의 환송식이 24일 상오 10시 육군본부 광장에서 베풀어졌다. 이날 식전에는 정丁 국무총리를 비롯한 김 국방장관 등 3군 총장과 '하우즈' 유엔군 총사령관 및 주한월남 외교 및 군사 사절 등이 참석하여 창군 이래 처음으로 우방을 돕기 위해 해외로 가는 140명의 장병들(태권 교관 10명 포함)에게 건투를 빌고 그들의 장도를 격려하였다.

민 육군참모 총장은 인솔 지휘관인 이형수(34, 전 제5야전병원장) 중령에게 국기와 부대기를 수여하고 김 국방장관은 박 대통령으로부터 하사된 은팔찌를 장병들에게 전달하였다. 1964 0825

**각의, 1개 사단 파월派越 의결**
**월남 정부 요청으로 필요한 지원 부대도**
**집단 방위 노력에 보답**
**파견 일자는 한국 정부가 결정**

정부는 2일 상오 국무회의에서 대공對共 투쟁을 지원해 달라는 월남공화국 정부의 전투 부대 요청에 따라 새로 국군 1개 사단 및 필요한 지원 부대를 파견하기로 의결했다. 이날 상오 홍洪 공보 장관은 이러한 사실을 발표하면서 파견될 한국군 전투 부대는 한·월 양국 정부가 협의한 후 대한민국 정부가 정하는 기일까지 월남에 파견하기로 결정했으며, 1일 청와대에서 소집된 국가안보회의에서도 이를 통과시켰다고 발표했다.

정부는 전투 부대의 월남 파병을 결정한 이유를 '자유 월남에 대한 공산주의 위협은 동남아 자유 진영뿐만 아니라 우리나라의 안전 보장에도 직접 간접으로 영향을 미치며 6·25동란 당시 우리나라에 대한 자유 진영의 집단 방위 노력에 보답하고자 함'이라고 발표했다. 1965 0702

1964年 8月 25日 조선일보

釋放된「問題학생」復校
學校自體서「懲戒處分」解除
特別指示없으면釋放어려워
바깥과담을쌓고 밀린講義에몰려
非命橫死한李君 墓碑라도세워야
어제65名發病
옥신각신「公納金引上」
文敎部 企劃院 아직도 숫자對立
東萊高校全燒
越南派軍 歡送式

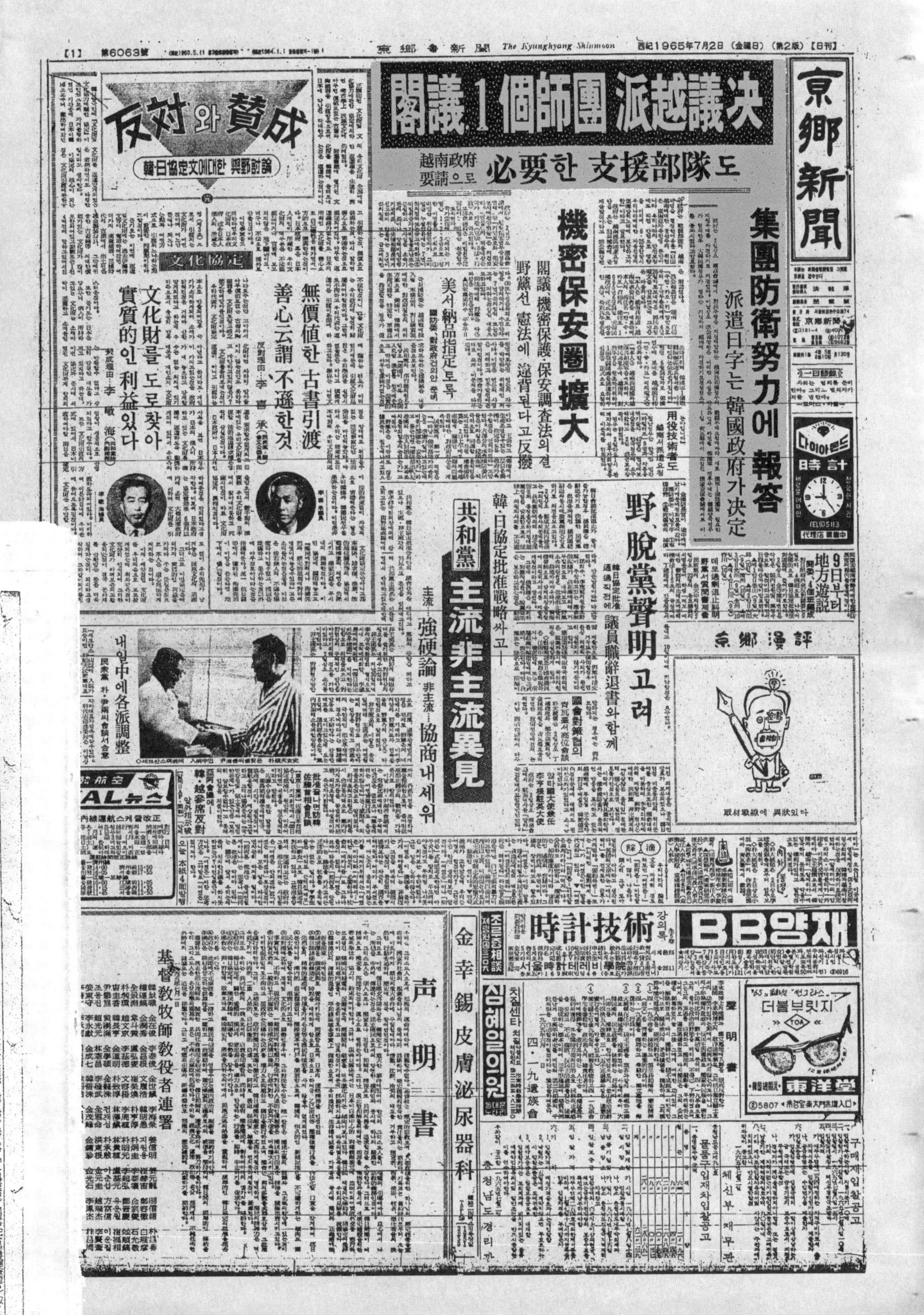

【1】 第6063號 京鄕新聞 The Kyunghyang Shinmoon 西紀1965年7月2日 (金曜日) (第2版) 【8刊】

# 京鄕新聞

# 閣議 1個師團 派越議決

越南政府 要請으로 必要한 支援部隊도

## 集團防衛努力에 報答

派遣日字는 韓國政府가 決定

## 機密保安圈擴大

閣議 機密保護·保安調査法의결

野黨선 憲法에 違背된다고 反撥

美서 納品指定토록

## 反対와 賛成

韓·日協定文에대한 與野討論

文化協定

### 無價値한 古書引渡 善心云謂 不遜한것

反對理由: 李 喜 承

### 文化財를 도로찾아 實質的인 利益있다

## 野, 脫黨聲明 고려

韓日協定批准 通過되면 議員職辭退書와 함께

## 共和黨 主流 非主流 異見

韓·日協定批准戰略싸고

主流 強硬論 非主流 協商내세워

내일中에 各派調整

9日부터 地方遊說

京鄕漫評

取材戰線에 異狀있다

## 声明書

基督教牧師敎役者連署

四·一九遺族會 聲明書



大學入學檢定 最年少合格者

## 獨學으로 全科合格

14歲

【1】 第15591號 9版 西紀1971年12月10日 【日刊】

# 朝鮮日報

# 大邱서 与野首腦회담

## 金党首·白党議長 国会運営등 협의

內政刷新 먼저해야

3개立法 基本線 천명하려

## 行政区域 대폭개편

## 3개 軍事관계법 修正방침

共和政策委의장 罰則강화 「利敵」한계 명확히

國府축출

## "議会활동 沮害없어"

白議長 議員憲章제정 추진

## 外援支出法案가결

美下院, 上院서 계속거부

# 「青竜」凱旋

## 派越1陣, 6年만에 釜山도착

汎国民환영대회

## 北傀기습 분쇄 다짐

金総理 "무엇보다 마음든든하다"

## 밤마다 空襲에 떨어

카라치韓国公舘 家族철수

北傀위협 여전

# 印軍, 대카市 8km肉薄

## 包囲作戦완료－記者空輸도 계획

社会漫評

凱旋

「싸우고 이기고 돌아왔구나! 그러하오니─」

**'청룡' 개선**
**파월派越 1진, 6년 만에 부산 도착**
**범국민 환영대회**

**북괴 기습 분쇄 다짐**
**김 총리 "무엇보다 마음 든든하다"**

청룡이 돌아왔다. '싸웠노라, 이겼노라, 돌아왔노라' 승전보를 앞세우고 해병 제2여단 2대대 1017명은 출진出陣 6년 2개월만인 9일 오전 미국 수송선 업쉬어 호 편으로 부산항에 개선했다. 주월 한국군 철수 제1진으로 귀국 첫발을 내디딘 청룡 장병들은 부산항 제3부두를 꽉 메운 3만여 시민들의 열렬한 환영를 받았다. 오전 11시 대대장 박태선 중령의 귀국 신고에 이어 베풀어진 환영식에서 김종필 국무총리는 '월남 국민에게 자신을 심어주고 월남전을 유리하게 이끌어준 뒤 6년 만에 개선한 청룡 장병들에게 환영의 꽃다발을 안겨준다' 고 말하고 '북괴의 기습 도발 등 어려운 상황에 놓여 있는 이때에 피와 땀으로 전투 경험을 쌓은 청룡이 돌아온 것은 무엇보다도 마음 든든하다' 고 환영했다. 1971 1210

해설 근 10년에 걸쳐 연인원 30만 이상이 파병되어 5000여 명의 전사자를 낸 베트남 파병 관련 기사들이다. 베트남 파병은 한국전쟁의 빚을 갚고 자유우방을 구원한다는 명분을 내세웠지만, 실제로는 미국과 한국 정권의 이해관계가 일치했기 때문이었다.

한국으로서는 더 많은 미국의 군사지원과 경제협력을 노렸고, 강렬한 반전운동에 직면한 미국으로서는 베트남 전쟁이 미국의 단독 전쟁이 아니라는 것을 보여주고 자국 희생자를 줄이기 위해 타국의 병력 증파가 절실했다.

국내의 파병반대 움직임은 미미했다. 야당의 반대가 있기도 했지만, 야당(민중당) 당수 박순천은 베트남을 방문하고, '단군 이래 최초의 해외 파병' 이라고 감격했다. 오히려 여당인 공화당 의장 서리 정구영이 강력하게 반대했고, 박정희 최후의 경호실장 차지철도 당시 의원신분으로 파병반대 입장이었다. 그들의 논리는 '베트남 전쟁이 한국의 독립운동과 같은 민족해방투쟁이기에 파병이 부당하다' 는 것이었다.

앞서 비둘기 부대 등이 파병되기는 했지만 1965년 10월 해병 청룡부대를 시작으로 전투부대 파병이 본격화되었다. 이어 1966년 3월에는 이른바 '브라운 각서' 를 통해 한미 간의 파병관련 이해관계가 조정된 다음, 베트남 파병이 본궤도에 올랐다. 최대 5만 명에 육박하던 파월 한국군 병력규모는 미국 다음으로 컸으며 다른 국가들과 비교하기 힘들 정도로 대규모였다. 필리핀은 오직 의장대만 파견했고, 대만은 고작 20명을 보냈다. 그나마 호주가 여단 규모의 파병부대를 유지했을 뿐이다.

파병국 병사들의 처우도 불공평했다. 한국군 장성의 수당이 태국, 필리핀 위관급 장교들의 그것보다 적었다는 것은, 당시 한국과 필리핀의 소득수준 격차를 감안한다 해도 이해하기 힘들다. 대일 청구권 자금도 그랬지만, 베트남 파병 이득은 주로 국가에 집중되었다. 병사들의 수당이 적은 만큼 미국의 군사 · 경제적 지원은 국가로 몰렸던 것이다.

파병의 대가는 혹독했다. 살아 돌아온 '새까만 김상사' 도 있었지만 거의 5000명에 가까운 젊은이들이 끝내 새하얀 보자기에 싸여 돌아와야만 했다. 전쟁이 끝난 이후에도 파월 장병들의 고통은 끝날 수 없었다. 베트콩에 고전을 면치 못하던 미군은 그 원인을 무성한 정글 때문이라고 보았다. 정글을 제거하기 위해 미군이 파견한 것은 '오렌지 요원(Agent Orange)' 이라는 아름다운 이름을 가진 특수 화학제품, 쉽게 말해 고엽제였다. 특수요원 오렌지의 '정글전(?)' 에도 불구하고 미국이 전쟁에서 승리하기란 불가능했고 오히려 끔찍한 후유증만 초래했다.

오렌지 요원에게는 모든 것이 적이었다. 적군과 아군, 군인과 민간인의 구별은 물론, 인간과 자연의 구분도 없었다. 생명 있는 모든 유기체를 무기체로 만드는 것이 오렌지 요원의 유일한 임무처럼 보였다. 고엽제가 뿌려진 베트남의 아름다운 자연은 수십 년 간 불모지대가 되었고, 무고한 주민들은 이름 모를 피부병, 기형아 출산, 암 등 각종 질병으로 고통 받아야 했다. 미국과 한국의 파병 군인 또한 마찬가지였다. 그나마 미군은 막대한 보상이라도 받았지만, 한국군은 여전히 고엽제와 힘들게 전투를 하는 중이다.

고엽제 피해자인 파월장병은 다른 한편으로 베트남 민간인에게는 가해자이기도 했다. 한국군이 주둔한 지역들 중 많은 곳에서 민간인 학살 사건이 발생했고 급기야 미군이 조사하기까지 했다. 미군 계통의 조사결과는 한국군의 민간인 학살 소문이 대부분 사실이며 재발 방지 대책이 필요했다는 것이었다. 이러한 조사가 '미라이 사건' 으로 대표되는 미군의 민간인 학살사건을 물타기 하려는 의도도 있다고 보이지만, 어쨌든 파월부대의 베트남 민간인 학살은 고엽제만큼이나 커다란 후유증을 남겼다.

그러면 파병의 이득은 무엇이었나? 경제적 이득은 단 한 명도 파병하지 않은 일본이 가장 크게 누렸고, 20명을 보낸 대만은 한국의 그것과 큰 차이 없는 이득을 보았다. 이른바 '월남특수' 는 파병, 비파병을 기준으로 확연하게 나뉘지 않았다.

# 한일협정 조인

1965年 6月 23日 대한일보 호외
8月 26日 경향신문
12月 19日 한국일보

### 한일협정 마침내 조인
### 이·추명椎名 외상이 서명
### "세계 평화에 기여 희망"
### 양측 수석대표 인사

[도쿄서 전병성 특파원 발] 14년 8개월 동안을 끌어 오던 한일회담이 22일 하오 5시 정각 좌등佐藤 일본수상 관저에서 역사적인 조인식을 갖고 이동원李東元, 추명椎名 양국 전권수석대표가 4개 기본 조약에 '사인' 함으로써 종지부를 찍었다.

이날 조인식에서 이동원 외무부 장관과 추명 외상은 전권수석대표 신임장을 서로 교환한 후 수많은 '캐머러 플래쉬' 가 터지는 가운데 서명에 들어갔다.

이들 양국 대표는 ① 대한민국과 일본국 간의 기본 관계에 관한 협정 ② 어업에 관한 협정 ③ 재산 및 청구권에 관한 해결과 경제 협력에 관한 협정 ④ 일본국 내에 거주하는 대한민국 국민의 법적 지위와 대우에 관한 협정 ⑤ 한일 간의 문화재 협력에 관한 협정 등 5개 기본 협정문을 비롯한 총 25개의 부속 문서에 서명을 끝냈다.

조인이 끝난 후 양국 외상은 '양국 국민의 진지한 노력' 으로 성취된 이 조약이 "아세아 및 세계평화 나아가서는 인류 복지에 이바지할 것을 바란다"는 요지의 인사를 교환했다. 1965 0623

### 데모 근절 담화·무장군인 고대 난입 등
### 정국, 8·25 사태로 긴장

### 서울 일원 위수령衛戍令 적용
### 김 국방 담談, 야전군 6사단이 진주

격화되는 학생 '데모' 에 대하여 야전군 6사단의 서울 진입을 26일 상오 완료했다. 1개 연대 병력은 이미 25일 밤 서울로 이동, 태릉에서 야영했다. 국방부의 한 고위 당국자는 계엄령 선포 없이 학생 '데모' 를 진압하기 위해 서울에 병력이 출동한 것은 야전군사령부령, 군단사령부령, 보병사단령, 위수령 등에 법적 근거를 두고 있다고 해명했다. 김 국방장관도 26일 상오 '위수령에 의해 6사단이 학생 '데모' 를 진압하기 위해 서울에 출동했다' 고 말했다. 김 장관은 사단 병력 이상의 증원은 사태 진전에 따라 유동적이 될 것이라고 밝혔다. 김 장관은 '정부가 현재로는 계엄령 선포를 고려하지 않고 있으나 앞으로의 사태 진전에 많은 주시를 하고 있다' 고 매우 함축성 있게 말했다.

또한 김 장관은 26일 상오 8시 30분 '데모' 사태에 대비한 병력 동원 관계를 협의하기 위해 '유엔' 군사령관 '비치' 대장과도 회담했는데 '협조를 약속받았다' 고 김 장관이 말했다. 위수령에 의거 서울지구 위수 사령관에는 수도경비 사령관 최우근 소장이 겸임한다.

容納안될 軍人乱入
앞길暗澹…理性되찾길

### 정부, 초강경책 재확인
### 시국 수습 포기, 학생 대표 접견 않기로

대학생들의 '데모' 격화와 일부 무장군인들의 고대 난입 사건, 이에 뒤이어 발표된 박정희 대통령의 '데모' 근절을 천명한 특별담화와 이를 반박한 박순천 민중당 대표최고의원과 윤보선 전 민중당 고문의 기자회견 등으로 정국은 초긴장 상태에

號外

大韓日報

6月23日

# 韓日協定마침내調印

## 李·椎名外相이 署名

"世界平和에寄與희망" 兩側首席代表人事

【東京서 田炳晟特派員發】 14年8個月동안을 끌어오던 韓日會談이 22日하오 5時正刻佐藤日本首相官邸에서 歷史的인調印式을 갖고李東元·椎名兩國全權首席代表가 4個基本條約에 「사인」함으로써終止符를 찍었다.

이날調印式에서 李東元外務部長官과 椎名外相은 全權首席代表信任狀을 서로交換한후 手帕은 「게머디·폴때쉬」가 떠지는가운데 署名에 들어갔다.

이날 양국代表는 ①大韓民國과 日本國間의 基本關係에관한條約 ②漁業에관한協定 ③財産및請求權에관한 한해결과 經濟協力에관한協定 ④日本國內에 거주하는 大韓民國國民의 法的地位와 待遇에관한協定 ⑤韓日間의 文化財協力에관한協定등 5個基本協定文을 비롯한 25個의 附屬文書에 署名을 …

◇歷史的인 韓日協定調印 李東元外務長官(左)과 椎名悅三郎 日本外相이 22日下午 日本首相官邸에서 韓日國交正常化條約및 協定文에 署名하고있다. 【東京22日發聯合電送=東京】

### 가랑비 속에 兩國旗 펄펄

「헨델」의 凱旋行進曲맞춰入場

內外 報道陣 2百餘명이 법석

### 政治的 休校撤回

15個大學대표들 요구決議

### 協定文骨子

京鄕新聞 The Kyunghyang Shinmoon 西紀1965年8月26日 (木曜日) (第2版) 【日刊】

京鄕新聞

=데모 根絶談話·武裝軍人高大亂入등=

# 政局, 8·25事態로緊張

## 서울一圓衛戍令適用

金國防談 野戰軍6師団이 進駐

## 政府, 超强硬策 再確認

時局收拾協擬棄·學生代表接見않기로

### "國會解散 總選實施토록"

民衆黨朴代表 軍人亂入調査團구성提議

### "批准案에 署名保留하고— 総選만이 時局収拾"

尹潽善 聲明 學生蹶起는 自救的行爲

丁總理에抗議

京鄕漫評

1965年 8月 26日 경향신문

1965年 6月 23日 대한일보 호외

Hankook Ilbo 西紀1965年12月19日 (日曜日) (四版) [日刊]

한국일보

# 韓日國交 正常化

1965年 12月 18日 上午 10時 45分

## 批准書交換·諸協定발효

14年協商 매듭에 15分

兩國代表人 李 共同利益최선·椎名 誠意껏實踐

萬難헤쳐修交

朝聯系귀우쳐오면包容

專管水域 어제宣布

韓日外相회담

## 제미니7 完全成功·歸還

어젯밤 11時 5分 버뮤더近海着水

13日18時間35分에地球206回転

랑데부등 11個新記錄세우고

朴總裁태도強硬

越盟 和平協商제의

胡志明 어디든지가서 누구와도 만나겠다

駐越美軍 撤收前提철회

하노이政府선否認

水域侵入하면措處

現代文學 1 新年特大號

해마다人氣独占-東亞의4大 正確한 知識·豊富한 内容·權威있는 名典!

一九六六年版 日記 辭書는 東亞

各卷 美術칼렌더 特別附錄

| | | |
|---|---|---|
| 青春日記 | 450面 | 값 300원 |
| 現代日記 | 390面 | 값 250원 |
| 生活日記 | 236面 | 값 180원 |
| 학창일기 | 252面 | 값 180원 |

| | | | | |
|---|---|---|---|---|
| 새국어사전 | 3·6判 | 1,488面 | 인도지 | 값 700원 |
| 新撰國語大辭典 | 4·6判 | 2,150面 | 모조지 | 값 1,200원 |
| 학생국어사전 | 40切判 | 720面 | 〃 | 값 350원 |
| 古語辭典 | 4·6判 | 554面 | 〃 | 값 450원 |
| 漢韓大辭典 | 〃 | 1,702面 | 〃 | 값 900원 |
| 常用漢韓辭典 | 〃 | 1,196面 | 〃 | 값 500원 |
| 콘사이스活用玉篇 | 60切判 | 480面 | 모조지 / 개지 | 값 200원 / 값 150원 |
| 콘사이스常用玉篇 | 〃 | 350面 | 개지 | 값 100원 |
| 新콘사이스英韓辭典 | 3·6判 | 1,596面 | 인도지 | 값 700원 |
| 學習英韓辭典 | 〃 | 1,196面 | 〃 | 값 450원 |
| 새英韓小辭典 | 〃 | 660面 | 〃 | 값 300원 |
| 학생영한사전 | 60切判 | 720面 | 모조지 | 값 350원 |
| 영어일본사전 | 40切判 | 576面 | 〃 | 값 300원 |
| 英語[illegible]의 新研究 | [illegible] | 488面 | 〃 | 값 [illegible]원 |

| | | | | |
|---|---|---|---|---|
| 高校英語單語熟語集 | 60切判 | 432面 | 모조지 | 값 150원 |
| 중학영어단어숙어집 | 〃 | 324面 | 〃 | 값 120원 |
| 새獨韓辭典 | 3·6判 | 1,496面 | 인도지 | 값 700원 |
| 새獨韓小辭典 | 〃 | 782面 | 〃 | 값 350원 |
| 새百科事典 | 4·6倍判 | 1,700面 | 모조지 | 값 2,000원 |
| 新版 國民生活百科 | 4·6倍判 | 1,592面 | 모조지 / 개지 | 값 2,000원 / 값 1,500원 |
| 20世紀 世界大觀(上) | 〃 | 652面 | 중질지 | 값 1,000원 |
| 〃 (下) | 〃 | 726面 | 〃 | 값 1,000원 |
| 20世紀 韓國大觀 | 〃 | 890面 | 〃 | 값 1,400원 |
| 百萬人의 醫學 | 〃 | 1,240面 | | 값 1,000원 |

東亞出版社

1965年 12月 19日 한국일보

빠져들었다. '데모하는 학교를 폐쇄해서라도 데모의 폐풍을 뿌리 뽑겠다' 는 박 대통령의 특별담화를 계기로 정부는 더욱 강경한 대책을 수립, 우선 위수령을 적용, 군대 출동까지를 끝내놓고 있는가 하면 야당 측은 정부의 동 방침이 '공포 분위기 조성' '총검銃劍 정치' 라고 주장, 총선거의 실시를 다시 제의했다. 정국은 이제 이번 사태 등으로 단순한 국회 공전 상태를 벗어나 원외 대결의 새로운 국면에 접어듦으로써 극도의 위기 상황을 조성시키고 있다. 1965 0826

**한일 국교 정상화**
**1965년 12월 18일 상오 10시 45분**
**비준서 교환 · 제諸 협정 발효**
**14년 협상 매듭에 15분**
**이, 공동 이익 최선, 추명, 성의껏 실천** _양국 대표 인사

대한민국과 일본국 두 나라 정부는 18일 상오 10시 45분 중앙청 제1회의실에서 베풀어진 식전式典에서 '한일 기본조약 및 4개 협정' 에 관한 비준서批准書를 교환, 협정 발효와 더불어 정상적인 국교를 수립했다. 이로써 한일 양국은 60년 동안 누적되어온 '불행했던 과거' 를 청산하고 호혜 평등한 선린善隣 우호 관계를 기약하는 '새로운 시대' 에로 첫발을 내딛었다.

자유당 정권 이래 14년 동안 끌어온 한일협상에 대단원을 짓는 이날 한일 양국은 동경과 서울에 각각 외교 공관(대사관)을 설치, 그 간판을 내걸었다.

본격적인 한일협상이 재개되어 타결짓기까지 한일 양국은 각각 안팎으로 커다란 시련과 희생을 겪었으며 '결사반대' 하는 야당의 극한투쟁에 부딪쳐 두 나라 국회는 비준 동의안을 돌력突力으로써 강행 통과시켰었다.

비준서 교환식은 이날 상오 10시 30분 해병대 군악대가 연주하는 한국민요 '아리랑' 의 연주 속에 개막, 한일 두 나라 국가 연주에 이어 양국 전권대표단 사이에 30분 동안 진행되었다. 이 자리엔 양국 대표단이 배석했고 정일권 국무총리를 비롯한 우리나라 국무위원 전원과 김동환 국회외무위원장을 비롯한 한국고문단 및 전 □□ 삼랑三郎 자민당 총무회장을 비롯한 일본고문단이 참관했으며 100여 명의 내외 보도진이 이 역사적인 의식을 지켜보았다. (중략) 1965 1219

**해설** 말도 많고 탈도 많았던 한일협정이 드디어 체결되었다. 야당과 비판적 지식인, 대학생들이 격렬하게 반대투쟁에 나섰는데도 박정희 정권은 군대까지 동원하는 강수를 두면서 협정 체결을 강행했다. 사실 반대투쟁의 강도도 1년 전 6·3사태에 비해 현저하게 떨어졌기는 했다. 신문기사에는 '극도의 위기상황' 이라고까지 했지만, 큰 일 없이 넘어간 게 현실이었다.

당시에도 한일협정 체결을 근본적으로 부정하는 사람은 별로 없었다. 식민-피식민 관계라는 특수한 과거에도 불구하고 국가 간 관계를 완전히 단절할 수는 없을 것이다. 다만 반대진영은 자주적 입장에서 좀 더 시간을 갖고 제대로 된 협정을 체결하자는 것이었다. 그러나 박정희 체제로서는 한시가 급했다. 이미 제1차 경제개발 5개년 계획이 4년차로 접어들었고, 돈 쓸 곳은 한두 곳이 아니었다. '급전' 이 필요한 박정희로서는 협정의 질을 따질 형편이 아니라고 판단한 것이다.

협정 내용은 기본 협정 외에 어업, 청구권, 재일교포 등 4개 부속협정으로 되어 있는데, 어업과 청구권과 재일교포 문제가 중요했다. 협정은 체결되었지만 한일 간의 문제가 그리 간단하게 해결될 수는 없었다. 어업 협정은 독도문제를 포함해 여전히 갈등 중이고, 재일교포들의 법적 지위 또한 아직도 미해결 과제다. 청구권 자금 문제 역시 국가 간 관계는 정리되었다 해도 개인 청구권 문제는 커다란 논란거리가 되고 있다.

한일협정 문제로 박정희 정권의 민족주의는 커다란 시험대에 올랐다. 다 알다시피 한국의 민족주의는 일본과 떼려야 뗄 수 없는 특수한 관계를 맺고 있다. 제국주의 일본의 악마성이야말로 한국 민족주의의 영원한 자양분인 것이다. 그런데 그 악마와 손잡은 박정희 정권의 민족주의를 과연 어떻게 보아야 할 것인가. 박정희 자신도 '지난날 항쟁의 상대자' 인 일본과 국교를 정상화해야만 하고, 같은 민족인데도 북한 공산주의와는 '끝까지 싸워야 할 기구한 운명' 이라고 당혹해하면서도 반공과 경제발전을 위해 일본과 손잡을 수밖에 없음을 강조했다. 즉 박정희의 민족주의는 경제발전을 미끼로 식민 종주국과의 화해를 모색한 것이었는데, 이후 정권들이 일본을 대하는 태도의 기본 틀을 제공한 셈이었다.

# 한미행정협정 조인

1966年 7月 9日 한국일보 호외
1967年 2月 9日 한국일보

**러스크 장관 맞아 오늘 조인될**
**한미행정협정 전문**
대한민국과 아메리카합중국 간의
상호방위조약 제4조에 의한 시설과 구역 및
대한민국에서의 합중국 군대의 지위에 관한 협정

**발효와 함께 대전협정 16년 만에 폐기**
**형재刑裁 1차 관할권 한국에**

**피해 보상엔 한국법 존중**
**노무자 쟁의는 한국노동청에 회부** 1966 0709

**'한미행협行協' 오늘 발효**
**영관급 이상 구속엔 장관 승인** _법무부서 시행 규칙

'한미행정의 지위협정'(한미행정협정)이 9일 자정을 기해 정식을 발효된다.

휴전 후 14년 간의 교섭과정을 거쳐 지난 66년 7월 9일 체결된 한미행정협정은 국내비준절차를 마쳐 9일 발효됨으로써 이제까지 주한미군에 적용되었던 '대전협정'(50년 7월 체결)과 '마이어' 협정(52년 5월 체결)의 미군 부분은 폐기되고 주한미군은 한미행협의 규제를 받게 된다.

(중략)

한편 법무부는 8일 한미행정협정 발효에 대한 세부 시행규칙을 전국 검찰에 지시했다.

법무부가 마련한 동 시행규칙을 ①범법 미군이 위관급일 때는 검찰총장, 영관급일 때는 법무무장관의 사전 승인을 받아 구속을 집행하고, ②미군 측의 범죄사실을 인지, 고발 또는 통고를 받았을 때는 24시간 이내에 법무부장관에 보고하고 ③미군을 구속했을 때 미 측으로부터 범인 인도 요청을 받으면 호의적 고려를 하며 검찰의 지시 아래 신병을 인도한다는 것 등이다. 1967 0209

**해설** 행정협정(SOFA)이란 말을 사용하지만, 실제 내용은 주한미군의 법적 지위 문제였다. 법적 지위의 주된 내용은 사법처리 즉 주한 미군 중 범죄를 저지른 자들의 사법처리를 누가 어떻게 할 것인지의 문제였다. 복잡하고 어려운 협정 내용을 단순화하자면, '미군은 미국의 손으로'가 될 것이다. 다시 말해 '미국인에 의한, 미국인을 위한, 미국인의 재판'을 받게 해달라는 게 소파의 주요 목적이었다. 행정협정 체결 이전은 물론이고 그 이후에도 주한미군의 공무 중 범죄에 대해 한국 검찰이 재판권 행사를 요청한 것은 오직 하나 '2002년 여중생 사건'이었다. 기타 범죄에 대한 재판권 행사도 10퍼센트를 넘기지 못하고 있다. 1991년, 1995년 계속해서 협정 개정이 이루어지거나 시도되고 있지만, 1966년 협정의 기본틀이 바뀌지는 않았다.

놀라운 것은 그나마 이 협정이 1950년 대전협정에 비하면 상당히 개선되었다는 사실이다. 대전협정은 아예 일체의 재판권을 미국이 행사하도록 되어 있었다. 명색이 20세기의 주권 독립국인데도 과거 제국주의 시대에나 통용되던 '치외법권'이 허용된 셈이다.

이는 한국군의 작전지휘권이 유엔군 사령관으로 이관된 것과 같은 맥락에서 이해할 수 있다. 조직적 폭력의 독점이라는 근대 국민국가의 구성 원리에 비추어 본다면, 자국군의 작전지휘를 행사하지 못한다는 것은 국가로서 치명적 결격사유가 될 것이다. 행정협정은 곧 작전지휘권 이관을 포함한 한미상호방위협정의 제4조였다.

1967年 2月 9日 한국일보

한국일보

號外 7月9日 (其一)

러스크長官맞아 오늘 調印될

# 韓美行政協定全文 (案)

大韓民國과 아메리카合衆國 間의 相互防衛條約 第4條에 依한 施設과 區域 및 大韓民國에서의 合衆國 軍隊의 地位에 關한 協定

前文

第1條 定義

第2條 施設과 區域―供與와 返還

第3條 施設과 區域―安保措置

第4條 施設과 區域―施設의 返還

第5條 施設과 區域―經費와 維持

第6條 公益事業과 用役

第7條 接受國法令의 尊重

第8條 出入國

第9條 通關과 關稅

第10條 船舶과 航空機의 寄着

刑裁 1次管轄權 韓國에

發効와 함께 大田協定16年만에 폐기

被害補償엔 韓國法존중

勞務者爭議는 韓國勞動庁에 回附

Hankook Ilbo 西紀1967年2月9日 (木曜日) (四版)

한국일보

與, 總選準備작업本格化

對策기구·公薦規程채택

어제臨時黨務會議 來6日께 1次名單발표

「韓·美行協」오늘発効

法務部 施行規則서 領官級이상拘束엔 長官承認

選擧… 오늘의 內幕

新民 내일 첫 黨機構구성

科學院 3月発足

오리온 캬라멜 비스켓

# 한비 사건과 김두한 오물 세례

1966年 9月 15日 경향신문
9月 23日 조선일보
9月 25日 조선일보 호외
1964年 2月 1日 경향신문

### 또 재벌 밀수

판본阪本 방적의 밀수사건을 매듭도 짓기 전에 또다시 삼성재벌의 방계회사인 한국비료에서의 밀수입 사건이 드러나 크게 주목된다. 15일 관계소식통에 의하면 부산세관은 지난 6월 한국비료에서 '사카린 약 2천 부대(42킬로그램들이)'를 건설자재로 가장, 울산으로 밀수입한 것을 적발, 동 물품을 압수하는 한편 이미 벌과금을 비롯한 기타 세금 약 2000만 원을 부과징수했다 한다.

**사카린 2천 부대를 건설자재로 가장해**
_삼성재벌계 한국비료서
**세관서 압수 벌과금 등 2천만 원 징수** 1966 0915

**국회에 이변**
**'장관들은 피고…내가 심판한다'**
**발언하던 김두한 의원 국무위원에 오물 세례**

정일권 국무총리와 장기영 경제기획원, 김정렴 재무, 민복기 법무, 박충훈 상공장관 등을 출석시킨 22일의 국회 본회의는 벽두부터 발언권을 요구하며 아우성을 친 김두한金斗漢 의원 때문에 소란을 피웠다. 김 의원은 사회자인 이상철 부의장에게 웃저고리를 벗어 붙이며 '왜 무소속은 발언권을 주지 않는냐? 늙은이기 때문에 그냥 둔다'고 망발을 했다.

낮 12시 45분 순서에 따라 발언권을 얻은 김 의원은 마분지로 된 상자를 발언대 위에 넣고 장광설을 늘어놓기 시작했다. '나는 감옥을 별장같이 드나든 사람이며 또 들어갈 결심이 되었다' '나는 무식하기 때문에 주로 행동에 옮기기를 잘 한다'는 김 의원의 발언은 그것이 어떤 행동의 예고인지 주의를 끌지는 못했다.

1시 5분쯤 '불의와 부정을 합리화시켜준 장관들을 심판하겠다. 장관들은 피고다'라면서 마분지 상자를 들고 앞으로 나왔다. 그는 마분지를 뜯고 거기에서는 사카린처럼 보이는 밀가루가 흩어져 나왔다. '이건 국민들이 주는 사카린이니 골고루 나눠 먹어라'고 고함을 지른 그는 느닷없이 상자 안에 든 물통 같은 깡통을 번쩍 들어 각료석에 퍼부었다. 사카린 아닌 시커먼 오물(인분)이 쏟아져 나왔고, 정 총리, 장 기획, 김 재무, 민 법무, 박 상공 등은 오물 세례를 받아 양복이 흠뻑 젖었다. 알려진 바로는 김 의원은 이날 상자를 들고 들어오다가 국회 경위의 제지를 받았으나 이를 뿌리치며 의사당에 들어왔었다고 한다. 1966 0923

保手20여장押收

强盜申告에陋名

"虛僞"라고拘留에科料까지

日船員4名을拘束

國會에異變

"알면서 妾된 未婚女性 慰藉料는 請求못한다"

朴大統領은 푸짐한 선물을…

上旺蹬島 어린이들 서울구경

來年부터國家行事로

1966年 9月 23日 조선일보

(3) (陰8月1日 丁丑) 경향신문 西紀1966年9月15日 (木曜日)

# 또"財閥密輸"

## 사카린 2千부대를 建設資材로 假裝해

稅關서押收 罰科金등 2千萬원징수

三星財閥系 韓國肥料서

# 釈迦塔파손

## 人爲나 自然이냐

國寶관리-그 問題點

"證據없다"고 結論 도못내려

"舍利탐낸 知能的 도둑행위"

## 차삯받는 護送車

기름값조로, 또한번 우는被疑者

## 刑事가 無許비어홀 經營

## 도끼로찍은不和

한아이죽고 남편과 두아이 危篤

## 大關嶺에 첫얼음

농작물에 被害

## 가을의 서정

## 고개숙이는 腦炎

새患者90名 死亡17名

## 病院서 強制連行

## 第一部「製糖」서支拂"

通告處分에 새疑惑

稅關吏3名 參考人으로



## 구매입찰 권유공고

조달청장

# 「韓肥」搜査 고비에

사카린밀수사건이 세상에 드러난지 꼭10일째되는24일, 재벌밀수사건이던진 파문이 크게 마무리됐다. 밀수사건의 주역으로 알려진 전한국비료 상무이일섭씨가 도피13일만에 검찰에 출두했고 밀수행위를총지휘한것으로 알려졌던 이병철씨의 2남 이창희(한국비료상무)씨가 검찰에의해 전격적으로 긴급구속됐다. 또 밀수사건의 여파로 정치파동을 불러일으켰던 김두한씨가 국회의원직을 내놓으면서 45번째의 교도소행을 발갛게 받아들이는등 24일밤은 10일동안 끌어온사건에 큰 전환점을 그었다.

◇收監되는 李逸燮씨 25일새벽2시 감되쇠고랑을차 고 교도소로수는 이일섭씨.

## 申總長, 現地報告 받고 陣頭指揮

## "모든건 내가 主動"

## 李昌熙氏 罰科金納付經緯등 自白

## 두主人公 電擊拘束의 안팎

### 檢察…超緊張狀態

### 싱글차림으로

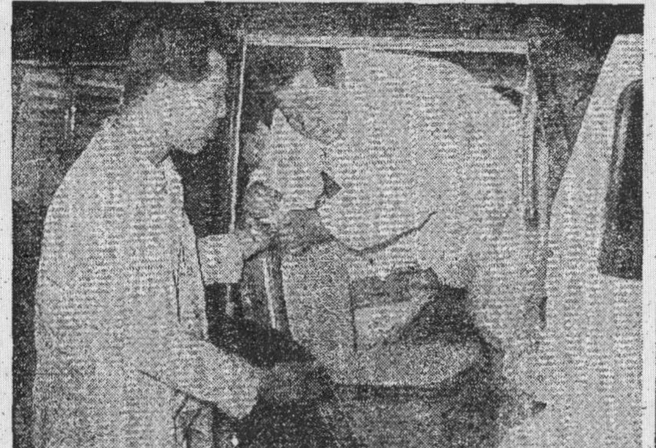

◇矯導所 앞에서 24일밤 11시10분쯤 차가 교도소앞에 닿자 수갑을찬 채 내리는 김두한씨—.

## 45번째의 矯導所行

### 金斗漢씨의 入所表情

### 夫人은총총히

## 夫人과 굿바이키스

## "政治에서 손떼겠다"

### 新聞읽어주기도

### 韓服에 포즈취해

## 「一毛」課長등2名立件

### 職業맘자「職業」

## 文前稅關長의

## 造作事實확인

### 첫公園墓地 어제楊州서起工

### 내가密輸犯이냐

### '한비韓肥' 수사 고비에

사카린 밀수사건이 세상에 드러난 지 꼭 10일째 되는 24일, 재벌 밀수사건이 던진 파문이 크게 마무리됐다. 밀수사건의 주역으로 알려진 전 한국비료 상무 이일섭 씨가 잠적 13일 만에 검찰에 출두했고 밀수 행위를 총 지휘한 것으로 알려졌던 이병철 씨의 2남 이창희(한국비료 상무) 씨가 검찰에 의해 전격적으로 긴급 구속됐다. 또 밀수사건의 여파로 정치파동을 불러일으켰던 김두한 씨가 국회의원직을 내놓으면서 45번째의 교도소 행을 달갑게 받아들이는 등 24일 밤은 10일 동안 끌어온 사건에 큰 전환점을 그었다.

이창희 씨는 밀수사건이 세관에 의해 적발되자, 이일섭 씨에게 개인 가불 형식으로 1500만 원과 개인 재산 700만 원 등 2200만 원을 한비 경리과장을 시켜 부산에 내려 보냈다고 진술한 것으로 알려졌다.

### 신 총장, 현지 보고 받고 진두지휘
### "모든 건 내가 주동"
### 이창희 씨 벌과금 납부 경위 등 자백 1966 0925

### 폭리 의혹, 점차 확대
### 특위구성 반대 위해 일부 의원 매수설 떠돌아
### 제안서 반환도 문제화

세칭 특정 재벌(삼분三粉 업자)의 군정하 폭리暴利 규명 문제는 6대 국회가 당면한 최대의 정치적 난제로 확대, 이외 처리결과 여하에 따라서는 향후 정국과 재계에 미증유未曾有의 혼란을 가져오느냐 안정을 가져오느냐의 판가름이 될 것 같다. 삼민회三民會의 유창열 의원 외 10인이 제안한 '특정 재벌의 국민경제 파괴 반민족행위 조사를 위한 특별위 구성결의안'이 제안자 대표인 유 의원 자신도 모르게 원내총무에게 반환되고 그 중 일부 서명자가 날인을 취소하는 혼선을 빚어내자 동 안에 찬성 날인한 민주당 소속의 몇몇 의원들은 1일 새벽 모모 특정 재벌의 악랄한 폭리 행위 내용과 모 재벌의 해외 재산 도피 사진, 외화를 이용한 기업 독점 내막, 탈세 행위, 일부 특정 업자와 결탁한 관리들의 부패, 일부 조사기관의 사립화, 최근 일부 업자들의 대국회 이면裏面 무마 공작의 진상 등을 폭로함으로써 문제의 중대성을 양성화 시켰다.

### 설탕·제분이 거액 취리取利[1]
### 무마 공작에 학원까지 손 뻗쳐
### 모 기업인은 해외에 재산 도피 _의원들 지적

이들 몇몇 의원들이 지적 폭로한 전기前記 사실 중에 가장 주목을 끈 것은 ① 삼성재벌은 1961년부터 63년까지 3년간에 귀중한 원조 '달러'를 이용, 모조리 소비 제품을 수입함으로써 물가와 시장을 제압, 오늘의 경제 파란을 초래케 했고 ② 울산공업 '센터'를 위시한 제3비료공장 건설 문제를 개인의 영리와 결부시켜 그릇되게 개입, 건설을 지연시킴으로써 비료 하나만으로 최소 5000만 불 이상의 '달러' 낭비를 하게 했으며 ③ 식량 기근으로 전 국민이 아우성을 친 작년도에 '물엿'과 압맥壓麥을 만들어 최소 11억 이상의 폭리를 보았으며 ④ 특히 모 기업인은 일본과 미국, 서서瑞西[2] 등지에 1000만 불 내지 2000만 불의 국내 재산을 도피시켰고 ⑤ 일본의 '세도나이까이'의 조그만 섬을 사고 동경 근처의 유원지에 별장을 두 개나 지어 연중 많은 시간을 일본 및 해외에서 향락하고 있으며 ⑥ 폭리 업자의 조사 문제가 국회에서 터지자 전기前記 업자는 40여 명의 인원을 주야로 동원, 여야 국회의원의 개별 포섭을 전개, 문제의 초점을 분산케 하고 있다는 것이다.

특히 놀라운 사실로는 국회의원의 무마와 병행하여 일부 업자들은 학원과 문화단체에까지 손을 뻗쳐 동 재벌의 보호에 전위前衛 역을 맡게 하고 있다.

이런 사실을 폭로한 관계 의원들은 이러한 일부 기업체의 지능적인 방해 공작으로 사건이 무산될 경우에 대비하여 원내에서 모종의 비상수단을 강구하고 있다고 밝혔는데 그 중 한 의원은 '아무리 그들 업자가 손을 써도 이번만은 국민이 이를 용납지 않을 것이므로 궁극적으로는 대표적인 폭리 업자의 색출이 실행될 것'이라고 단언했다. 1964 0201

[1]부당한 방법으로 이득을 취함 | [2]스위스

[1] 第5624號 京鄕新聞 The Kyunghyang Shinmoon 西紀1964年2月1日(土曜日)

# 京鄕新聞

# 暴利疑惑, 점차擴大

## 特委構成反對위해 一部議員買收說떠돌아

## 提案書返還도 問題化

## 설탕 製粉이 巨額取利

무마工作에 學園까지손뻗쳐

某企業人은 海外에 財産도피

## 壓麥서 11億利得

某黨, 밀가루얻어 選擧때 善心써

## 發言은그럴듯해

—民政黨·三民會가 서로 責任을 轉嫁—

「뉴스」의 焦點은 暴利處理

## 3日本會議서 論議

3派, 對政府질의 處理方案에 異見

## 暴利業 三粉外도 許多

"提案發議者承諾없이 返還不當"

國政監査通해곡 糾明돼야할問題

## 違法事項이지만 政治的으론可能

夜間國會實疑총걸

民政서도 暴露

## 2日 關係閣僚회의

駐美大使報告받고 召集

## 民政·三民서로 발뺌

三粉業者의 暴利糾明에

해설

세계적 기업이라고 하지만 삼성의 현재와 과거는 정경유착, 불법상속과 각종 비리로 얼룩진 경우가 많았다. 돈만 되면 악마와도 손을 잡는 것이 자본이라고 하는데 삼성도 이와 크게 다르지 않았다. 삼성의 계열기업인 한국비료의 사카린 밀수사건은 그 대표적 예다.

삼성 이병철의 장남인 이맹희는 밀수 현장 총책이었다고 고백했는데, 그의 증언에 따르면 이 사건은 이병철과 박정희가 공모한 재벌-국가 연합 밀수 대작전이었다. 삼성은 한국비료 공장을 건설하면서 일본 미쓰이三井로부터 리베이트 명목으로 100만 달러를 받았다. 이병철은 이 사실을 박정희에게 알렸고, 두 사람이 공모해 100만 달러 공수작전이 전개된 것이다. 현찰로 들여오는 게 힘들다고 하자 박정희는 물건을 사들여와 판매하라는 아이디어를 냈고, 이병철은 사카린, 건설자재, 가전제품 등을 밀수해 판매하고자 했다. 밀수가 성공한다면 4배의 시세 차익을 거둘 수 있었다고 하니 400만 달러, 요즘 돈으로 수천억 원이 넘는 거액의 불법 밀수가 국가-재벌의 손으로 이루어진 셈이었다.

여론의 집중 포화를 맞은 삼성은 결국 한국비료 주식 51퍼센트를 국가에 헌납하고 이병철의 2선 후퇴, 차남 이창희 구속 등으로 사태를 무마하려 했다.

한편 한비사건은 예기치 않은 사건으로 연결되었는데, 일제시기와 해방공간 유명한 주먹이던 '장군의 아들' 김두한의 오물투척 사건이 그것이었다. 김두한은 한비사건과 관련한 국회 대정부 질의 도중 갑자기 인분을 꺼내 정일권 국무총리를 비롯한 국무위원들에게 뿌려대는 전대미문의 퍼포먼스를 벌였다. 인분의 출처 또한 범상치 않았다. 일부에서는 김두한의 집에서 가져온 것이라 하지만 또 다른 주장에 따르면 '애국선열들의 정기가 서려 있는 거룩한 탑골공원 공중변소'였다 한다. 이 사건으로 김두한은 의원직 사퇴는 물론 중앙정보부에 끌려가 호된 몽둥이찜질을 받았음은 물론이다.

# 동백림 사건

1967年 7月 8日 경향신문

**동백림 거점으로 한**
**북괴 공작단 검거**
**교수 · 의사 · 예술인 · 유학생 등 200여 명 관련**
**김 정보부장 사건 1차 발표**

8일 상오 중앙정보부는 동백림東伯林을 거점으로 한 북괴대남적화공작단 사건을 적발, 그 진상과 그동안의 수사 결과를 발표했다. 김형욱 부장은 이날 상오 기자회견을 갖고 '이 사건 관련자 200여 명 중 약 70명을 국가보안법 및 반공법 혐의로 구속했으며 이미 7명을 검찰에 송치하고 조사가 끝나는 대로 계속 검찰에 넘기겠다' 고 밝혔다.

**서구 · 국내서 간첩 활동**
**북괴에 동조 · 평양도 다녀오고 적화赤化 기도企圖**
**70여 명 구속 · 7명 송청送廳**

이번 공작단은 서구 일대와 국내에 걸쳐 국제적 공작망을 펴고 있던 최대 규모의 간첩단으로서 대학교수, 의사, 예술인, 공무원 등 유명인사와 젊은 지식인들로 구성되어 있는 것이 그 특징으로 되어 있다.

발표에 의하면 관련자들은 서구 지역에 유학한 자들이 대부분으로서 북괴의 동백림 주재대사가 중심이 된 포섭 공작에 걸려들어 중공 또는 소련을 경유, 평양으로 유인되어 공산당에 입당, 공작금을 받아 공부를 하거나 박사학위를 얻은 후에는 정계와 학원, 언론계 및 행정부, 입법부 등에 침투 사명을 띠고 합법적으로 한국에 돌아온 자가 대부분이다.

10여만 달러의 공작금까지 받은 이들 일당은 '남북 협상을 통한 평화적 통일 방안의 선전, 사회주의 혁명 기운 조성을 시도하면서 남한 내의 용공 세력을 총동원하여 소위 결정적 시기에 적화 통일을 기도하려는 흉계를 자행하던 중 적발되었다고 한다.

김형욱 부장은 '관련자 중 약 반 수가 평양을 방문했었으며, 2차례나 갔다온 자도 있다.' 고 밝히고 '앞으로 자성하는 자는 관대한 처분을 하겠다' 고 덧붙였다. 1967 0708

**해설** 참으로 '간첩' 이 많던 시절이었다. 자고나면 새로운 간첩사건이 연일 신문 지면을 도배하던 시절이었다. 기자간첩, 교수간첩, 학생간첩, 어부간첩, 박사간첩, 군인간첩, 무장간첩, 고정간첩 등등 종류도 다종다양했다. 동백림 사건은 1960년대 후반 대표적인 '간첩사건' 이었는데, 수출전쟁을 치르고 있던 나라답게 간첩도 '세계화' 물결을 타 해외간첩까지 나오게 되었다. 종류도 참신했지만, 규모도 어마어마해 무려 194명이나 연루된 사건이었다.

연루자들의 면면도 화려했다. 윤이상, 임석진, 이수길, 이응로, 황성모 등등 당시 한국의 기라성 같은 엘리트 지식인과 유학생 들이 돌연 간첩 대열에 합류했다. 특히 이수길은 간호사 파독에 중요한 역할을 한 사람이며 방북은커녕 공산주의 사상에 우호적인 사람도 아니었지만, 결국 간첩 혐의를 인정해야만 했다.

중앙정보부의 가장 대표적인 간첩 수사방법은 자백이었다. 스스로 간첩이라고 말하는 간첩이라면 모든 문제가 간단하게 해결되었다. 중앙정보부의 간첩 확인 능력은 곧 스스로 간첩이라고 말하게 하는 능력에 다름 아니었다. 이수길 또한 잔혹한 고문 끝에 스스로 간첩이라고 자백해야만 했다.

사건은 좀 엉뚱하게 시작되었다. 독일 프랑크푸르트 대학에서 헤겔의 노동개념으로 박사학위까지 한 임석진이 어느 날 갑자기 중앙정보부에 연락해 자기가 북한 갔다 온 얘기를 고백해버린 것이다. 그는 이 일로 박정희까지 면담하게 되고 나아가 자기뿐만 아니라 다른 사람들의 북한행을 털어놓았다. 중앙정보부는 손 안 대고 코 푼 격으로 줄줄이 잡아들이기만 하면 되었다. 물론 체포 과정이 순조롭기만 한 것은 아니었다. 서독에서 불법 체포가 자행되면서 서독 정부의 강력한 항의를 받게 되었고 급기야 국교 단절 위기까지 초래되었다.

요즘과는 반대로 1960년대까지 남한과 북한의 발전 경쟁은 후자가

京鄕新聞

1967年7月8日

東伯林거점으로한

北傀工作團검거

教授·醫師·藝術人·留學生등 2百餘名 관련

西歐·國內서 間諜활동

北傀에 同調·平壤도다녀오고 赤化企劃

70餘名구속·7名送庁

綜合協力機構다짐

越南平和努力을 계속

아스파크 共同声明, 核爆発개탄

"成功的이며 滿足스럽다"

來10日國會開院

野不參裡 議員宣誓·議長團선출

"당초目標를 浮刻"

一括無効제소

新民, 地區別 訴訟도 제출

"勝共理念아래 團結"

金部長, 北傀의 思想侵略에 경고

著名人關聯者



유리한 상황이었다. 즉 북한은 남한 출신 유학생들에게 상대적으로 풍부한 물량 공세를 펼칠 수 있었고, 당시의 방북 체험은 오늘날과는 많이 달랐을 것이다. 게다가 '외국 나가면 애국자 된다'는 말이 있듯이, 외국생활을 통해 더욱 강렬해질 수 있는 민족감정까지 보태지면서, 유학생들의 대북 접촉이 비교적 부담 없이(?) 이루어졌다. 이러한 정황을 고려하지 않고 대북 접촉 자체를 간첩 활동으로 부풀려 거대 간첩사건을 만든 것은 중정의 자가발전 성격이 짙었다.

동백림 사건은 전형적인 용두사미였다. 시작은 거창했지만 끝은 별 볼일 없었다. 대법원 최종심에서 간첩 혐의가 인정된 사람은 한 명도 없었으니 말이다.

# 1·21사태와 무장 공비 출몰

1968年 1月 22日 중앙일보
1月 23日 동아일보 | 11月 6日 조선일보

## 서울 시내에 무장 간첩
## 31명이 경복고 뒤까지 침투

서울 시내에 북괴의 무장 간첩 31명이 출현, 우리 군경과 교전交戰하여 1명이 생포되고 5명이 사살되었다.(22일 하오 3시 현재) 채원식 치안국장은 22일 상오 인명 살상과 파괴 목적을 띤 북괴 무장 간첩 31명이 21일 밤 서울외곽 지대에 침입, 경비 중이던 군경과 교전했다고 발표했다. 22일 아침 8시 긴급 기자회견을 가진 채蔡 국장은 이 간첩 작전에서 최규식 종로서장이 순직하고 그 밖에 경찰관 2명이 부상했으며 민간인 6명이 피살됐다고 밝히고 세검동→비봉산→고양→파주 방면으로 분산해서 도주 중인 괴한들은 지금 군 · 경이 추격 중이라고 말했다.

## 종로서장 전사 6명 피살
## 시내버스 3대에 수류탄도

이날 밤 10시쯤 서울 종로구 청운동 경복중학교 뒷담 근처에서 발견된 괴한들은 최 서장이 지휘하는 경찰대와 교전 끝에 뿔뿔이 흩어져 도망하기 시작했다.

괴한들은 쫓겨 가며 세검동 고갯길에서 시내 '버스' 3대에 수류탄을 던지고 홍제동, 응암극장 앞 등 도처에서 군경 비상망에 걸려 총격전을 벌였다.

채 국장은 파주·고양 방면으로 달아난 간첩들을 추격하고 있는 군·경의 합동 작전에 국민의 적극적인 협조를 요망했다.

25, 26세 내외의 청년들인 괴한들은 농구화에 양복바지를 입고 상의는 군복에 방한모를 썼으며 위에 '오버 코트'를 입고 있다. 채 국장은 파주·고양·의정부 일대의 주민들은 산에 들어가지 말고 수상한 사람들을 보는 대로 신고해 줄 것을 당부했다. 1968 0122

## 단 한 번도 검문당하지 않고 예정 코스 따라 왔다
## 생포한 북괴 유격대원 김신조 회견

## 청와대 기습 목적
## 요인 암살하고 달아나려 했다
## 300명씩의 8개 조 특수부대 분산 파괴 훈련

22일 저녁 7시 군 당국은 이날 새벽 3시경 제30사단이 서울 근교에서 수색 작전 결과 체포한 북괴 무장간첩 김신조(27, 북괴군 소위, 함북 청진시 청암동 제3반)의 공개 기자회견을 마련했다.

100여 명의 내외기자들에게 북괴 특수유격부대인 제283분대 제124군 부대 소속 소위인 김은 태연하게 침입 목적에 대해 '청와대를 기습하여 박정희 대통령을 비롯한 정부 요인들을 암살하고 차를 탈취하여 북으로 달아나려 했던 것' 이었다고 대답했다.

그는 또 서울로 오는 도중 지난 19일에 파주시 삼봉산에서 나무꾼들에게 들킨 것 외에는 단 한 번도 검문을 당하지 않고 예정 침입 코스를 따라왔다고 말하여 우리 방첩망에 구멍이 뚫려 있음을 드러냈고 북괴는 남한의 주요 시설 파괴와 요인 암살을 목적으로 편성한 특수부대가 300명씩 8개 조로 나누어 분산 훈련을 받고 있다고 말했다.

김은 청진초급중학을 거쳐 그곳 공작기계공장 선반공으로 3년간 일한 후 61년 북괴군에 입대 67년 7월 황해도 연산에 기지 본부를 두고 창설한 제283군대 제124군부대 소위로 편입돼 2년 동안 특수훈련을 받은 자다.

북괴는 열성단원 2400명으로 1개 기지에 300명씩 8개 조로 나누어 제주도를 제외한 전국 각 도를 담당, 그 도의 지형과 비슷한 상황 아래 습격 파괴활동을 훈련시키고 있다는데 이번 청와대 습격 임무를 띤 무장간첩 31명은 전원 장교들로 대위의 지휘 아래 청와대 2층 습격조, 1층 습격조, 정문과 현관입초 순경 처치조, 수송부 습격 차량 탈취조 등 6개조로 나뉘었고, 임무가 끝나면 운전사조가 청와대 차를 몰고 북쪽으로 달아나려 했다 한다. 1968 0123

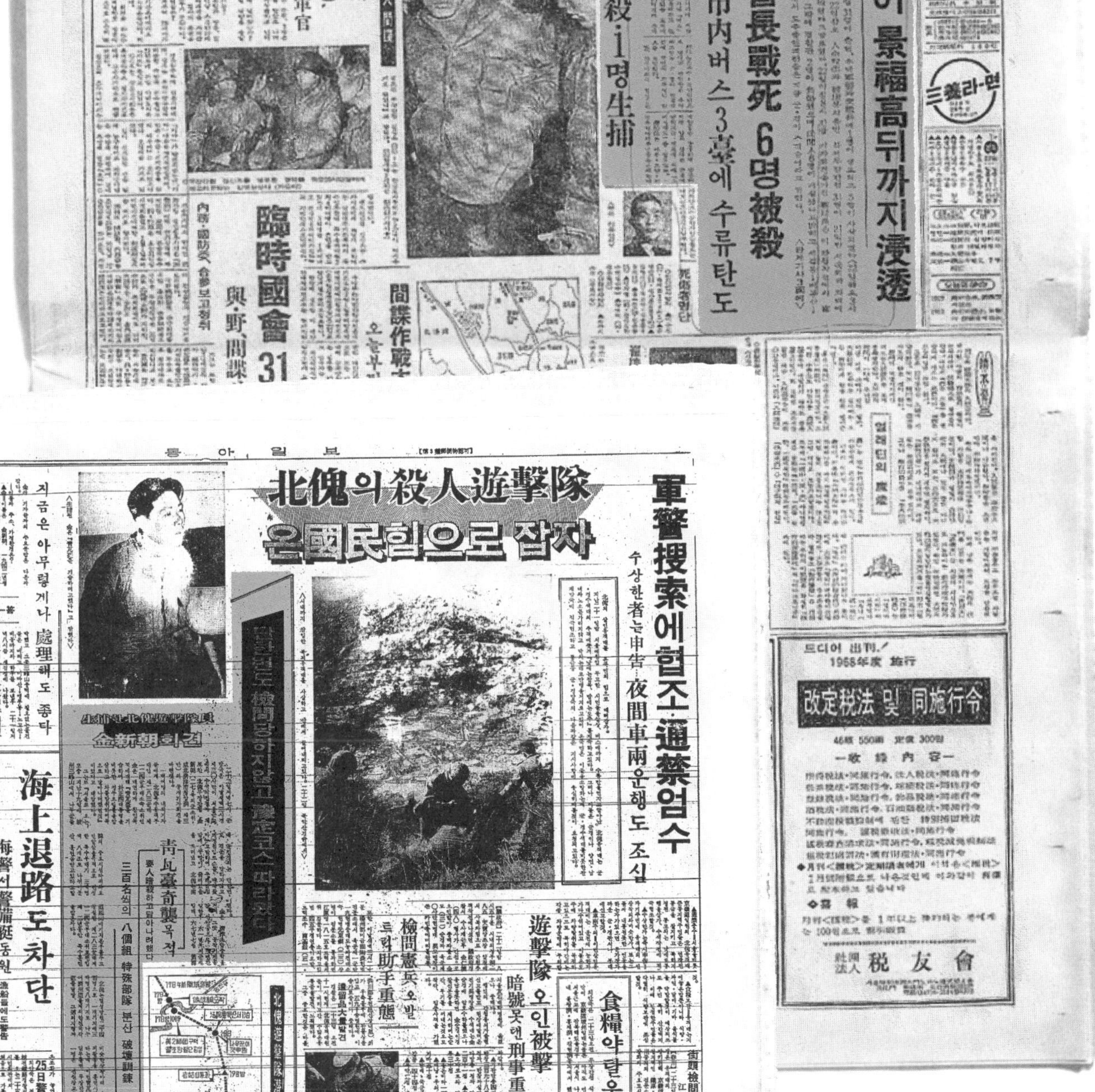

中央日報

1968年1月22日

# 서울市内에 武装間諜

## 31名이 景福高뒤까지 浸透

## 鍾路署長戰死 6명被殺

市内버스 3臺에 수류탄도

5명射殺 1명生捕

2천4백명이 게릴라訓練

21일20시 市内로돌격예정

16일平壤출발 全員北傀軍官

本社記者 生捕間諜과 一問一答

臨時國會

與·野, 間諜

間諜作戰



동아일보

1968年1月23日 火曜日

# 北傀의殺人遊擊隊 온國民힘으로 잡자

## 軍警搜索에협조·通禁엄수

수상한者는申告·夜間車両운행도 조심

지금은 아무렇게나 處理해도 좋다

生捕된北傀遊擊隊員 金新朝회견

青瓦臺奇襲목적

三百名씩의 八個組 特殊部隊 분산 破壞訓練

海上退路도차단

海警서警備艇동원

弘濟洞 洗車場

下水道수색

戰死한警署長 遺骸

鍾路署에安置

遊擊隊 오인被擊

暗號못댄刑事重態

檢問憲兵오발

食糧약탈우려

治安局서 申告요망



1968年 1月 23日 동아일보

1968年 11月 6日 조선일보

〔1〕 第14634号 The Chosun Ilbo 西紀1968年11月6日 (水曜日) 4版 〔日刊〕

朝鮮日報

# 蔚珍에 大規模 武裝共匪

對間諜대책本部 발표

## 2日밤 30名內外 침투…만행

## 軍警이 포위 섬射殺, 我側희생 넷

## "住民登錄 사진 찍어준다" 部落民 모아놓고 虐殺도

慶北-江原一部地域에 「乙種事態」선포

세被拉良民 모두脫出

뿌린 僞幣 數10万원 回收

軍服·紳士服차림 共匪들의 옷차림

# 닉슨·험프리 伯仲勢

## 美大統領선거 投·開票進行

当落 오늘午後판명

11·5 選擧一覽

첫 開票結果 닉슨이 리드

# 파리擴大회담 延期

美代表団발표 越南參席할때까지

協商反対데모

7, 8日이틀間

韓·美國務協議會談

青瓦臺서 對策協議

豫算審議 거부

新民, 院內對策

特調委 違憲論 撤回않으면

社會漫評

연탄 19号 또 引上發射…

Every Oak has been an acorn.

韓國外換銀行

**울진에 대규모 무장 공비**
**대간첩대책본부 발표**
**2일 밤 30명 내외 침투…만행**
**군경軍警이 포위 셋 사살, 아我 측側 희생 넷**

대간첩대책본부는 지난 2일 밤 동해안인 경북 울진군 북면에 30명 내외로 추산되는 북괴 무장공비가 불법 침입, 양민을 학살하는 사건이 발생, 군경과 향토 예비군이 이를 포위, 섬멸작전을 펴고 있다고 5일 오후 발표했다.

**'주민등록 사진 찍어준다'**
**부락민 모아 놓고 학살도**

이날 유근창 대간첩대책본부장은 특별 기자회견을 갖고 동해안에 침투한 무장공비를 소탕하기 위해 정부는 강원도 남쪽과 경북도 북쪽의 일부지역에 을종乙種 사태를 선포했다고 말했다.

**경북-강원 일부 지역에**
**'을종 사태' 선포**
**세 피납 양민 모두 탈출**

아군我軍은 이들과의 교전에서 공비 3명을 사살하고, 무기 식료품 등 다량의 장비를 노획했다.

이날 유 중장이 발표한 사건 내용은 다음과 같다. 지난 2일 밤 해상으로 침투한 30내외의 무장공비는 3일 새벽 6시 10분 울진군 북면 부락에 침입, 부락민 전원을 집합시켰다.

**'을종 사태' 란**
'대통령 18호에 규정된 분류 기준으로 일부 지역에 무장간첩 행위가 질적 양적으로 증가하여 경찰 병력만으로는 치안 확보가 곤란한 것으로 판단되어 군 후방 부대 병력, 또는 일부 전방 전투 병력을 해당 지역에 상당기간 투입하여 대간첩작전을 수행케 되는 경우' 를 말한다. 1968 1106

**해설**

1960년대 후반은 한국전쟁 이후 군사적 긴장이 최고조에 달한 때였다. 1967년 한 해에만 북한의 군사 도발이 무려 170여 회에 이르러 사실상 전쟁 상태와 다름없을 정도였다. 이러한 흐름 속에 1968년 새해 벽두부터 1·21사태, 3일 뒤 미 해군 정보함 푸에블로호 피랍 사건이 연이어 터졌고, 11월에는 울진·삼척 무장간첩 침투 사태가 발생했다. 유명한 이승복 어린이가 등장하는 것도 바로 이 해였다. 해를 넘긴 1969년 4월에는 미 해군 정찰기 EC-121기 격추 사건으로 31명 승무원 전원이 사망했다. 바야흐로 한국전쟁 정전 이후 최고의 군사적 긴장 상황이었다. 여기서 주의해야 될 것은, 알다시피 한국전쟁은 '종전' 이 아니라 '정전' 되었다는 점이다.

남북관계의 기본은 한국전쟁이 규정했다. 남북관계는 긴장과 갈등, 대화와 협상이 교차하지만, 근본에는 항상 군사적 대결 구도가 놓여 있었다. 국가 자체가 조직화된 폭력의 독점체인데다가, 특히 남북은 전면적 폭력관계인 전쟁까지 경험했으니 더 말할 나위가 없었다. 남북은 서로 '괴뢰' 또는 '정부를 참칭하는 반국가단체' 로 규정하고 경계 태세를 최고로 유지했다. 남북 간의 어떠한 소통도 불가능한 장막 속에, 역설적으로 '간첩의 교류' 가 활발했다.

휴전선 부근의 군사 행동이 대부분이던 그전과 달리 1968년에는 남한 지역 깊숙이 게릴라 부대를 침투시켰다는 점이 특이했다. '청와대를 까러 왔수다' 로 유명한 124군 부대의 능력은 한국 군부를 경악시켰다. 30킬로그램 배낭을 짊어지고 산악지역을 시속 10킬로미터로 주파한다는 것은 당시 한국군으로서는 상식 밖이었다. 기껏해야 시속 4킬로미터 정도가 가능하다고 판단한 한국 군부는 124군 부대가 이미 지나간 다음에 포위망을 구축하는 상황이었다. 그러나 몇 번의 실수 끝에 124군 부대는 작전에 실패하고 31명 중 단 한 명만이 살아 돌아갔다. 한편 한국군의 피해도 컸다. 최규식 종로경찰서장이 피살되었고 연대장을 비롯해 장교 5명, 사병 19명이 전사했다.

탁월한 군사적 능력에 반해 북한 게릴라의 정치적 능력은 의문이었다. 침투 도중 파주 삼봉산에서 만난 나무꾼 형제에게 그들이 던진 질문은 '1년에 쌀밥을 몇 번 먹느냐' 였고, 형제의 답은 '밥은 하루에 세 번 먹잖아요.' 였다. 게다가 신고하지 말라는 설득과 협박은 전혀 통하지 않았고, 북한 특수부대는 결정적으로 군사적·정치적 실패를 맛보게 되었다.

북한의 대남 군사 행동은 박정희 정권에게 위협이라기보다는 오히려 기회였다. 1·21사태를 계기로 박정희 정권은 향토예비군, 주민등록증으로 상징되는 통제·동원 체제를 강화할 수 있었고, 안보 위기를 조성해 삼선 개헌, 유신으로 이어지는 정치 행보를 재촉할 수 있었다.

# 미함 푸에블로 호 납북

1968年 1月 24日 중앙일보

**미함美艦 푸에블로 호 납북**
**동해 40킬로 공해상公海上에서** _23일 하오
**미그 기機 · 초계정哨戒艇 4척이 포위**
**승무원 83명 원산으로 끌려가**

[워싱턴 23일 UPI 긴급 동양] 미 국방성은 미 해군 정보 수집 보조함 '푸에블로' 호가 23일 하오 1시 45분 동해의 공해公海 상에서 4척의 무장한 북괴 초계정과 '미그' 기 2대의 위협 아래 나포되어 원산항으로 납치되었다고 발표했다. 장교 6명과 수병 75명, 민간인 2명을 포함하여 총 83명이 탄 '푸에블로' 호는 동경 127도 54. 3분 북경 39도 25분, 북한 해안에서 40킬로 떨어진 공해 상에서 나포 당했다. 미 해군 함정이 국제 공해상에서 납치되기는 미 해군 사상史上 106년 만에 처음 있는 일이다. '푸에블로' 호는 2대의 50구경 기관포만을 장비하고 있을 뿐이며 정교한 전자 탐지 장치를 갖춘 정보 수집 보조용이다.

**핵 항모航母 엔 호, 원산만 긴급 출동**
**향월向越 진로 바꿔, 워싱턴 긴급 안보회의**

[워싱턴 23일 UPI 긴급 동양] 세계 유일의 미 핵추진 항공모함 '엔터프라이즈' 호는 미 해군 기동함대를 이끌고 지난 23일 미 해군 정보 수집함 '푸에블로' 호가 북괴 초계정에 납치된 동해의 현장으로 향해 항진航進 중에 있다고 23일 이곳에서 밝혀졌다.

'엔터프라이즈' 호는 5일간의 일본 좌세보항左世保港 기항寄港을 마치고 월남으로 향하기 위해 남진하던 중 북쪽으로 함수艦首를 돌려 '푸에블로' 호가 끌려간 곳으로 알려진 원산만 해역으로 향해 북상하라는 명령을 받았다고 정통한 소식통들은 말했다.

'존슨' 미 대통령은 새벽에 '푸에블로' 호 납치 사건의 보고를 받은 후 '극히 중대한 사태' 라고 말하고 최고위급 군사 및 정보 고문들로 구성된 국가안전보장회의를 24일자로 긴급 소집했다.

한편 3군 참모총장들과 합참의장을 23일 회동한 것으로 알려졌다. 1968 0124

**해설**

20세기와 21세기에 걸쳐 최대의 제국을 건설한 미국의 힘은 사실상 정보의 힘이었다. CIA(중앙정보국) , NSA(국가안전보장국) 등 미국 유수의 정보기구들이야말로 제국을 가능케 하는 핵심이었다. 당연히 '반미'를 핵심 국가 가치로 설정한 북한에게 그것은 곧 반정보전이기도 했다. 미국은 각종 최신 기술을 적용한 정찰기, 정보함을 운용하고 있었고 북한도 그 중요한 대상 중의 하나였다. 1 · 21사태 당시 투항한 김신조 진술의 진위를 가리기 위해 미국의 SR-71 블랙버드 정찰기가 오산기지를 출발해 평양 인근의 작은 건물을 촬영하고 원산으로 빠져나간 시간은 불과 3분대였다.

이러한 맥락 속에 군사적 긴장이 한창 고조되던 1968년과 1969년에 북한의 미 해군 정보함 푸에블로 호 나포, 미 해군 정찰기 EC 121기 격추사건이 발생하게 된 것이다. 푸에블로 호 나포 지점을 둘러싸고 북한의 영해 주장과 미국의 공해 주장이 맞섰다. 하지만 결국 미국은 1968년 12월 북한에 영해 침범, 첩보 행위를 인정하고 사과함으로써 승무원 82명과 나포 과정에서 사망한 유해 1구가 송환되었다. 그러나 선체는 아직까지 북한에 억류 중이며 현재 평양 대동강변에 전시되어 있다. 평양 대동강이면 100년 전 셔먼 호 사건이 벌어졌던 바로 그곳이다.

(1) The Joong-ang Ilbo 1968年1月24日 (水曜日) 第726號 [8面]

中央日報

# 美艦푸에블로號 拉北

## 東海40킬로 公海上에서
## 미그機·哨戒艇4隻이 포위
### 乘務員 83명 元山으로 끌려가

23日 하오

## 美兵 數명死傷
北傀 방송

## 가장 重大한 事態
러스크 蘇통해 送還요구

## 核航母엔號 元山灣 긴급出動
向越進路바꿔 워싱턴緊急安保會議

## 某種對應策 강구
朴大統領, 포터美大使와 會談

## 李익주大領(151聯隊長) 戰死
北傀게릴라 또 6명射殺

## 5空軍 전투태세

## 全軍에 非常태세령
海軍艦은 美7艦隊와 合流

## 海賊행위규탄

# 국민복지회 사건과 김종필 공화당 탈당

1968年 5月 31日 조선일보

**김종필 씨 공화당서 탈당**
**오늘 지구당에 신고서 우송**
**모든 공직도 사퇴**

김종필金鍾泌 공화당 의장은 30일 공화당을 탈당, 모든 공직을 떠나 정계 일선에서 은퇴하겠다는 뜻을 밝혔다. 김 당의장은 이날 공화당 당무회의에서 '수일 안에 본인의 신상에 관해 본인 생애의 가장 중대한 결심을 발표하겠다. 본인이 없더라도 박정희 총재를 잘 모셔 달라' 고 말했다고 김재순金在淳 공화당 대변인이 전했다.

**앞당긴 폭발**
**김 당의장의 사퇴와 그 언저리**

**결판난 후계 경쟁**
**해결의 키는 박 대통령 손에**

(중략)

그러던 김 당의장이 어떻게 이런 막다른 일을 주저없이 해버린 것인가. 직접적인 동기는 김용태 의원이 제명된 '한국국민복지연구회' 사건이 가져온 것이나, 그 심층에는 71년도 후계자 경쟁으로 내연內燃하던 주류와 비주류의 갈등이 분화구를 찾아 폭발한 것으로 보인다.

공화당은 벌써 작년 총선거전부터 이런 폭발의 요소를 가지고 있었다. 작년 전당대회를 거른 것이 이 분화구를 막으려는 배려 때문인 것으로 이해되고 있다. 최소한 박 대통령의 임기 만료 1년까지는 후계자 문제에 따른 일체의 잡음을 없애고 지도체제가 일원화해야 한다는 것이 박 대통령의 생각이었다고 한다. 그래서 일반적으로는 폭발기를 69년 말쯤으로 잡고 있었다. 그것이 복지회 사건으로 앞당겨진 것이다.

복지회의 시국 판단서엔 다음 대통령으로 김종필 씨를 추대하는 강력한 시사가 있는 것으로 알려지고 있다. 김 씨가 당의장직을 그만둘 것이라는 소문은 이미 작년부터 간간이 퍼져 있었다. 오히려 그보다 전에 이미 공화당 내 요직에서 주류계가 현저하게 퇴조하기 시작했을 때부터일 것이다. (중략) 1968 0531

**해설**

1960년대에 '복지' 하면 좀 빠른 감이 있지만 어느 시대에나 선구자는 있는 법, 김종필계 핵심 인물인 김용태가 바로 그런 사람이었나 보다. 그런데 국민의 복지를 연구하는 것까지는 좋았지만 정권의 미래까지 걱정하는 것은 박정희에게 그냥 지나칠 일이 아니었다. 1967년 대통령 선거 이후부터 공화당의 김종필계는 흥분하기 시작했다. 당시 헌법상 3선은 불가능하였기에, 누가 포스트 박post-Park을 책임질 것인지가 문제였는데, 그들은 당연히 김종필밖에 없다고 생각했다.

국민복지회가 실제로 김종필 옹립 활동을 얼마나 했는지와는 무관하게 박정희는 포스트 박 자체를 인정할 수 없었다. 역시 궂은일은 중정의 몫이었고 다시 한 번 그 실력을 유감없이 발휘했다. 김용태를 비롯한 핵심 멤버들이 중정에서 거친 대접을 받았음은 물론이고 김종필 또한 모든 공직에서 물러나야 되는 상황에 몰렸다.

이 사건은 박정희의 권력 집착이 어느 정도였는지를 잘 보여주었다. 3선은 물론 권력을 내놓을 생각이 전혀 없었던 그에게는 야당만이 정적이 아니었다. 그게 누가 되었든 자신의 최고 권력을 위협하는 존재라면 절대로 용서할 수 없는 것이 박정희의 입장, 아니 절대 권력의 본성이었다. 피는 나누어도 권력은 나눌 수 없었다.

〔1〕 第14498號 The Chosun Ilbo 西紀1968年5月31日 (金曜日) 4版 〔日刊〕

朝鮮日報

# 金鍾泌씨 共和黨서脫黨

## 오늘地區黨에 申告書우송

## 모든 公職도 사퇴

(金鍾泌씨)

## 党務委員들 総辭退예정

## 앞당긴 爆發

金党議長의 隱退와 그 언저리

◇고요한 風雲의 靑丘洞

## 決判난後繼競爭

解決의 키는 朴大統領손에

## 佛議會해산 總選

드골宣言 下野않고 国民投票연기

퐁피두首相留任, 곧改閣

6月23日總選

◇도골의 滋言

## 北傀攻擊 즉자보복

韓國防長官會見

內戰에의 挑戰

國際決済銀行 仏貨支援中止

事故党6월에 改編

共和党計劃

朴大統領 前方視察

丁總理 釜山으로

社会漫評

高層建物엔 地下室을

萬物相

總受信 500億突破

韓一銀行

三面鏡

*얼마나 좋아요! 깨끗한 살결…

● (덱스타)는 피부병의 원인이 되는 세균을 죽이는 성분, 염증을 없애는 성분, 피부를 깨끗하게 하는 성분들이 적절히 배합된 피부병 치료제입니다.

● (덱스타)는 끈적거리지 않고 물로 잘 씻어지는 아주 쓰기좋은 피부연고입니다.

*피부병엔

덱스타 연고

*작은 부스럼이나 습진에도!

○ 화장독, 여드름과 같은 피부염 / 습진/가려움증/버짐/火傷/면도후에

영진약품

# 중학입시제 폐지

1968年 7月 16日 한국일보
1965年 3月 30日 동아일보

**중학입시제 전폐全廢**
**서울은 명년明年부터 지방 71년까지**
**학교군 설치… 추첨으로 선발**

명년부터 서울에서 중학 입시가 완전히 없어지고 14개의 이른바 '일류 중학교'가 점차 문을 닫는다. 15일 교무부는 지금까지의 입시 지옥을 일소하고 교육의 혁명을 이룩하려는 '추첨제와 학교군제를 병합한 중학교부시험제'를 확정 발표했다. 이 안의 내용은 ①행정구역과 현존 초등학교를 고려하여 학교군을 설치 학교군내 지원자를 추첨으로 무시험 진학시키고 ②서울에서 14개 '일류 중학'을 71년도까지 연차적으로 고교로 개편하고 ③무시험 실시를 3개년으로 나누어 서울은 명년(69년도)부터, 부산, 대구, 광주, 인천, 전주 등 대도시는 70년도부터, 그리고 71년도부터 전국적으로 실시하고 ④국민교장 책임하의 추첨으로 입학할 학교군내 중학교가 결정되며 ⑤무시험제가 실시될 때까지의 과도기에 대도시와 지방서는 종전 지침(체능 배점 30분의 1과 필기시험) 대로 경쟁시험을 실시한다는 것이다.

**서울 14개 일류중 폐쇄閉鎖**
**첫해 경기, 서울, 경복, 경기여, 이화** 1968 0716

**'무즙'도 정답으로**
**"불합격된 39명 합격자임을 확인한다"**
**고법 전기중학 입시문제 자연 18번에 판결**

30일 상오 서울고법 특별부 이명섭 부장판사는 전기중학 입시 합격자 확인소송 사건에 대해 문제의 자연과 18번의 정답은 출제 취지로 보아 무즙도 정답으로 보아야 한다고 판시, 전기중학 입시에서 불합격된 22건 39명에 대해 불합격을 취소, 합격자임을 확인한다는 판결을 내렸다.

경기중학에 응시했다가 자연과 18번 때문에 불합격된 이종호(청량본동 162) 군 등 40명은 자연과 18번에 대해 시교육위원회에서 잘못 채점하여 떨어졌다고 교장을 상대로 행정소송을 제기했었다. 이날 서울고법 특별부는 판결에서 문제의 자연과 18번은 객관적으로 해석할 때 엿을 만드는 중 당화糖化작용에 대한 물음이라고 해석됨으로 교사용 교과내용에 적시된 엿을 만드는 방법 중에 하나인 디아스타제 사용법을 참작 동 디아스타제가 포함된 무즙이라고 답을 썼다 해도 이는 정답이라고 보아야 한다고 판시했다. 1965 0325

**해설**

근대 이후 한국 최초의 입시열은 1920년대 보통학교가 대상이었다. 일제는 식민지배정책의 하나로 대부분의 초등 사립학교를 통합해 공립화하고 식민교육을 실시하고자 했다. 그러나 당시 조선인들은 보통학교 입학을 꺼려했고 '순사'가 입학 적령 아동들을 잡으러 다니곤 했다. 그러나 1920년대부터 조선인들의 태도가 돌변해 너도나도 자식을 보통학교에 보내려 하였고 결국 입학시험까지 치러 일부만 선발하게 되었다.

중등교육이 대폭 확대된 것은 1950년대였고, 보통학교 입시열은 중학교 입시열로 옮아갔다. 중학 입시 폐지는 바로 이 중학 입시열의 대응이었다. 중요한 계기는 3년 전인 1965년 중학입시에서 벌어진 유명한 '무즙 파동'이고, 무즙 파동은 명문 중학 입학이 인생을 결정하던 시절 한국사회의 슬픈 자화상 중의 하나였다.

한편 크게 보면 중학 입시 폐지는 새로운 노동력이 필요한 것과도 관련이 있었다. 단순 노동력에 의존한 1960년대 급속한 공업화는 점차 더 높은 수준의 노동력을 필요로 했다. 이는 결국 1985년 중학 의무교육 시행으로까지 연결되었다.

중학 입시가 폐지되었다고 입시열이 사라진 것은 아니었다. 입시열은 바로 고등학교로 옮아갔고, 1974년 고교평준화가 시작되면서 결국 지금처럼 대학이 입시열의 최종 대상이 되었다. 입시열은 다름 아닌 더 높은 곳으로의 사다리 경쟁이었고, 그것을 극대화한 것이 한국의 근대화 과정이었다. 이제 입시열은 일시적 전염병이 아니라 만성화된 고질병처럼 우리 사회를 휩쓸고 있다.

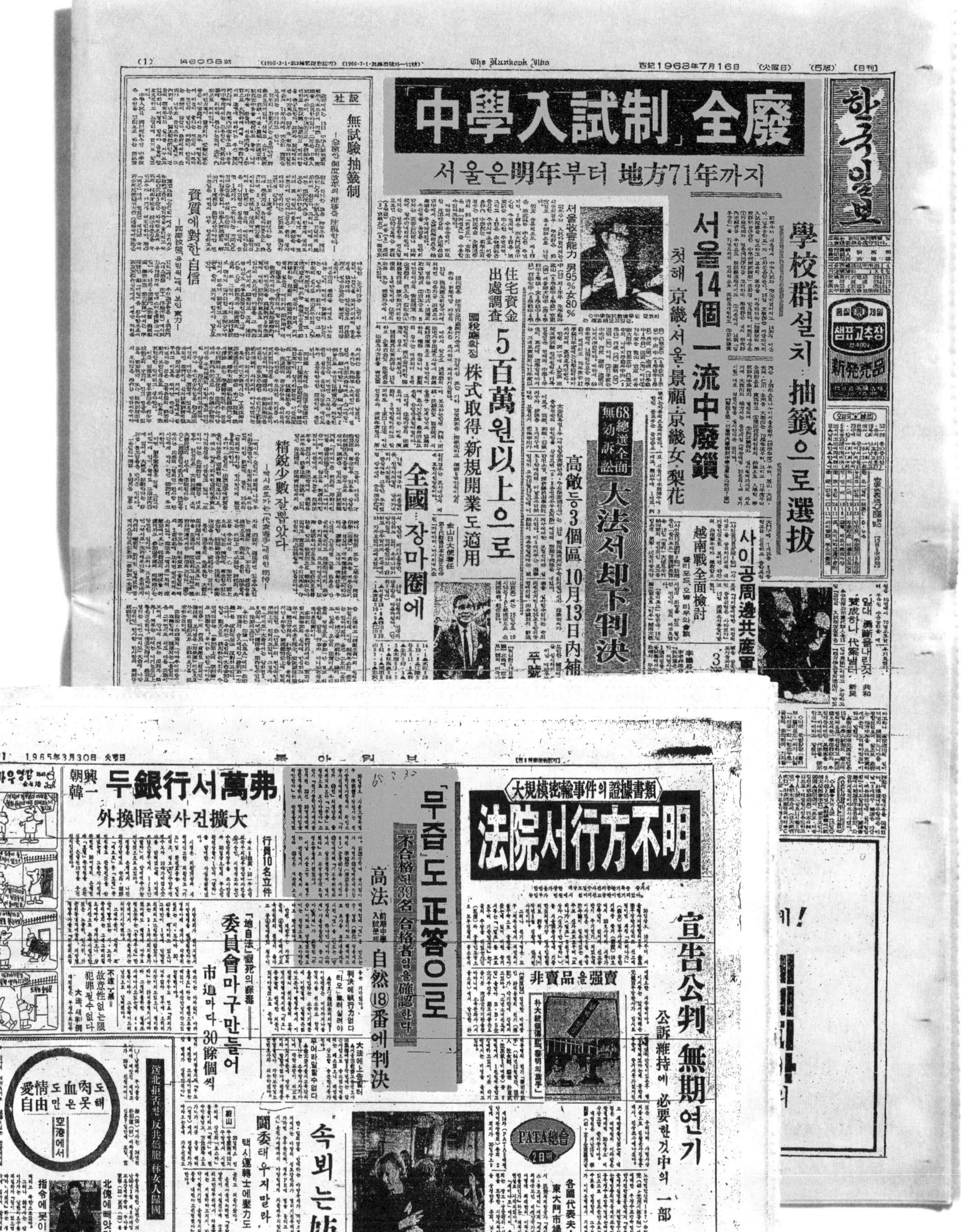

「中學入試制」全廢

서울은明年부터 地方71年까지

學校群설치 抽籤으로選拔

서울14個 一流中廢鎖

첫해 京畿·서울·景福·京畿女·梨花

68總選全面無効訴訟

大法서却下判決

高敞등3個區 10月13日內補

住宅資金出處調査

5百萬원以上으로

株式取得·新規開業도適用

全國 장마圈에

社說

無試驗 抽籤制

資質에 對한 自信

精銳少數 잘 뽑았다

사이공周邊共産軍

越南戰全面檢討

1968年 7月 16日 한국일보

大規模密輸事件의 證據書類

法院서行方不明

宣告公判 無期연기

公訴維持에 必要한것中의 一部

「무즙」도 正答으로

不合格된 39名 合格者임을 確認한다

高法 自然⑱番에判決

朝興·韓一 두銀行서萬弗

外換暗賣사건 擴大

委員會마구만들어

市道마다 30餘個씩

非賣品을 强賣

속뵈는 妨害

愛情도 血肉도 自由만은 못해

1965年 3月 30日 동아일보

# 임자도 · 통일혁명당 사건

1968年 7月 20日 경향신문
1968年 8月 25日 한국일보

**목포 앞바다 임자도 거점**
**북괴지하당을 타진打盡**
**61년부터 암약…27명을 구속**
**13회 걸쳐 북괴 왕래, 위장업체 운영**
**〈청맥〉 발간 등 정치 · 법조인 · 학생 포섭 공작**

중앙정보부는 남한에 공산지하당을 재건하고 70년대의 남한내 무장봉기를 위해 전남 무안군 임자도를 거점으로 정치인, 법조인, 학생 등 지식인 등을 포섭대상으로 광범위하게 암약해온 '임자도를 거점으로 한 북괴지하당사건'을 적발, 관련자 27명(총 관련자 118명)을 구속 송치했다고 20일 상오 발표했다. 중앙정보부는 난수표, 무전기, 권총, 불온문서 등 14종의 공작품도 압수했다. 발표에 의하면 구속된 자들은 전 대중당 대변인, 중학 교장, 출판사 사장, 전 면장들로서 북괴 간첩에 포섭, 연 13회에 걸쳐 북괴를 내왕하면서 공작 교양과 지령을 받았으며 월간지 〈청맥〉을 발간, 청년학생층의 사상적화에도 역점을 두고 간첩활동을 해왔다. 1968 0720

**'통혁당統革黨' 지하 간첩단 검거**
**관련 158 · 송치送致 73명** _정보부 발표
**지식 청년층 포섭, 학사주점 등 서클 활동**
**두목 김종태, 네 차례 북괴 왕래**

중앙정보부는 24일 지하당地下黨을 조직, 국가 전복을 기도하다 검거된 가칭 '통일혁명당 지하 간첩단' 사건의 전모를 발표했다. 정보부는 이날 발표에서 '주동자 김종태金鍾泰는 전후 4차에 걸쳐 북괴를 왕래하면서 김일성과 면담하고 북괴대남사업총국장인 허봉학(북괴군 대장)으로부터 미화美貨 7만 달러, 한화韓貨 2350만 원, 일화日貨 50만 엔의 공작금을 받아 가칭 '통일혁명당'을 결성, 합법 정당을 가장하여 반정부, 반미 데모를 일으켜 민중 봉기와 국가 전복을 기도했다'고 밝혔다. 이 지하당 사건에 관련된 자는 모두 158명이며, 그 중 73명 (구속=50명, 불구속=23명)은 이날 송치됐다.

일망타진된 지하당 조직은 전 남로당계와 서울대 문리대를 비롯한 각 대학 출신자가 근간이 되어 있으며 현역 장교, 평론가, 신문기자, 공무원, 전직 국회의원 등이 관련되고 있다.

또 그 조직과 공작 전법은 '베트콩' 식 게릴라 전법, 동학난식 민중 봉기를 따르고 있으며 서해안의 무장 수륙 지점을 정찰하는 등 본격적인 국가 전복을 음모해 왔으며 기관지 '청맥' 발간, '학사주점' 경영, 각 대학 '서클' 조직, 동해상사 등 위장 기업체 설립 등 다방면으로 활동을 계속해 왔다고 발표했다. 1968 0825

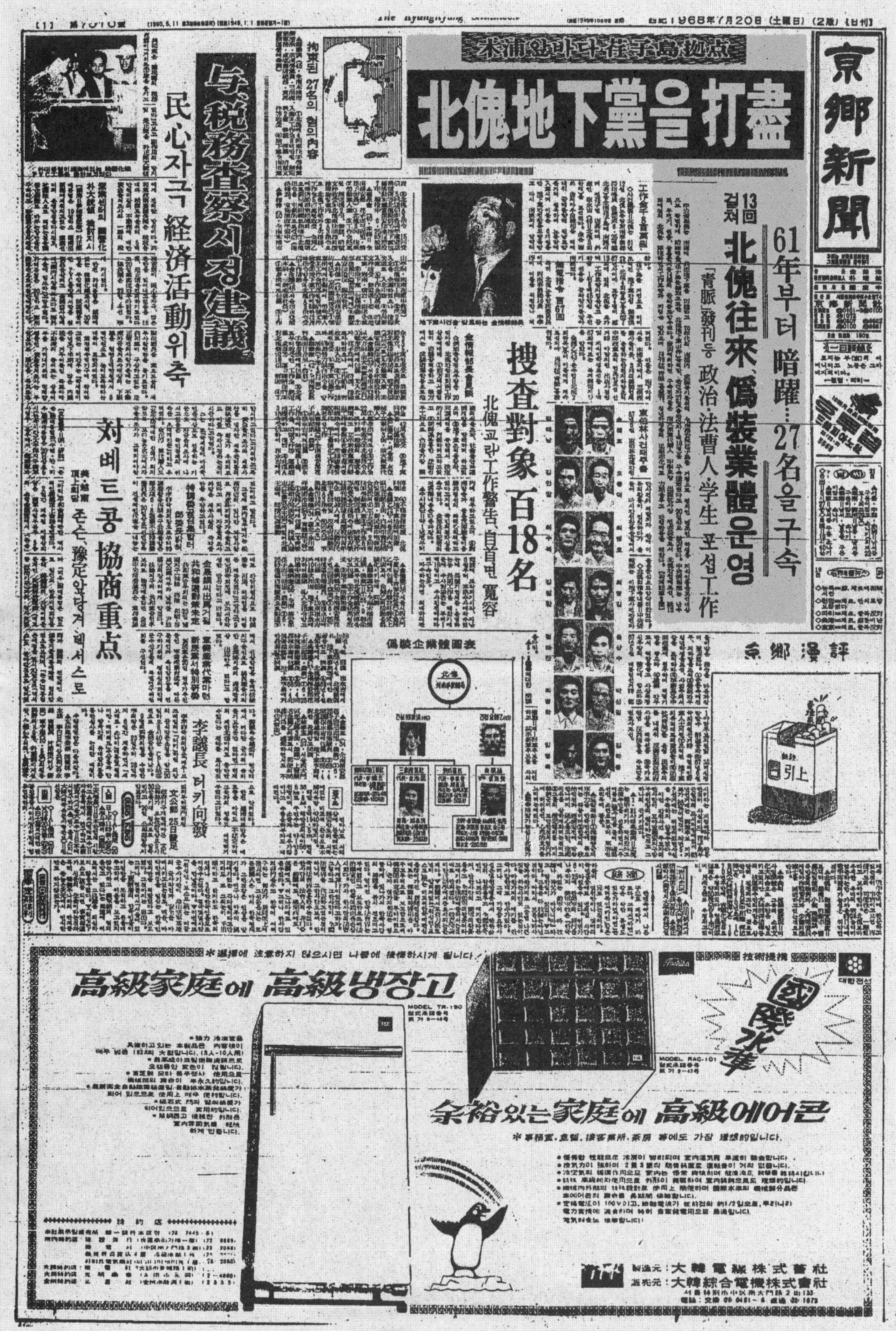

京鄉新聞
1968年7月20日 (土曜日) (2版)

木浦앞바다荏子島拠点

# 北傀地下黨을 打盡

## 61年부터 暗躍…27名을 구속

13回 걸쳐 北傀往來, 僞裝業體운영

「青脈」發刊등 政治·法曹人·學生 포섭工作

拘束된 27名의 혐의內容

## 搜査對象 百18名

北傀고관工作警告, 自首면 寬容

偽裝企業機構表

## 與, 稅務査察시정建議

民心자극 經濟活動위축

## 対베트콩 協商重点

李議長 터키向發

京鄉漫評

The Hankook Ilbo 西紀1968年8月25日 (日曜日) (5版) 한국일보

# 統革黨 地下間諜團검거

## 情報部發表 關聯158·送致73名

### 知識青年層包攝

學士酒店등 서클活動

頭目 金鍾泰、네차례 北傀往來

"知能化한 手法 偽裝團體組織" 金中央情報部長會見

# 蘇·체코、協商된듯

## 체포된 改革派釋放·蘇軍漸次撤收

來日共同聲明 스보보다 오늘 蘇首腦와 3次會談·두브체크復權說

## 두브체크 프라하에 健在

프라하 生氣되찾아 商店문열고 市內交通도 회복

"占領目的達成못해" 蘇 새政府樹立에도失敗

武器引渡 拒否

루마니아國境地帶도 超緊張

## 蘇·勃軍移動集結

社說

侵略者로 規定하라

排水口부터 마련하는 솜씨



第67回 國會(定期會)召集公告

憲法第43條 第1項및 國會法第3條의 規定에依하여 第67回 國會(定期會)를 集會함을 玆以公告함.

日時 1968年9月2日(月曜日) 午前10時

場所 國會議事堂

1968. 8. 24.

國會議長 李孝祥

1968年 8月 25日 한국일보

해설

1960년대 가장 유명한 '간첩단' 사건이 터졌다. 통일혁명당(통혁당) 사건은 유명할 뿐만 아니라 독특한 사건이기도 했다. 남북 분단하에서 대부분의 간첩단 사건은 북한에 의해 부정되거나 무시되기 일쑤였지만, 통혁당은 북한에서도 높이 평가했다. 남한에서는 지하 간첩단이었지만 북한에서는 '혁명 정당'이었으며, '한민전(한국민족민주전선)'으로 이어져 현재까지 활동한다고 주장하고 있다. 북한은 통혁당 사건의 주모자인 김종태에게 영웅 칭호를 내리고 사형 집행 이후 국장으로 장례식을 치르는가 하면, 평양 전기기관차 공장을 그의 이름을 따 개명할 정도로 높은 평가를 내렸다. 김종태 이외에도 이 사건으로 김질락, 이문규, 정태묵 등이 사형을 당했고 최영도는 옥사했다.

통혁당 사건은 두 사건 즉 '임자도 사건'과 '통혁당 사건'으로 구분되는데, 임자도 사건은 통혁당의 지방 조직인 셈이었다. 통혁당 사건도 엄밀히 보자면 서울시당 준비위원회 사건이라고 할 수 있었다. 임자도 사건은 최영도, 정태묵이 관련된 사건이고, 통혁당 사건은 김종태, 김질락, 이문규 등이 핵심 관련자들이었다. 전라남도가 중심인 임자도 사건과 달리 통혁당 사건의 핵심 인물들은 영남을 기반으로 활동했다. 또한 지연과 함께 혈연관계도 중요했는데, 김종태와 김질락은 삼촌-조카 사이였고, 정태묵과 정태일은 친형제였다.

혈연관계는 비밀활동에 도움이 되기도 했지만 결국 비극으로 끝났다. 임자도 사건은 정태묵의 동생이 밀고하여 수사가 시작되었는데, 중앙정보부는 동생과 한 약속을 어기고 형인 정태묵을 사형시켰다. 김종태의 조카인 김질락은 옥중에서 전향하여 〈주암산〉이라는 제목의 매우 긴 전향서 겸 회고록을 남겼는데, 자신이 한 모든 행위의 책임을 삼촌에게 돌리면서 철저한 전향 의지를 피력했다. 처절할 정도로 살고자 하는 욕망이 강했던 것으로 보인다. 그러나 중앙정보부는 이미 전향했는데도 이용할 대로 이용한 다음, 김종태와 이문규의 사형 이후 3년이 지난 1971년 결국 김질락을 처형시키고 말았다.

이 사건은 해방-한국전쟁기의 좌파 활동가들과 1960년대 청년과 대학생들 간의 결합을 기본으로 했다는 점이 특징이었다. 정태묵, 김종태가 전자라면 이문규, 신영복 등은 후자였다.  정태묵은 보성전문학교(중퇴)와 김일성대학, 모스크바대학을 나온 엘리트로, 한국전쟁기 빨치산 활동 중 체포되어 7년간 옥고를 치르고 출소한 상태였다. 김종태는 1946년 10월 항쟁 등 해방공간 이래의 좌익 활동가였다. 4 · 19 이후 대학가에서는 민족주의와 사회주의가 높은 관심을 끌었고 나아가 마르크스주의로 경도되는 학생들도 나타났다. 김질락, 이문규, 이진영 등 통혁당 핵심 관련자들은 물론이고 《감옥으로부터의 사색》으로 유명한 신영복 등도 이러한 흐름 속에 있었다.

1968년은 북한의 군사적 도발로 남북 간 군사적 긴장이 한껏 고조되고 있었고, 박정희는 삼선개헌을 위해 암중모색하고 있을 때였다. 이러한 군사적 · 정치적 상황에서 통혁당은 박정희 정권에게 매우 유용한 정치적 수단이 될 수 있었다. 그것은 해방 이후 한국전쟁을 거치면서 극에 달하던 한반도의 정치 지형을 반영하는 것이자, 1960년대 새롭게 등장하던 진보적 청년학생층의 정치활동과 관련 있었다.

# 국민교육헌장 선포

1968年 12月 5日 경향신문

**국민교육헌장 선포**
**오늘 아침 전국서 일제히**

국민교육의 기본 이념인 국민교육헌장이 5일 상오 9시 반 박정희 대통령에 의해 선포됐다. 민족중흥의 새 터전을 다짐하는 선포식은 시민회관에서 거행, 박정희 대통령, 민 대법원장, 장 국회부의장 등 3부 요인과 전 국무위원, 지방장관, 외교 사절, 사회단체 대표 등과 헌장심의위원 및 학생 시민 등 3000여 명이 참석했다. 해병대 군악대의 주악에 이어 박 문교차관의 개회사로 시작된 선포식에서 박 대통령은 '우리는 민족중흥의 역사적 사명을 띠고 이 땅에 태어났다.…' 393자로 된 국민교육헌장 전문을 모두 기립한 가운데 엄숙히 낭독, 국민의 단결과 새로운 국민상을 다짐했다. 또 권 문교부장관은 '민족중흥의 대과업을 완수하기 위해서는 물량적物量的인 경제 성장과 더불어 개인의 창의와 정신력이 필요한 새로운 국민상이 필요하다'고 전제, 지난 6월 18일 박 대통령의 지시로 지난 5개월 동안 6차에 걸친 초안을 수정 확정된 것이라고 헌장 제정 경과를 보고했다. 한편 선포식은 경기여고 합창단의 '교육의 노래'를 끝으로 엄숙하고도 간결하게 마쳤다. 한편 이날 상오 10시에는 초·중·고·대학 등 전국의 각급 학교에서도 각각 헌장 선포식을 가졌으며 시도교육위원회와 시도교육청 단위에서도 헌장 선포식을 가졌다.

**'빛난 얼 되살려 독립의 자세 확립하고…'**
**박 대통령 담화 "민족 중흥 사명 생활화**
**정신혁명으로 더 큰 발전을"** 1968 1205

1970, 80년대 학교를 다닌 사람이라면 '우리는 민족중흥의 역사적 사명을 띠고 이 땅에 태어났다.'는 구절을 모르는 이는 거의 없을 것이다. 나는 왜 태어났는지를 고민하던 사춘기 국민들의 고민을 일거에 해결해준 국민교육헌장은 도대체 왜 태어났을까? 국민을 교육하겠다는 거만한 발상은 일제 '교육칙어'의 영향일까? 그런데 모든 교과서 맨 앞에 '국기에 대한 맹세'와 함께 빠짐없이 들어가 있던 헌장이 언젠가부터 소리 소문 없이 사라졌다. 요란하게 탄생한 만큼 그 조용한 퇴장은 또 무엇인가? 역사적 사명을 다했으니 사라진 것일까?

1967년 말 박정희는 뜬금없이 '제2경제' 운동을 벌이자고 외치기 시작했다. 얘기인즉슨, 제1경제가 실물경제라면 제2경제는 정신개조 운동이라는데, 전자는 어느 정도 성장한 반면 국민들은 여전히 정신이 없다는 게 문제였다. 해를 넘겨 1968년부터 공화당, 정부 등이 나서서 요란하게 '제2경제운동'이라는 야릇한 운동을 벌이기 시작했다. 사실 '정신' 문제를 물고 늘어지는 것은 근대 이후 한국 엘리트들의 오래된 습성이었다. 물질(현실)의 실패를 정신을 북돋우는 것으로 만회하려는 시도는 '혼', '얼', '조선정신' 등의 개념으로 구체화되었다. 이는 사실 서양=물질이요, 동양=정신이라는 서구의 오리엔탈리즘과 밀접히 관련되었다. 요컨대 '정신일도精神一到 하사불성何事不成'은 주자 시대의 경구지만, 근대 서구 정신으로 갱신된 것이다.

제2경제운동의 연장선상에서 국민교육헌장이 준비되었다. '각하' 한 마디가 법이던 당시 분위기에서 문교부는 제2경제운동을 강화하기 위해 '국민교육헌장'을 기획했고, 박정희의 칭찬 속에 일사천리로 추진했다. 박종홍, 이인기, 유형진 등 당대 유명 교수들이 참여해 헌장을 준비하고, 국회에서 만장일치로 통과되었다.

애초 헌장 끝부분에는 선포일과 박정희 이름이 들어가 있었는데 언젠가부터 슬그머니 사라졌다. 시작도 끝도 없이 영원무궁해야 될 헌장, 개인이 아닌 국민 모두의 헌장이란 차원에서 사라진 것으로 보인다. 좌우지간 교과서 첫 머리를 장식하던 헌장의 암기 여부에 따라 하교 시간과 화장실 청소 여부가 결정될 정도로 사춘기 국민들에겐 매우 중요했다. 그런 헌장이 1994년 김영삼 정권에 의해 사실상 폐지되었다. 그러나 국민들의 정신을 고쳐야 한다는 생각조차 사라진 것은 아닐 것이다.

京鄕新聞

# 国民교육헌장선포

# 対게릴라 裝備요구

## 崔·러스크 회담 北傀도발대책협의

# 8人회의 당분간休會

## 特調委·동시선거등 断案대기

# "민족中興사명생활화"

## 朴대통령 담화 정신革命으로 더큰 발전을"

## 빛난얼 되살려 독립의 자세확립하고…

오늘아침 全國서 일제히

국민교육헌장

DMZ휴전안

# 越南대표 7일도착

## 파리협상 美·越盟 일부절차엔 합의



경향만평

범에 날개

# 삼선 개헌안 날치기 통과

1969年 9月 14日 조선일보 호외

**개헌안 122표로 가결**
**제3별관서 변칙 통과**
**오늘 새벽 2시 50분 야 의원들 몰래**

공화당은 14일 새벽 2시 50분 야당의원 몰래 본 회의장을 국회 제3별관 3층의 특별위원회실로 옮겨 개헌안과 국민투표법안을 변칙적으로 기습, 통과시켰다. 공화당은 이날 신민회가 본 회의장에서 농성, 정상적인 표결이 불가능해지자, 이 같이 장소를 옮긴 것이다. 이날 개헌안 통과에는 이날 새벽 회의에 참석한 공화당, 정우회, 무소속 의원 122명이 가표可票를 던졌다.

회의는 새벽 2시 25분 이효상 의장의 사회로 열려 본 회의장 변경 결의를 한 뒤 미리 배치된 6개의 기표소에서 일제히 개헌안에 대한 투표를 개시, 10분 만에 완료했다.

투표가 진행되는 동안 명단을 호명하는 권효섭 의사국장의 낮은 목소리와 의원들의 발자국 소리가 날뿐 누구 하나 입을 여는 의원이 없었다.

투표가 끝나자 즉각 개표에 들어가 2시 43분 집계가 끝났으나, 이 의장은 지금이라도 야당 의원들에게 통고할 것을 종용하며 가결 선포를 늦추고 있다가 2시 50분 정각 가결을 선포했다.

개헌안이 가결되자 즉각 국민투표법을 상정, 김용진 의원으로부터 제안 설명만 듣고 토론 없이 2시 52분 만장일치로 통과시켰다.

공화당이 이렇게 의사를 진행하고 있는 동안 13일 오후 1시 59분부터 본회의장의 단상을 점거, 농성 투쟁에 들어갔던 신민회 의원들은 이를 까맣게 모르고 일부는 잠자리에 들었고 일부는 담소하고 있었다.

공화당은 모든 것을 끝낸 뒤 농성 중인 본회의장에 이 사실을 통고, 2시 53분께 신민회 김상현 의원이 고함을 지르며 제3별관으로 달려와 투표함을 부수고 의자를 뒤엎으며 통곡했다.

공화당은 11일 오후 신민회 의원들의 농성으로 정상적인 개헌안 표결이 불가능해져 본 회의가 정회된 뒤 각 상임위 별로 분산 대기했다가 14일 새벽 2시 제3별관의 뒷문을 통해 특별회의실로 집결했다.

이 의장은 14일 0시 5분 14일은 일요일로서 공휴일이기 때문에 사전에 결의 없이는 회의를 열 수 없고 따라서 본 회의는 자동 산회되었다고 농성 중인 김은하 신민회 부총무에게 통고한 뒤 일단 귀가했으며, 국회 직원들도 모두 귀가했었다.

신민회는 공화당이 개헌안을 처리한 뒤 국회 본회의장의 소회의실에서 의원 총회를 열고 사후 대책을 검토한 뒤 새벽 4시 30분 의장석과 의장실의 집기를 모조리 파괴해 버렸다.

**국민투표 법안도**

**여, 책임과 사명감 통감**
**야, 아연啞然할 신판 쿠데타** 1969 0914

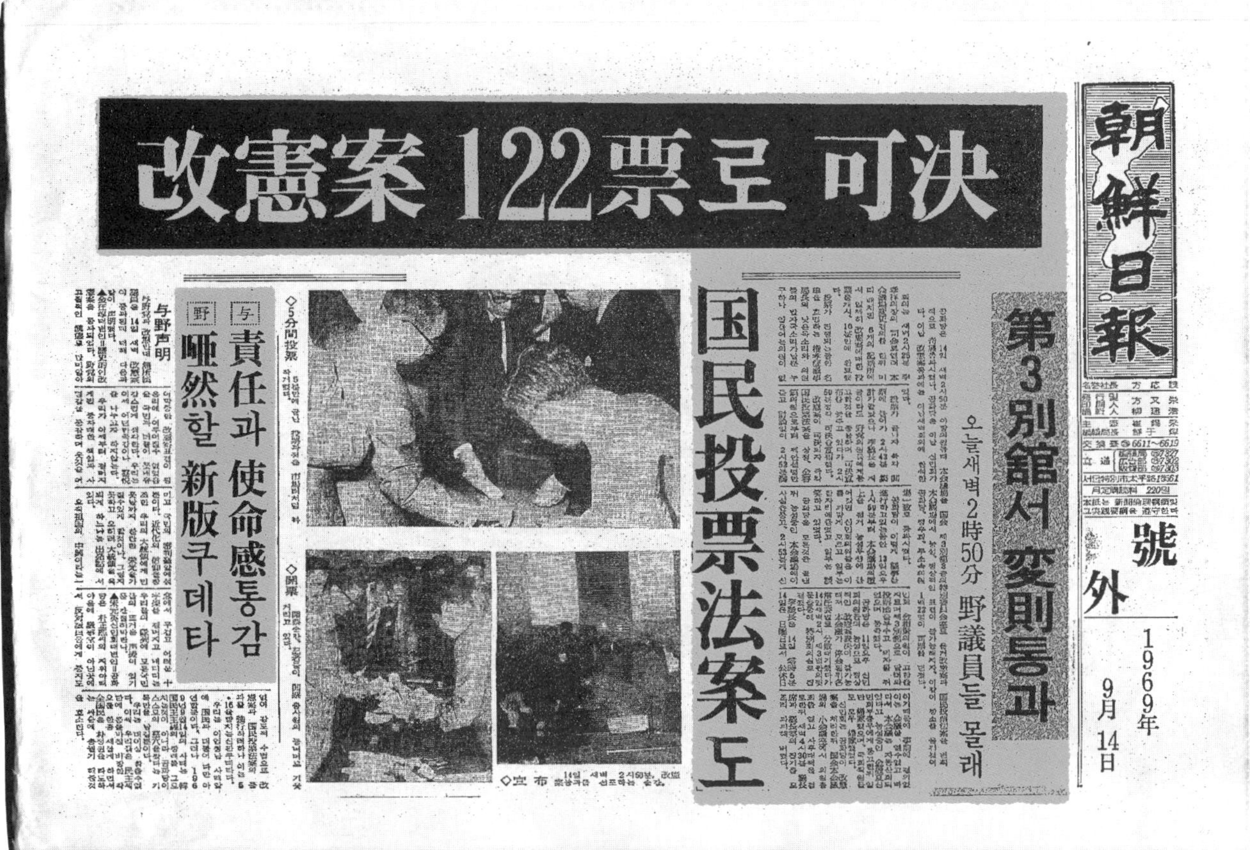
朝鮮日報

號外

1969年 9月 14日

改憲案 122票로 可決

第3別館서 變則통과

오늘새벽 2時50分 野議員들 몰래

国民投票法案도

与 責任과 使命感통감

野 唖然할 新版쿠데타

与野声明

**해설** 1960년대 후반 정계의 뜨거운 감자인 삼선개헌안이 드디어 통과되었다. 이로써 박정희 체제는 유신 체제로 가는 지름길을 닦았다. 이미 1967년 대선과 총선을 앞두고 중정부장 김형욱에게 '임자, 나 이 자리 못 내놔.' 라고 내뱉던 박정희로서는 갈 길을 가는 셈이었다.

삼선개헌은 정권 내외의 반대에 직면했다. 정권 내부에서는 내심 차기를 노리던 김종필계가 그 중심이었는데, 이미 국민복지회 사건 등을 통해 기세가 꺾인 상황이기는 했다. 또한 공화당 의장을 역임한 정구영이 강력한 반대 입장을 견지했지만, 이미 그의 집은 중정요원들에게 둘러싸인 상황이었다.

외부에서는 야당과 대학생층이 주요 반대세력이었다. 이들이 격렬하게 반대하는데도 대중적 호응은 그리 크지 않았다. 사실 4 · 19 이후 대학생과 야당의 거리정치에 대중이 광범위하게 동참하는 경우는 없었다. 1964년 6 · 3사태 당시에도 학생층의 격렬한 투쟁에 반해 일반 대중의 참여는 미미한 편이었는데, 삼선개헌 반대투쟁도 마찬가지였다.

또 하나 삼선개헌 통과에 중요한 변수는 미국이었다. 알다시피 미국이 한국 정치에 끼치는 영향은 매우 크다. 그런데 미국은 박정희 정권의 삼선개헌에 대해 가타부타 말이 없었다. 다시 말해 명시적 반대도 아니고, 그렇다고 적극 찬성하는 것도 아니었다. 아예 언급을 회피했다고 보는 것이 정확할 것이다. 삼선개헌을 한 달 앞두고 1969년 8월 박정희는 미국을 방문하여 닉슨과 정상회담을 가졌다. 사실 이 방미는 좀 특이했다. 이미 박정희는 1년 전인 1968년 4월 미국으로 날아가 존슨과 정상회담을 가진 바 있었고, 불과 1년 만에 다시 정상회담을 개최해야만 하는 긴급한 사안도 없었다. 백악관도 아닌 캘리포니아 휴양지에서 열린 정상회담은 아무래도 이상했다.

정상회담을 준비하는 미국은 한국 국내정치에 관한 부분, 즉 삼선개헌에 대해서는 철저하게 모르쇠로 일관했다. 그러나 한국정치의 특성에 비추어 미국의 모르쇠는 곧 묵인으로 통했고 결국은 승인처럼 이해되었다. 야당과 대학생층을 제외하고 별다른 반대세력이 없던 상황에서 삼선개헌안은 국회 별관에서 별나게 통과되었다. 대중적 힘을 받지 못한 의정 단상의 격렬한 투쟁(?)은 공화당의 치졸한 술수에 농락당할 수밖에 없었다.

# 40대 기수론

1969年 11月 9日 조선일보
1970年 9月 30日 중앙일보

### 신민당 체질 개선
### 김영삼 씨의 '기선 결단'과 당내 움직임

### 야당 개혁에 새 국면
### 기수 경쟁에 유례없는 격동
### 유 총재, 건강상 포기?
### 이재형-김대중-이철승 씨도 출마 의사

신민당 원내총무인 김영삼 의원은 8일 신민당의 대통령 후보 지명 경쟁에 나설 의사를 밝힘으로써 신민당과 신민당을 에워싼 정국政局의 분위기에 커다란 충격파를 던졌다. 유진오俞鎭午 총재의 건강과 관련, 새 기수 필요론이 신민당 일각에서 대두된 것은 벌써 오래된 일이고 김 의원을 포함한 몇몇 사람의 이름이 오르내렸던 것을 감안하면 김 의원의 태도 표명이 뜻밖이라는 말할 수 없으나 그 시기, 그 방법 등이 대담하고도 폭탄적인 요소를 지니고 있는 것을 사실이다. 김 의원의 선언은 후보 경쟁에 기선機先을 제압하는 것으로 볼 수 있으며, 지지부진한 상태에 있는 이른바 신민당 개혁 작업에 새로운 국면을 초래할 것은 명백하다. 보기에 따라서는 김 의원의 이번 선언은 그 자신의 정치적 진로에 대한 것일 뿐 아니라 야당 개혁 그 자체에 대한 것으로도 볼 수 있다. (중략)

이런 현상은 20년 야당가의 권위주의에 대한 도전이며 이것이 실현되는 경우 집권당이 60년대 초반에 이룩했던 40, 50대 교체가 이룩되는 획기적인 일로 해석할 수 있다.

그러나 이러한 기수 경쟁이 이른바 정상적인 정당의 분위기 속에서 공정하게 이루어지기는 어렵게 되어 있는 것이 어쩔 수 없는 신민당의 현실이다.

김 의원의 선언은 즉각적으로 당내에 상당한 반발과 환영을 동시에 불러일으켰고 원내 문제와 당 체질 개혁이라는 커다란 암초에 부딪혀 있는 것이다. 1969 1109

### 신민 대통령 후보
### 김대중 씨 지명

신민당은 29일 유진산柳珍山 당수의 공식 추천을 뒤엎고 김대중 씨를 투표 끝에 대통령 후보로 지명했다. 김대중 씨는 2차 투표에서 1차 투표 결과를 역전시켜 대의원 884명 중 458표로 과반수인 443표를 15표 넘어 지명전에 승리했다. 투표는 1차에서 총투표 885표 중 김영삼 421표, 김대중 382표, 백지白紙 78표, 기타 4표였으며, 2차에서는 884표 중 김대중 458표, 김영삼 410표, 기타 16표로 역전된 것이다.

### 2차 투표서 역전 458표
### 김철승 씨 표 가세로 김영삼 씨 410표로 패배

지명 결과는 유 당수의 추천이 뒤집혀졌다는 데서 심각한 문제를 남겼으며 오는 11월 전당대회를 열어 당 지도부 개편을 치르게 됐다.

서울 시민대회에서의 지명전 역전은 1차에서 백지투표를 했던 이철승 씨 지지 세력이 모두 김대중 씨로 행동을 통일했기 때문이다.

지명전은 주류인 진산계와 비주류인 반진산 연합 전선의 싸움이 됐고, 결국 반진산 연합이 승리한 셈이다.

유 당수는 김대중 씨가 대통령 후보로 선출된 것은 '나보다는 대의원들의 관찰이 현명한 것으로 보며 결코 당의 손상이 아니다.' 라고 말하고 '국민에게 참다운 우국지성憂國至誠을 보여 주는 첫 발짝' 이라고 말했다.

한편 패자인 김영삼 의원은 '김대중과 함께 정권교체의 기수로서 거제도건 제주도건 함께 다니며 역사적 사명에 최선을 다하겠다' 고 말했다. 1970 0930

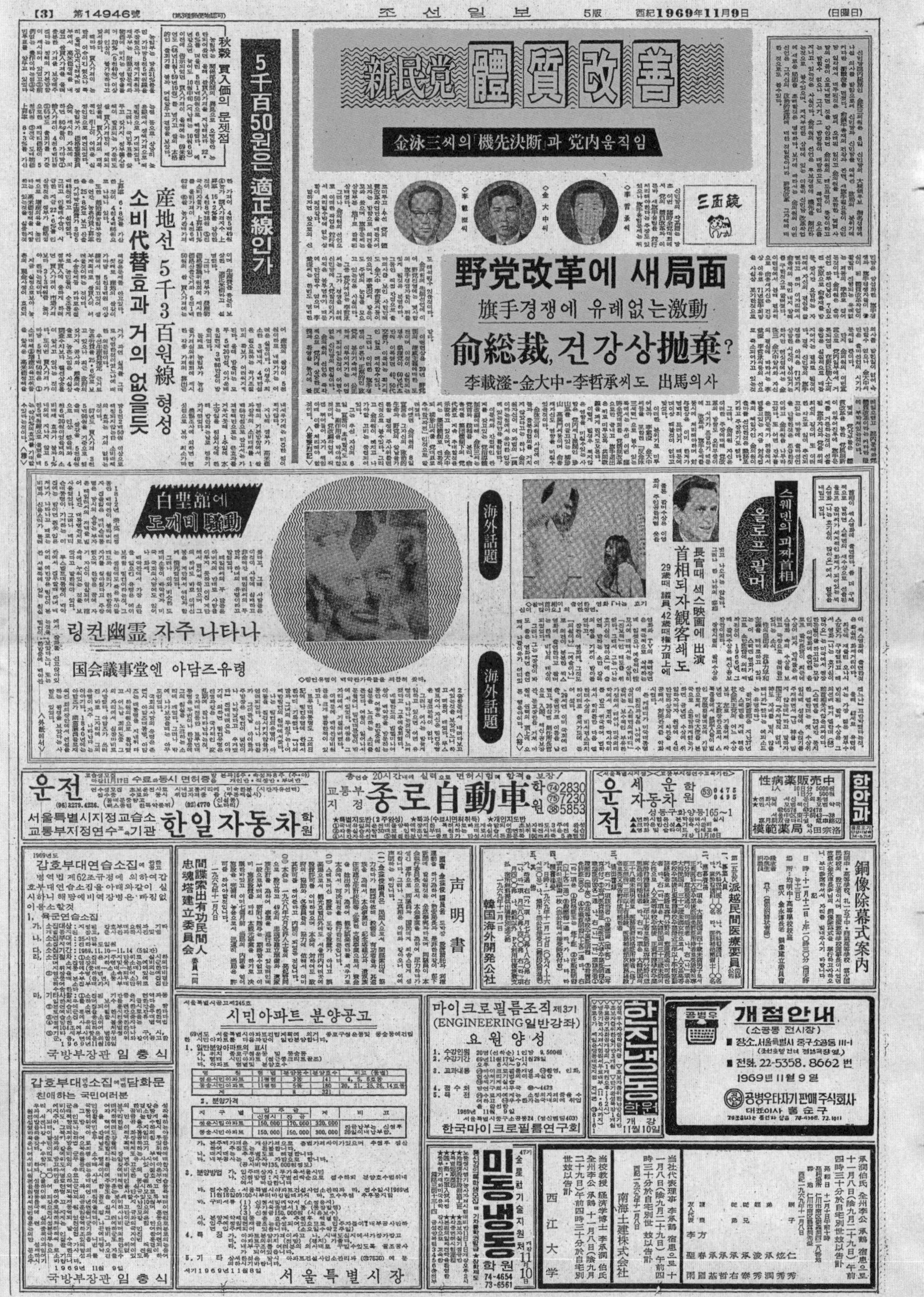

【3】 第14946號 조선일보 5版 西紀1969年11月9日 (日曜日)

# 新民党 體質改善

金泳三씨의「機先決斷」과 黨內움직임

三面鏡

# 野党改革에 새局面

旗手경쟁에 유례없는激動

俞總裁, 건강상抛棄?

李載瀅-金大中-李哲承씨도 出馬의사

# 5千百50원은 適正線인가

秋穀 買入價의 문제점

産地선 5千3百원線 형성

소비代替효과 거의 없을듯

海外話題

白堊館에 도깨비騷動

링컨幽霊 자주 나타나

国会議事堂엔 아담즈유령

스웨덴의 괴짜首相

울로프 팔머

長官때 섹스映画에 出演

首相되자 觀客쇄도

29歲때 議員 42歲때 權力頂上에

운전 한일자동차학원

교통부지정 종로自動車학원

운전 세운자동차학원

性病藥販賣中 橫範藥局

한약과

갑호부대연습소집

국방부장관 임충식

갑호부대소집에 대한 담화문

친애하는 국민여러분

국방부장관 임충식

忠魂塔建立委員会

声明書

韓国海外開発公社

派越民間医療要員

銅像除幕式案内

시민아파트 분양공고

서울특별시장

마이크로필름조직 제3기 (ENGINEERING일반강좌) 요원양성

한국마이크로필름연구회

한진냉동학원

개점안내 (소공동 전시장)

■ 장소. 서울특별시 중구소공동 111-1

■ 전화. 22-5358. 8662 번

1969년 11월 9일

공병우타자기판매주식회사

미동냉동학원

西江大学

南海土建株式会社

(1) 第1557號 1970年9月30日 水曜日

# 中央日報

# 國政監査 1일부부터

共和 安保·民願 新民 經濟문제·減軍중점

## 新民 大統領후보 金大中씨 指名

2차投票서 逆轉 4百58票

金泳三씨 4百10票로 敗北

## 金후보 民權勝利를 다짐

野黨의 「經濟通」 노력형 組織人

## 政經力量 相扶를

## 駐韓美軍撤收한대 裝備는 韓國에 이양

## 40代格上 「黨權版圖」에 새樣相

指名大會 그뒤

## 黨務앞날은 柳黨首 選擧에의 黨力集注能力에

## 中東均衡 변화 憂慮

美·英·이스라엘등 緊急會議

## 尹潽善씨를 訪問

## 愛讀者 촬영대회



1970年 9月 30日 중앙일보

해설

1960년대 야당은 나이든 원로 정치인들이 좌지우지했다. 유진오, 유진산이 대표적 인물이다. 이들은 서열과 권위를 대단히 중시했다. 사실 한국 야당의 뿌리는 미 군정기 창당된 한국민주당이었는데, 그 주축은 김성수로 대표되는 대지주와 자산가들이었다. 이들은 '유조有祖하야 유부有父거늘' 식으로 연배에 따른 전통적 서열관계 아래에서 편안함을 느끼는 자들이었다. 물론 그들에게 정작 중요한 것은 연배라기보다 서열이었다.

1960년대 말 윤보선, 유진산, 유진오 등이 사실상 은퇴 압력을 받으면서 야당가에 세대교체는 자연스러운 화제였다. 그것을 인물로 대변한 것이 김영삼과 김대중이었다. 두 사람은 단지 개인이 아니라 야당의 오랜 계보적 갈등구조를 반영한 존재이기도 했다. 1960년 민주당 창당과 함께 시작된 구파와 신파의 대립이 양김의 대결로 연결된 것이다. 장택상의 비서로 정치를 시작한 김영삼은 자연스럽게 구파로 연결되었고, 김대중은 신파로 기울었다. 두 사람은 계파별 대결에 개인적 정치 경쟁까지 더해져 야당가의 대표적 라이벌이 되었다.

1971년 대통령 선거는 두 사람의 라이벌 관계의 이정표가 될 만했다. 누가 후보가 되는지에 따라 앞으로 야당 권력의 패권이 결정될 가능성이 매우 높았다. 이 중요한 순간에 두 사람이 들고 나온 것이 40대 기수론이었다.

야당의 40대 기수론은 철 지난 것이기도 했다. 신문기사에서 확인할 수 있듯이 박정희 정권의 주축은 4, 50대였다. 1963년 대통령 선거에서 이미 박정희는 세대 간 대결을 강조했다. 즉 윤보선을 연로한 양반, 지주 출신의 수구세력으로 규정하고, 자신을 새롭고 젊은 세대의 대표로 내세웠다. 그러나 당시 박정희는 구세대를 수구–특권층–양반 세력으로 몰아붙이며 자신을 근대화 세력으로 자리매김하고자 했다. 요컨대 단순 세대 교체론은 아니었다.

그러나 야당의 40대 기수론은 정치적 내용에서 차별성이 매우 약했으며 단순 세대교체 주장에 가까웠다. 40대 기수론은 당 개혁을 바라는 대중적 압력과 결합되어 김대중을 대통령 후보로 만들기도 했지만, 이후 양김의 대결은 야당의 고질적 계파정치를 반복하는 것이었다. 더구나 한번 교체된 야당 권력은 역설적으로 더 이상의 세대교체를 극히 곤란하게 만들었다. 양김 정치는 21세기까지 교체될 조짐을 보이지 않았다.

# KAL기 납북

1969年 12月 12日 조선일보
1970年 2月 16日 조선일보 호외

**강릉 발 KAL기 납북**
**탑승자 51명 원산으로**
**YS-11기 어제 낮 12시 25분 서울 오다가**

11일 낮 12시 25분 강릉 비행장을 떠나 서울로 오던 대한항공(KAL) 소속 국내선 YS-11기(등록번호 HL5208, 비행번호 820)가 47명의 승객과 기장 유병하柳炳夏(38, 영등포구 구로동 236) 씨 등 4명의 승무원을 태운 채 북괴에 납북됐다. YS-11기는 이날 오후 1시 10분 김포공항에 도착할 예정이었으나 오후 1시 30분까지 연락이 안 되어 교통부 김포공항 운항실에선 오후 1시 35분 동 기가 휴전선을 벗어난 것을 확인하고 원산에 착륙한 것으로 보고 있다.

**민항으론 두 번째…불순분자, 무기로 조종사 위협한 듯** 1969 1212

**간첩 조창희의 단독 범행**
**밝혀진 KAL기 납북 경위**
**이륙 후 두 조종사에 권총 협박**
**대관령서 동해 거쳐 북상…북괴기 2대 호위**
**귀환자 회견**

66일 만에 자유의 땅에서 첫 밤을 지낸 KAL기 납북 송환자 39명은 15일 오후 3시 합동기자회견을 갖고 탑승자 51명 중 승객의 한 사람이었던 조창희趙昶熙(속초시 영랑동 28)가 간첩이었으며 지난해 12월 11일 KAL기가 강릉 비행장을 떠나 대관령 상공에서 북으로 기수機首를 돌리게 한 것은 조의 단독 범행이었음을 밝혔다. 이날 회견에서 승객 최동희(34, 강릉시 옥천동) 씨는 지난해 12월 11일 낮 12시 25분 YS-11기가 강릉 비행장을 이륙한 후 대관령 상공에서 기수를 일단 동해 쪽으로 돌렸다가 다시 북상했다고 말했고, 김진규(40, 통신부 회계과) 씨는 '간첩 조가 맨 앞 좌석에 앉아 있다가 비행기가 이륙한 후 일정한 고도에 상승했을 때 갑자기 벌떡 일어나 조종실 문을 열고 들어가는 것을 목격했다' 고 그날 납북 순간을 증언했다.

납북 승객 중 손호길(29, 강릉시 호남동 124) 씨는 북괴로부터 전기고문과 약물 마취주사를 맞고 입이 굳어버린 채 말 한마디 하지 못하는 불구가 되어 돌아온 참상도 밝혀졌다.

**조趙 세단타고 사라진 후 못 봐**
**승객 걱정한 스튜어디스…'갖고 있는 증명 찢어라'**
**창백한 조종사, 수건으로 눈 가려** 1970 0216

**해설** 분단은 남북 간의 강제 단절이자 강제 통행이기도 했다. 즉 어떠한 의미에서 분단은 절대적 단절이 아니었다. 단절 속의 '통행'은 주로 권력과 힘의 논리에 좌우되는데, 은밀한 첩보활동을 통해 때로는 공개적 대화방법을 통해 그리고 가끔은 납치라는 방식으로 그들만의 특수한 통행방식을 관철시켰다.

남북의 일반적 단절과 특수한 통행은 육해공을 가리지 않았지만, 특히 항공기는 그 특성상 상징적 의미가 컸다. 하이재킹은 오랫동안 테러리즘의 대표적 수단이었다. 1969년 KAL기 납북은 1958년 KNA 납북에 이어 두 번째 사건이었다. 남북 간 사건 대부분이 그렇듯이 이 사건 역시 남북의 입장이 정반대였다. 북한은 조종사들의 '의거 월북'이라고 주장하고 조종사 환영대회까지 개최했지만, 귀환 승객들의 증언에 따르면 조창희의 단독 범행이었다고 했다. 결국 국제적십자사 등을 통해 송환교섭 노력을 기울이면서 사건 발생 66일 만에 승객 39명은 돌아왔지만, 승무원 4명과 승객 7명 등 11명은 끝내 귀환하지 못했다. 이 중 여승무원 성경희, 정경숙은 '구국의 소리' 방송에서 일하고 있는 것으로 알려졌는데, 성경희 씨는 2001년 이산가족 상봉을 통해 금강산에서 모친을 만나기도 했다. 그러나 나머지 9명의 행방은 현재까지 알려진 바가 없다.

강제 단절로 수백만이 이산가족이 된 반면, 강제 통행을 통해서도 적지 않은 이산가족이 만들어진 역설 속에 한반도의 육해공은 여전히 치열하다.

# 朝鮮日報

西紀1969年12月12日 (金曜日)

## 江陵発 KAL機 拉北

### 搭乗者51名…元山으로

YS-11機 어제낮 12時25分 서울 오다가

民航으로 두번째…不純分子, 武器로 操縦士위협한듯

〈搭乗者들〉

朴大統領지시 年2回 精密히

国営업체 各部長官混成감사

「休戦線넘는것」확인



1969年 12月 12日 조선일보

# 朝鮮日報

號外 7版 1970年 2月16日

## 間諜 趙昶熙의 単独犯行

### 밝혀진 KAL機 拉北経緯

帰還者 会見

### 離陸후 두操縦士에拳銃협박

大関嶺서 東海거쳐 北上…北傀機2臺 호위

趙 세단타고 사라진후 못봐

乘客걱정한 스튜어디스…갖고있는 証明찢어라

창백한 操縦士, 수건으로 눈가려

検疫후 오늘帰家

相当数의 患者있을듯

1970年 2月 16日 조선일보 호외

# 정인숙사건

1970年 3月 20日 동아일보

**오빠 범행으로 단정**
**감정 결과 팔소매에 화약 흔적**
**병원서 철야 심문, 권총 출처 등 추적**
**자가용 속 살인사건**

한강 강변3로 자가용차 안 권총살인사건을 수사 중인 경찰은 죽은 정인숙 양의 오빠 정종욱 씨(34, 운전사)가 운전할 때 끼었던 장갑과 웃저고리 소매에서 화약흔이 검출됐다는 국립과학수사연구소의 감정 통보에 따라 일단 정 씨를 범인으로 단정, 특히 범행 동기를 추궁 중이다.

(중략)

경찰은 가장 문제가 되어있는 이 사건의 범행동기에 대해 ① 정 씨는 빚이 많고 돈에 쪼들려온 데 비해 인숙 양은 호화스러운 생활을 해왔으며 ② 또 정 씨는 가족 중에서 따돌림을 받은 데다 인숙 양의 운전사 노릇을 하며 푸대접을 받아와 열등의식을 가졌고 ③ 누이동생의 방종한 생활에 분노를 느낀 끝에 이루어진 계획적인 근친 살해로 보고 이 같은 점에 대한 자백을 얻기 위해 서울지검 최대현 검사 지휘 아래 마포경찰서 성악희 형사과장이 6명의 수사원을 대동 직접 심문하고 있다. 1970 0320

**해설**

한 여인의 죽음과 함께 박정희 정권기 최고의 스캔들이 터졌다. 1970년 3월 17일 자정이 가까운 시각 절두산 성지 부근 코로나 자동차에서 두 발의 총상을 입은, 밍크코트를 걸친 미모의 여인이 시체로 발견되었다. 그녀의 이름은 정인숙(본명 정금지), 검찰과 경찰은 살해자로 그녀의 오빠 정종욱을 지목했다.

정인숙은 대구 출신으로, 고위 공무원의 딸이었다. 서울에서 대학을 나온 뒤 미스 코리아, 영화배우 등을 꿈꾸다 여의치 않자 요정 호스티스로 진로를 바꾸었다. 훤칠한 키와 타고난 미모에다 능숙한 영어회화와 화술로 곧 장안 최고의 '콜걸'로 떠올랐다. 당대 최고의 요정인 선운각, 옥류장 등에서 그녀의 인기는 하늘을 찌를 듯 했고 자연스럽게 정계, 재계, 영화계의 거물들과 어울렸다. 사후 그녀의 집에서 나온 수십 장의 정관계 고위층 명함은 그녀의 교제 범위와 수준을 그대로 보여주는 것이었다. 1960, 70년대 권력의 역사는 밤, 그것도 요정의 밤에 이루어졌다.

그녀에게는 세 살 된 아들(정성일)이 하나 있었는데 항간의 소문으로는 고위 관료, 즉 당시 국무총리인 정일권의 핏줄이라는 소문이 파다했다. 박근혜의 증언에 따르면, 박정희, 육영수도 이 사실을 알고 있었는데, 정일권이 사표를 들고 와 정인숙과의 관계는 맞지만 살인은 하지 않았다고 눈물로 읍소해 그냥 넘어갔다. 후일 정성일은 정일권을 상대로 친자확인 소송을 냈다가 돌연 한 달 만에 취소하는 해프닝을 벌였다. 80만 달러를 받고 그랬다는 소문이 자자했다.

범인으로 지목된 오빠 정종욱은 정인숙의 매니저 겸 운전사였는데, 살인 혐의로 19년 수감생활 끝에 출소하여 자신은 범인이 아니라고 주장했다. 그는 '정 총리 심부름'이라고 밝힌 괴한 두 명이 범인이라고 지목했다. 또한 정성일은 정일권의 아들이 맞고, 매주 찾아와 아들을 안고 즐거워했다고 증언했다. 살인 혐의를 인정한 허위 자백은 '성일이 아버지'가 뒤를 봐준다고 했다는 부친의 설득과, 살해당할지 모른다는 공포에 의해서였다고 한다.

정인숙 사건은 최고의 스캔들인데도 많은 부분이 철저하게 베일에 가려 있다. 아직까지 그 범인도 오리무중이며, 정성일의 생부도 확인되지 않았다. 무서운 것은 살인사건 자체보다 그 사건을 묻어버리는 권력의 위력이었다. 특히 1971년 대통령 선거를 코앞에 둔 상황에서 이 스캔들은 권력의 철저한 통제와 관리로 묻혀버렸다. 그러나 사실로 확인되지 않았을 뿐 이미 그 사건의 모든 것은 '대중지성'에게 잘 알려진 것 또한 사실이다. 박정희 정권의 요정 정치, 안가 정치는 이미 유명한데 그의 마지막도 역시 궁정동 안가였고 그를 임종한 것도 역시 안가에 불려온 여성들이었다. 평균 사흘에 한 번꼴로 이러한 술자리를 가졌다는데, '채홍사' 역할을 맡은 박선호의 증언에 따르면, '달력에 나오는 미녀들은 모두 한 번 이상씩 다녀갔다.' 정인숙 사건에도 불구하고 박정희 정권의 '여성 편력'은 끝나지 않았고, 정인숙은 달력을 넘어 역사에 길이 그 이름을 남기게 되었다.

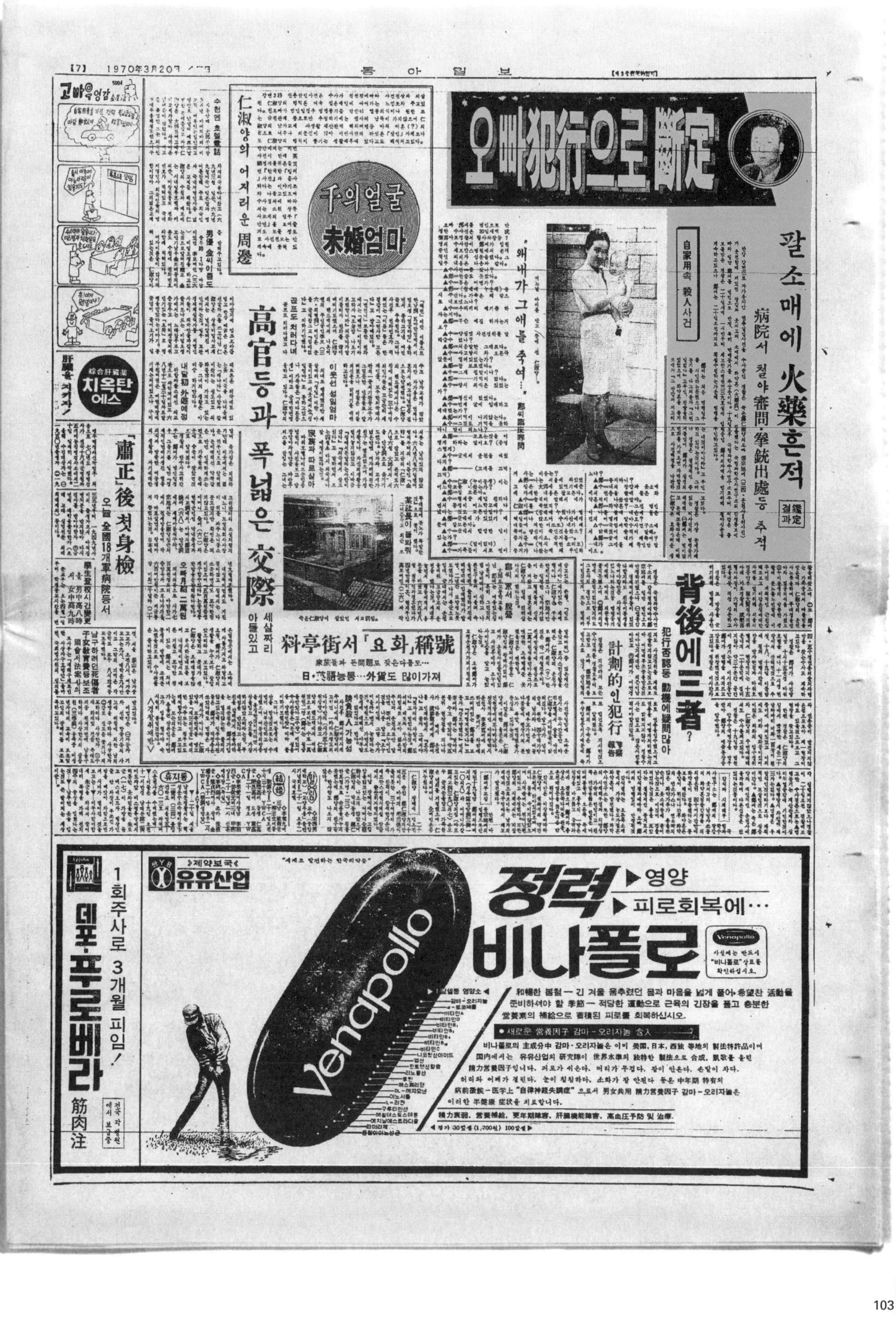

# 오빠犯行으로 斷定

## 팔소매에 火藥흔적

病院서 철야審問·拳銃出處등 추적

鑑定결과

自家用속 殺人사건

"왜 내가 그애를 죽여…"

## 仁淑양의 어지러운 周邊

千의 얼굴 未婚엄마

## 高官등과 폭넓은 交際

세살짜리 아들있고

料亭街서「요화」稱號

家族들과 돈問題로 잦은다툼도…

日·英語능통…外貨도 많이가져

## 背後에 三者?

犯行否認등 動機에 疑問많아

計劃的인 犯行

## 「肅正」後 첫身檢

오늘 全國18개軍病院등서

고바우영감

# 와우시민아파트붕괴

1970年 4月 8日 경향신문

**와우 시민어파트 붕괴 참사**
**11명 압사壓死 · 20여 명 매몰埋沒**
**오늘 아침 34명 부상…구조 작업 부진**

8일 상오 6시 반쯤 서울 마포구 창천동 산2 와우 시민아파트 15동 건물(5층, 연 350평)이 폭삭 무너져 아파트 입주자 14가구 65명 중 61명과 아파트 아래 민가 3동에 살던 12명 등 도합 70여 명이 깔려 이날 하오 2시 현재 11명이 사망, 84명이 부상한 채 구출, 나머지 20여 명이 깔려 있다(대책본부 발표). 무너진 시멘트 콘크리트 더미 속에 갇혀 있는 사람들은 구출 작업이 부진하여 구출이 절망, 대부분 압사한 것으로 보인다.

**기초공사 허술해**
**제13동도 도괴倒壞[1] 위험**

(중략)

와우아파트 붕괴사건 합동대책본부는 이 붕괴 사고를 ①기초공사가 허술했고 ②해빙기를 맞아 얼었던 흙이 풀리면서 지반이 흔들렸으며 ③15일전부터 아파트 방축 공사를 한다고 기초가 허술한 여파로 밑바닥이 드러날 정도로 흙을 파헤쳐 기반이 더욱 약해진 탓으로 분석했다.

무너진 15동은 가로 40센티미터 세로 50센티미터 높이 3미터의 기둥 7개를 떠받쳐져 있었는데 1개의 기둥에 들어간 철근은 지름이 1센티미터짜리가 6개뿐이라는 것이 밝혀졌다. 1970 0408

[1]무너짐

**해설** 준공 넉 달도 안 된 아파트가 갑자기 무너져 30명이 넘는 사람이 죽었다. 더 황당한 것은 이 아파트가 불과 6개월 만에 지어졌다는 점이다. 6개월 만에 뚝딱 지은 아파트가 4개월도 안되어 폭삭 무너졌다. 삼풍백화점과 성수대교 이전에 이미 붕괴의 역사가 시작된 것이다.

서울은 늘 만원이었다. 조선시대 흉년이 들면 기아에 내몰린 사람들은 더 나은 구휼을 찾아 큰 도읍이나 한양으로 모여들곤 했지만, 조정의 철저한 통제책으로 최고일 때에도 20만을 넘지 않았다. 그러나 근대 이후 모든 족쇄는 풀렸고 일제시기 서울 인구는 80만에 육박했다. 해방과 전쟁을 거치고 특히 1960년대 이후 본격적 산업화, 도시화와 함께 서울은 블랙홀처럼 사람들을 빨아들였다.

그러자 각종 도시문제가 불거졌다. 그 중에서도 주거는 가장 골치 아픈 문제였다. 없는 사람들은 살 곳을 찾아 산으로 올라 달동네를 만들거나 냇가로 내려가 천변 판자촌을 형성했다. 이러한 상황은 권력에게 '도시 미관'상 보기 좋은 것이 아니었다. 또한 대선을 코앞에 둔 정권에게는 주택문제에 사회적 불만이 느는 것이 근심거리였다. 또 다른 면에서도 수십 수백만의 도시빈민을 정권은 위협적으로 받아들였다. 박정희는 부산 계엄사령관으로 4·19를 경험했으며 도시 하층민의 봉기 가담에 커다란 공포를 갖고 있었다.

이러한 이유로 권력은 도시빈민 문제를 '해소'하기로 결정했다. 방법은 두 가지였다. 하나는 서울 안에 값싼 주택을 대량 공급하는 것과 함께 서울 밖에 집단 이주단지를 조성하여 쫓아내는 것, 요컨대 포섭과 배제의 이중책을 구사했다. 전자의 대표가 시민아파트이고, 후자는 광주대단지였다.

정권 핵심부의 근심을 정권 말단부는 기회로 전환시켰다. 시민아파트 사업을 통해 떡고물을 만지려는 공무원들이 달려들었고, 건설업자와 관료 간의 잘못된 만남은 엄청난 불행의 씨를 잉태했다. 280킬로그램의 하중을 견딜 수 있는 기둥에 900킬로그램의 건물을 얹힌다든지 70개가 들어가야 될 철근을 5개로 줄인, 말도 안 되는 일이 벌어진 것이다. 요컨대 붕괴될 것을 뻔히 알면서도 공사를 진행하고 사람들을 입주시키고 사고 이후에는 사고 대책을 세우고 사고 처리를 한 것이다. 이것은 국민의 생명과 안전을 보장해야 될 국가가 업무상 과실을 넘어 살인을 저지른 것에 가까웠다.

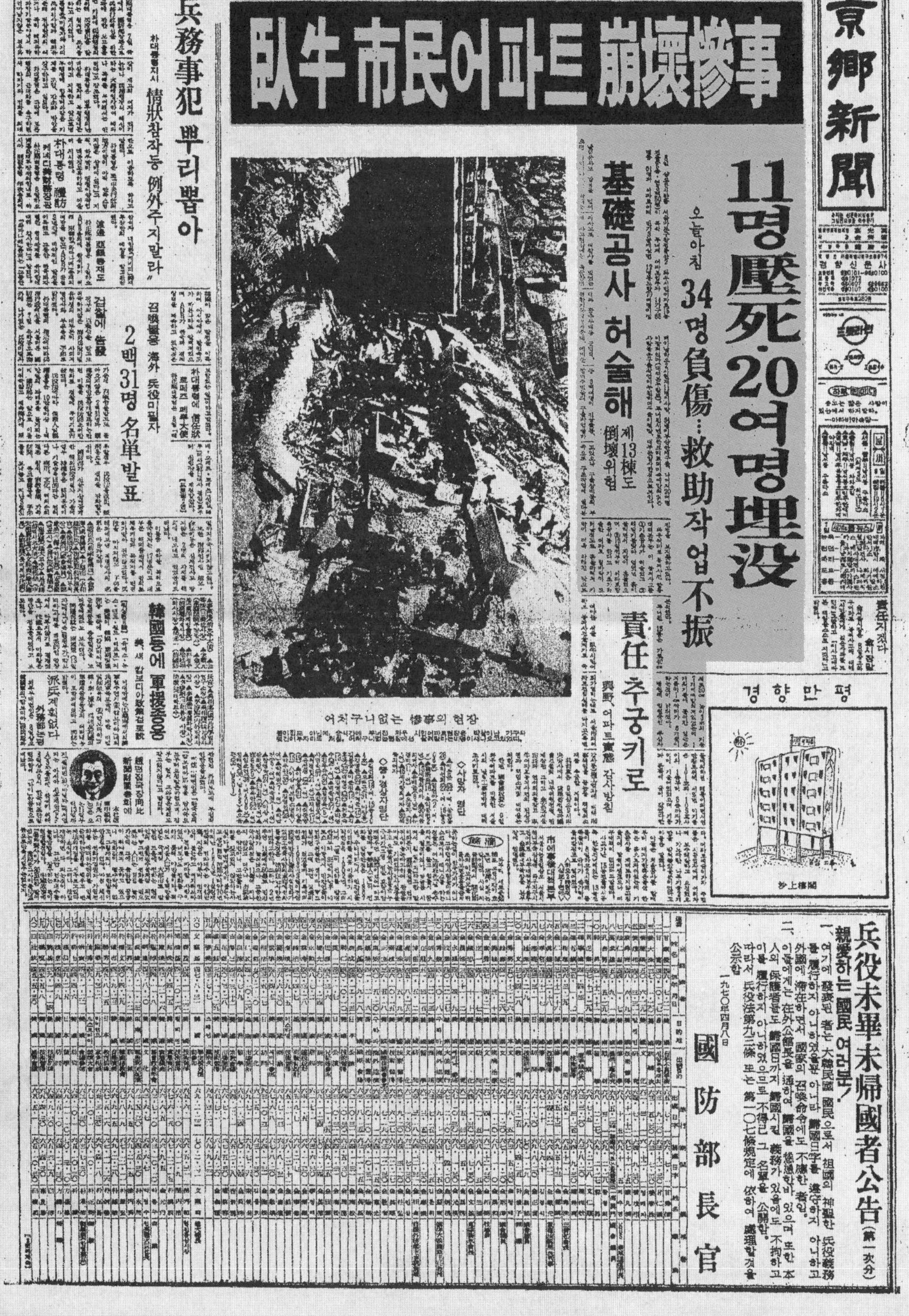

[1] 제7539호 The Kyunghyang Shinmoon 서기1970년4월8일 (수요일) (2판) [일간]

京鄕新聞

# 臥牛 市民어파트 崩壞慘事

## 11명壓死·20여명埋沒

오늘아침 34명負傷…救助작업不振

### 基礎공사 허술해

제13棟도 倒壞위험

### 責任 추궁키로

與野, 어파트實態 조사방침

어처구니없는 慘事의 현장

### "兵務事犯 뿌리뽑아

朴대통령지시 情狀참작등 例外두지말라"

### 2백31명 名單발표

海外 兵役미필자

검찰에 告發

韓國등에 軍援중

경향만평

沙上樓閣

## 兵役未畢未歸國者公告(第一次分)

親愛하는 國民 여러분!

一、여기에 發表된 者는 大韓民國 國民으로서 祖國의 神聖한 兵役義務를 履行하지 아니하거나 歸國日字를 遵守하지 아니하고 外國에 滯在하면서 國家의 召集命令에도 不應한 者입니다.

二、이들에게는 在外公館長을 通하여 歸國을 督促한바 있으며 또한 本人의 保護者들로 歸國日까지 歸國시킬 義務가 있음에도 不拘하고 이를 履行하지 아니하였으므로 不得已 그 名單을 公開합니다.

따라서 兵役法第九三條 또는 第一〇七條規定에 依하여 處理할것을 公示함

一九七〇年四月八日

國防部長官

# 새마을운동

1970年 4月 22日 경향신문
1972年 3月 7日 경향신문
4月 28日 조선일보

**용수시설 관리 철저히**
**박 대통령 한수해旱水害 대책회의서 지시**

정부는 22일 상오 중앙청에서 한수해 대책회의를 소집, 지하수 개발과 용수 시설 점검 등 다각적인 대책을 협의했다.

(중략)

박 대통령은 또 "도로, 농업, 용수 개발 시설, 교량 및 시민아파트 등 설계와 시공, 준공에 이르기까지 사전사후 관리를 철저히 하라."고 말하고 "아파트는 특히 서민들이 살고 인명과 관계가 있으니만큼 그 관리에 철저를 기하라."고 강조했다. 박 대통령은 이밖에 ① 밭으로 전환한 천수답이 수도작水稻作보다 못한 부분에 대해서는 앞으로 5년간 보상하고 ② 각 부락 단위로 향토예비군이 중심이 되어 새마을 또는 알뜰한 마을 가꾸기 운동을 전개하며 ③ 부락 단위로 소방시설을 갖추어 산불을 미연에 방지하라고 아울러 지시했다. 1970 0422

**새마을 운동, 범국민적으로**
**박 대통령, 지방장관회의서 유시諭示**
**국난 극복에 공동 운명 의식**
**점화된 농촌 의욕 지원**
**올해 3000억 투자 5년만 계속하면 자립**

박정희 대통령은 7일 상오 중앙청에서 열린 올해 첫 지방장관회의에서 유시를 통해 '새마을운동은 농촌운동으로서만이 아니라

用水시설관리 철저히
朴대통령 旱水害대책회의서 지시
韓國軍부담 늘어
蘇, 經濟정책 失敗自認
브레즈네프演說
國防力 계속强化
對中共관계改善노력
5월1일부터 連載

도시에서도 실시되어야 한다'고 말하고 '새마을운동의 범국민적 운동'을 제창했다. 박 대통령은 '이번 연두年頭지방관서 순시를 통해 지난해부터 벌이고 있는 새마을운동이 전국각처에서 불붙어가고 있는 것을 보고 고무되었다'고 말하면서 '자조, 자립, 협동의 새마을 정신을 삼위일체로 하여 도시에도 불붙여나가는 운동으로 전개해야 한다'고 강조했다. 박 대통령의 유시는 전국 TV 라디오망網을 통해 이날 전국에 특별방송됐다. 1972 0307

서기1970년4월22일 (수요일) (2판) [월간]

京鄕新聞

論조정腐心하는 新民黨

內外투쟁 並行論 우세

打開방안모색

멀지않아

柳黨首 院內

아시아安保에 긴밀協調

1970년 4월 22일 경향신문

1972년 3월 7일 경향신문

[1] 제8133호 The Kyunghyang Shinmoon 서기1972년3월7일 (화요일) (2판) [월간]

京鄕新聞

# 새마을運動 汎國民的으로

朴대통령, 地方長官會議서 指示 國難극복에 共同運命意識

點火된 農村意慾 지원

올해 3천億投資 5년만 계속하면 自立

敎育은 安保觀·生産에 重點

朴대통령 指示

"篤農家에 融資특혜"

80회 臨時國會 개회

白議長, 正常化위한 努力 촉구

共和, 常委도 不參

"政治的交流 안해"

北傀와…學術·스포츠등만 交驩

市銀民營化계획 白紙化

異見많아 具體的作業 중단

8월14일 戒嚴해제

파키스탄 議會는 4월14일召集

"中共의 臺灣領有주장 충분히 理解"

경향만평

驛馬車 時代

제품의 특징

제품의 용도

1972年 4月 28日 조선일보

【7】 第15708號 (陰曆 3月15日 己丑) 조선일보 9版 西紀1972年4月28日 (金曜日)

"새마을事業으로 民俗文化財 훼손없게"

"迷信이다" 서낭당 모두 헐어

「장승」保護令

地方官署 책임 管理지시

귀중한 傳統文化의 유산

老人들 保護에 앞장

◇…里의 장승群.

단순 強盜殺人으로 搜査

新婚夫婦 피살사건 같은旅館 投宿客 추적

◇주인 잃은 결혼사진

婚前 愛人은 알리바이 成立

丁여인은 男子관계 복잡

登校길 朴大統領이 치료비 傳達

경관轢傷 빵소니

犯人검거 충격에 카빈 택시속으로

변심愛人에 硝酸세례·重傷

差別싫어 韓國학교로

메이퀸 殺害 李相均피고에 抗訴審서 無罪선고

李壽榮대사 遺骸 還國

「3億원짜리 保手」주워준 謝禮 6千萬원 補償 소송

壬辰乱 귀중文獻 발견 藏書閣서 「槐院謄錄」 11책

피고全員有罪

두꺼비

헤스탈

**'장승' 보호령**

**충남도경 지방관서 책임 관리 지시**

**"새마을사업으로 민속문화재 훼손 없게"**

**"미신이다" 서낭당 모두 헐어**

사라져가는 우리나라 농촌의 유일한 민속문화재 장승長栍 특별 보호령이 내려졌다. 허례허식 일소를 위해 미신의 상징인 서낭당, 산신당, 솟대蘇塗 등 일제 철거를 지시한바 있는 충남도경은 27일 이것은 미신과 관계없는 희귀한 민속문화재임을 재인식하고 전 경찰서에 장승을 보호하도록 특별지시를 했다.

도경은 이 지시에서 ① 연기군 전의면 대곡리 한작골 ② 청양군 대치면 대지리 말티고개 ③ 아산군 송악면 종합리 ④ 연기군 전의면 읍내리 등에 남아있는 돌이나 나무로 만든 장승들을 지적, 경찰서장, 군–읍–면–이장 책임아래 울을 치고 보호 관리하라고 했다.

충남도경은 지난 3월 28일 도내 일원에 서낭당 소탕령을 내려 297개의 각종 서낭당을 철거했는데 일부 마을에서 장승도 서낭당의 일종으로 보고 철거하려 하자 다시 장승보호령을 내린 것이다.

이밖에 서낭당 등 고유한 민속사료인 돌무덕도 전국적으로 헐리고 있다. 작년 말부터 경찰의 지시로 시작된 서낭당 철거작업은 강원도 삼척, 고성 등 3개 군에서 7개 소의 서낭당이 폐쇄되었고 충북은 단양 등 5개 서낭당이 헐려 어린이놀이터, 마을 중산회관등으로 바뀌었다. 1972 0428

**해설** 박정희 정권 최대 업적 중의 하나라고 주장하는 새마을운동이 등장했다. 운동은 기사에 나오듯이 1970년 4월 한해대책 지방장관 회의를 주재한 박정희의 연설에서 비롯됐다. 그 후 1971년 전국의 모든 마을에 시멘트 335포대가 일률적으로 지원되면서 본격적으로 운동이 펼쳐졌다. 그러나 운동의 기원은 더 거슬러 올라간다. 국가 주도로 농민층을 광범위하게 동원하려던 첫 번째 시도는 1930년대 초반 일제의 농촌진흥운동을 들 수 있다. 박정희는 권력 장악 직후부터 농민층 동원에 신경을 많이 썼다. 쿠데타 직후 혁명촌 사업, 농가고리채 정리 등이 대표적 사례였으나, 대부분의 시도들은 성공하지 못했다.

새마을운동이 상대적으로 농민층의 호응을 이끌어 낼 수 있었던 것은 국가의 물질적 지원과 더불어 포퓰리즘적 접근이 주효했다고 보인다. 요컨대 시멘트도 주고 농민들의 자존감을 부추기는 사업 방식이 상당히 호응을 얻었다.

본격적 산업화 이후 농촌이 몰락하는 것은 필연이었다. 농업, 농촌, 농민의 희생을 통한 산업화는 아주 흔한 모습이었고 한국도 예외가 아니었다. 이촌향도離村向都(산업화로 인해 농촌의 인구가 도시로 이동하는 현상)가 보여주듯이 농민과 농촌은 이미 과거의 계급이자 생활공간이었다. 그러나 경제논리만으로 농촌을 바라볼 수는 없었다. 특히 1960년대 중반 이후 여촌야도與村野都(농촌은 여당을 지지하고 도시는 야당에 우호적인 현상)가 고착되는 것에서 보듯이 박정희 정권에게 농촌과 농민은 매우 소중한 정치적 자산이었다. 농민층과 농촌의 지지를 유지하기 위한 정치적 고려, 지배기술의 고려가 필요했다.

사실 농업 재생산 과정은 1970년대를 전후해 거의 완벽하게 국가와 자본에 포섭되었다. 그전까지는 농사 과정에 국가가 개입하는 부분은 매우 제한적이었다. 그러나 종자, 비료, 농약, 농기계와 기타 농자재 구입에서부터 마지막 판매 단계까지, 게다가 농업자금 융통까지 국가를 대리한 농협을 통하지 않고서는 농사 자체가 불가능할 지경이 되었다.

새마을운동 초기 국가의 강제력이 큰 역할을 했다. 신품종 재배를 하지 않는다고 공무원이 못자리를 밟아버릴 정도로 개입의 강도는 강렬했다. 당연히 농민들의 반발도 만만치 않았지만 점차 수용할 수밖에 없었다. 그러지 않고서는 사실상 농촌에서 더 이상 농사짓고 살아가는 것 자체가 힘들게 되었다.

새마을운동에 보인 반응은 같은 마을에서도 다양했다. 기사에서 보듯이 노년층의 무관심 내지 반감과 청장년과 여성들의 상대적 환영 등이 엇갈렸다. 새마을 지도자가 되어 각종 미디어에 노출되고 대통령 참석 회의에서 보고하는 등 농민들의 사회적 지위가 갑자기 높아진 것처럼 보였다. 특히 여성들은 국가가 보장하는 운동 속에서 강렬한 공적 활동을 경험하게 되어 가부장의 그늘을 벗어나기도 했다.

그런데도 새마을운동이 농업, 농촌, 농민의 미래를 바꿀 수는 없었다. 운동은 눈에 보이는 성과가 가능한 지붕 개량과 같은 환경개선 작업에 치중했고, 농업 재생산 과정에서 획기적 발전은 불가능했다. 신품종, 비료, 농약, 농기계 보급 등으로 농업 생산력이 늘기는 했지만, 도시 부문의 소득 수준을 따라잡기에는 역부족이었다. 교육, 문화와 같은 경제외적 생활수준은 더 말할 것도 없었다. 요컨대 새마을운동은 이촌향도를 어쩔 수 없었고, 최후의 승리자는 도시였다. 정권은 산업화 속에서 농촌을 구원하는 대신 새마을운동을 도시와 공장으로 확산시키고자 했다. 그러나 도시로 간 운동은 그리 성공적이지 못했다. 도시는 수십 년 후 '뉴타운'으로 새마을운동을 계승했을 뿐이었다.

# 김지하 필화사건

1970年 6月 3日 조선일보

**'오적五賊' 필자 김지하 씨 구속**

**사상계思想界 부완혁 씨도**

모 수사기관은 2일 〈사상계〉 5월호에 실린 당시 오적五賊의 필자 김지하金芝河(33, 본명 김영일金英一) 씨 등 3명에 대해 반공법 4조 1항 위반 혐의로 구속 영장을 서울형사지법 유태흥 부장판사에게서 발부받아 신병이 확보된 김 씨와 김승준(사상계사 사원) 씨 등 2명을 구속하고 나머지 1명을 수배한 것으로 알려졌다.

김 씨는 그의 시 오적에서 장-차관, 국회의원, 군장성, 재벌, 고급공무원을 오적에 비유, 이들이 부정부패로 호의호식하고 있는 것처럼 표현하여 북괴를 이롭게 한 혐의를 받고 있다.

한편 이날 오후엔 사상계사 사장 부완혁夫玩爀 씨도 반공법 4조 1항 위반 혐의로 유 부장판사로부터 구속 영장을 발부받아 이날 밤 수감했다. 1970 0603

【7】 第15118號 (陰曆4月30日 甲寅)

國內責 禹鳳運 현상수배

國際金塊밀수단 아지트搜索…金處理器具압수

압수한金塊 韓銀에 보관

호화住宅…億臺富者

子女교육상 製藥社차려 密輸숨겨

授業料30%引上건의

서울市教委

'五賊'필자 金芝河씨拘束

思想界 夫玩爀씨도

세被告에 懲役3年 선고

西紀1970年6月3日 (水曜日)

# 金女人 동생 男妹에 共犯혐의

## "藥사간 30代는 女동생과 비슷"

알리바이 뒤엎을 確証못잡아

少女유괴殺害

## 칼에 찔려숨져

발굴목길서 싸운일있는 2名에게

## 錦山통신위성地球局 개통

全美에 TV交換中継도

생생한 征服記錄

추리히말 写真展 첫날부터 大盛況

男女自殺



**해설** 1970년대 최고의 저항시인으로 불리는 김지하의 첫 번째 수난을 알리는 기사다. 사실 1979년 부마항쟁 이전까지 박정희 정권에게 가장 큰 위협은 대학생, 종교계, 지식인과 야당이었다. 민주주의와 인권의 가치를 중심으로 내건 이들의 반정부 활동은 당시까지 광범위한 대중적 지지를 얻지는 못했지만, 정권에게는 잠재적 위협이 되기에 충분했다. 대중과 결합된다면 이들의 반정부 운동은 정권의 명운을 갈리게 할 수도 있었다.

특히 급속한 산업화와 함께 사회적 유동성이 극대화되는 조건 속에서 부정부패와 정의의 문제 설정이 중요해지기 시작했다. 이미 4·19 당시 정권의 불의에 맞선 정의담론은 중요한 대중적 공감대였다. 발전과 개발 속에 느끼는 상대적 박탈감은 더 강렬해질 수밖에 없었기에 세상의 불의를 예리하게 비판하는 일이 정권 핵심부를 불편하게 만들 것은 불문가지였다. 장·차관, 고급공무원, 재벌, 장성, 국회의원을 동물에 비유한 김지하의 5적은 하층민의 박탈감과 공감을 불러일으킬 수 있었다.

5적이 처음 《사상계》에 게재되었을 때에는 잡지 수거 정도로 끝나는 분위기였다. 그런데 신민당의 기관지 〈민주전선〉에 재수록되면서 문제가 커져 김지하, 《사상계》 발행인 부완혁, 편집장 김승균이 구속되고 결국 《사상계》까지 폐간되었다. 이는 야당이 가진 상대적 대중 기반과 비판적 지식인 담론이 결합되는 것을 경계한 탓으로 보인다. 게다가 〈민주전선〉에 정인숙 사건 기사가 함께 실리면서 정권 핵심부의 위기감을 더욱 증폭시켰을 것이다. 상상 속의 5적이 실제 정인숙 사건의 등장인물로 나타나면서 부정부패, 불의에 대한 대중적 감수성에 불을 지를 수 있었다. 현실은 언제나 문학보다 재미있는 법이다.

# 경부고속도로 개통

1970年 7月 7日 동아일보

**경부고속도로 개통**
**'속도 혁명의 거보巨步'**
**…전장全長 428Km 4시간 반 주파**

산을 뚫고 벼랑을 깎기 2년 5개월, 굽이치는 강물 위에 다리를 놓고 험준한 계곡을 흙으로 메워 전장 428킬로미터. 남북을 가로 지르는 간선幹線 대동맥 경부고속도로 전 구간이 7일 오전 마침내 개통, 속도 혁명에의 거보를 내디뎠다. 번영과 근대화의 꿈을 싣고 이날 개통된 경부고속도로의 준공식은 박정희 대통령 내외를 비롯한 전全 국무위원과 이효상 국회의장, 민복기 대법원장 등 3부 요인 그리고 주한 외교 사절단과 수많은 현지 주민들이 참석한 가운데 오전 9시 50분 대전 인터체인지에서 가장 어려웠던 대전~대구간의 개통 테이프를 끊고 시주試走, 12시 15분 대구 공설운동장에서 준공식과 시민대회를 가짐으로써 절정에 이르렀다.

**'번영에의 대동맥'**
**개통식사, 어떤 난관도 극복할 가능성 창조**

우리나라가 이룩한 건설 사업 가운데 가장 큰 규모의 대역사大役事, 서울~부산 간 고속도로는 지난 68년 2월 1일에 우리의 기술과 국내 재원財源만으로 착공, 총 공사비 429억 7000만 원을 들여 완공된 것이다.

이로써 걸어서 15주야가 걸리던 한양 1000리 길은 단 4시간 30분으로 단축되고 지난 4월에 착공한 호남고속도로 및 내년 봄에 착공 예정인 영남 남해고독도로와 함께 전국을 1일 생활권으로 묶는다. (중략) 이 고속도로 건설의 공사량은 트럭 1600만 대에 해당하는 흙을 쌓은 것을 비롯하여 동원 인원은 무려 연 850만 명에 달하고 있는데 주요 구조물로는 ▲횡단도로 465개 소 ▲배수관 1455개 소 ▲인터체인지 18개 소 ▲버스스톱 42개 소 ▲교량 310개 ▲터널 6개 ▲톨게이트 20개 소 등이 설치돼 있다. 1970 0707

**해설** 한국의 근대화 또는 산업화는 시간 압축으로 요약할 수 있다. '빨리빨리'는 그냥 나온 게 아니었다. 이른바 선진-후진 간의 낙차는 시간 압축을 통해서만 극복할 수 있었다. 시간 압축은 필연적으로 공간 통합을 필요로 했고 도로, 그것도 고속도로가 지상과제였다. 근대화는 또한 사회적 유동성의 극대화였다. 이 역시 도로를 통한 공간 통합이 필수조건이었다. 요컨대 도로는 근대화의 선택이 아닌 필수였다.

박정희는 유독 독일(당시엔 서독)을 좋아했다. 그는 유럽 국가 중에서 유일하게 서독을 방문하기도 했으며 귀국 후에는 그 소감을 오랫동안 강조했다. '한강의 기적'은 '라인 강의 기적'을 본떠 쿠데타 주역들이 만든 신조어였다. 히틀러는 아우토반과 폭스바겐을 통해 그의 '민족 사회주의'를 완성하고자 했다. 박정희는 1964년 서독에서 아우토반을 직접 달려보고 고속도로의 중요성을 실감하고 경부고속도로 건설 집념을 불태웠다고 한다.

일부에서는 박정희와 정주영을 빼고 모든 사람이 반대했다고 하지만, 실제로 국내의 반대 여론은 별로 없었다. 1968년 각계인사 100명의 여론을 조사한 결과 반대는 고작 5퍼센트에 불과했다. 이미 당시 한국사회는 개발과 근대화 담론에 압도당하고 있었다. 돈줄을 쥔 세계은행(IBRD)의 반대가 주요 문제였고, 결국 한일 청구권 자금과 베트남 참전으로 획득된 자금과 함께 세금 인상으로 재원이 충당되었다.

공사과정은 시간 압축의 상징이었다. 428킬로미터에 달하는 왕복 4차선 고속도로가 불과 2년 6개월 만에 완공된 것이다. 그 압축의 대가는 공사비를 뛰어넘는 유지보수비였는데, 일종의 후불제 공사였던 셈이다. 한편 공간으로 보면 경부고속도로는 서울과 부산 간의 공간 통합과 다른 지역의 배제를 상징한다.

좌우지간, 경부고속도로를 통해 한국의 모든 것이 서울로 빨려 올라갔음은 분명했다. 지역 간 불균등성의 기준은 절대적으로 서울이었다. 서울에 비해 다른 모든 지역은 아래였고, 내려가는 곳이었고, 식민지였다.

1970年7月7日 火曜日 동아일보 The Dong-A Ilbo 第14997號

東亞日報

# 京釜高速道路 개통

「速度革命의巨步」… 全長四二八km 四시간半走破

# "繁榮에의 大動脈

開通式辭 어떤難關도 극복할可能性창조"

# 對美外交 큰混線

企劃院·外務部 武器판매修正法해석異見

與黨 단독常委운영

李議長, 週末께公式總務會談제의

當選作「女性東亞」附錄발간

七月15日까지·十一月號에發表

# 崔·로저스秘密회담

減軍延期모종言質 칸積極參與종용說

# 전태일 분신

1970年 11月 14日 조선일보

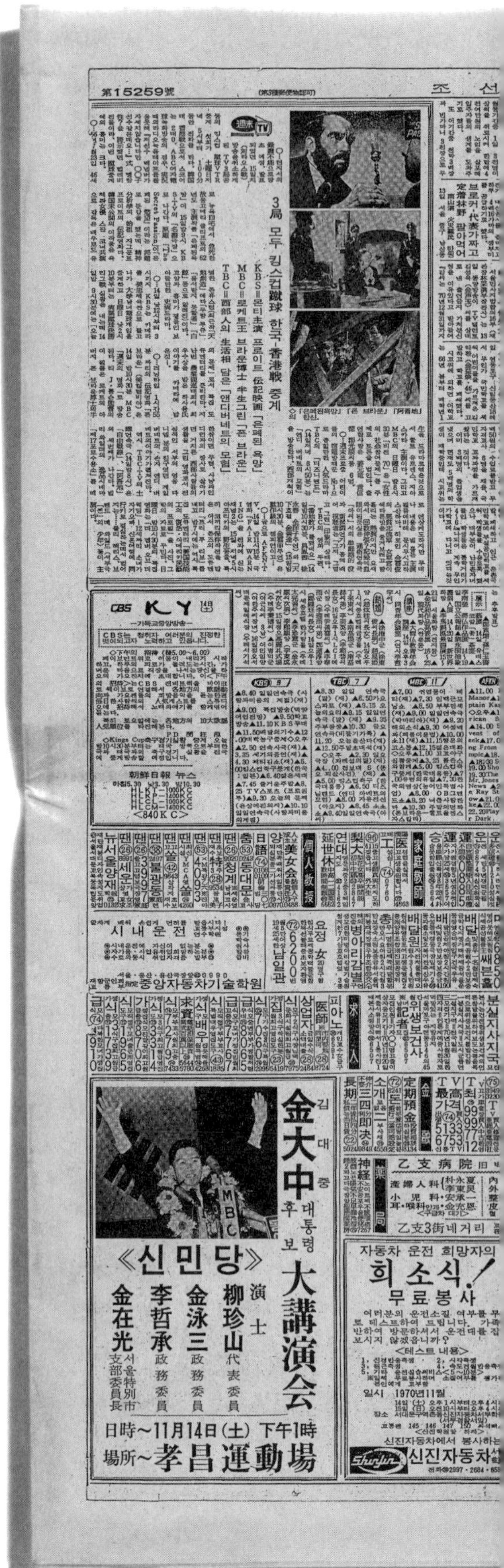
第15259號

3局 모두 킹스컵蹴球 한국·香港戰 중계

KBS=온티主演 프로이트 伝記映画「은폐된 욕망」

MBC=로케트王 브라운博士 半生그린「폰 브라운」

TBC=西部人의 生活相 담은「앤디 버네트의 모험」



## 시장 종업원 분신焚身 자살
## 노동조건 개선 요구 제지당하자

13일 오후 1시 30분쯤 서울 을지로 6가 17 평화시장 앞길에서 시장 종업원 전태일全泰一(23, 성북구 쌍문동 208) 군이 '노동청이 근로조건 개선을 적극 협조해주지 않고 있다'고 분신 자살을 기도, 중화상을 입고 성모병원에 입원 중 14일 새벽 숨졌다.

전 군은 1시부터 청계천 5가~6가 사이의 평화, 동화, 통일 등 3개 연쇄 상가 종업원 500여 명과 같이 근로조건 개선 등 요구조건을 내걸고 농성을 하려 했으나 경찰과 시장 경비원들의 제지를 받자 가지고 온 휘발유를 뿌리고 불을 댕겼다. 1970 1114

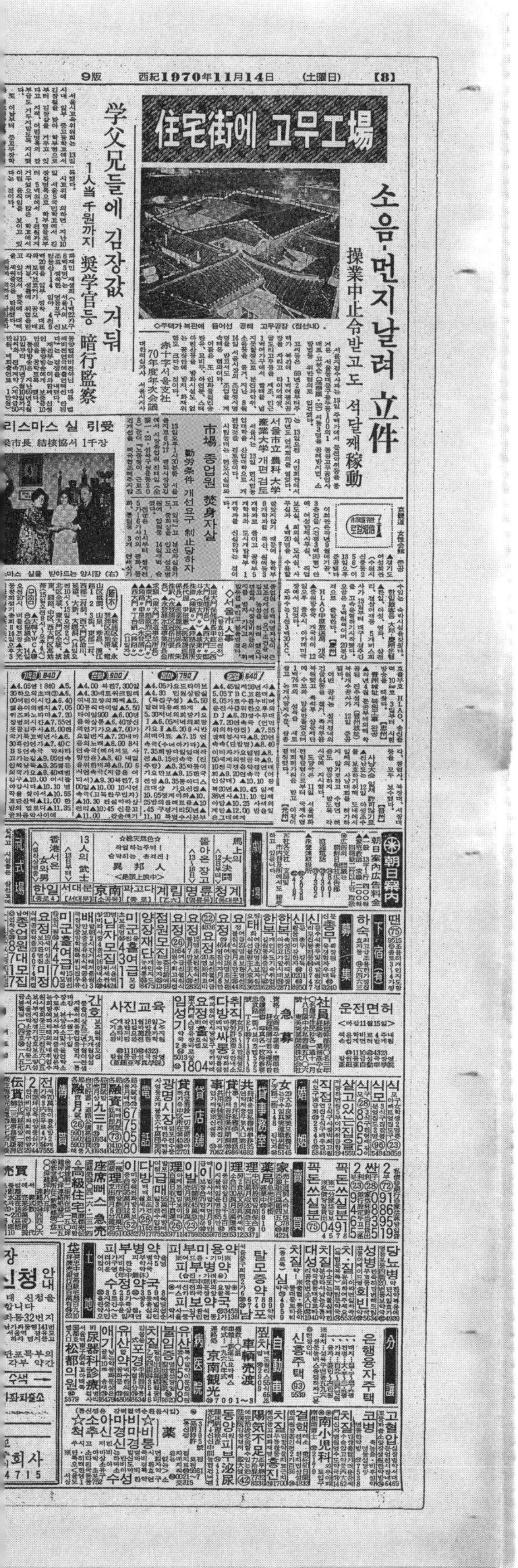

9版 西紀1970年11月14日 (土曜日) 【8】

# 住宅街에 고무工場

## 소음·먼지날려 立件

### 操業中止命받고도 석달째稼動

## 學父兄들에 김장값 거둬

### 1人当 千원까지 奬学官등 暗行監察

## 市場 종업원 奬身자실

**해설** 다시 반복되어서는 안 될 참혹하고 비극적 사건이지만, 한국 노동운동에서 획기적인 일이 벌어졌다. 분신이라는 극단적 방법으로 자기주장을 세상에 알려야만 했던 전태일의 존재는 당대 한국사회에 엄청난 충격을 주었다. 당시 전태일과 같은 수백만 노동자들은 철저하게 잊힌 존재였다. 1960년대 급속한 산업화로 10년간 한국의 노동자 숫자는 4배나 폭증해 1970년도에는 400만에 육박할 정도로 급성장했다. 그런데도 당시 노동자들의 삶과 노동은 열악하기 그지없었다. 15시간이 넘나드는 장시간 노동은 물론이고 근로조건 또한 참혹했으며 저임금에 시달려야 했다. 노동집약적 수출주도 산업화 전략하에서 자본의 이윤창출은 주로 저임금을 통해 확보했다.

전태일은 당시 노동자의 한 전형이었다. 빈한한 가정 출신으로 초등학교 중퇴, 고등공민학교 중퇴 학력이 전부인 그에게 노동자가 된다는 것은 어쩌면 당연했다. 그가 접한 노동자의 생활은 끔찍했고 특히 나이어린 여성 노동자들이 꽃다운 나이에 스러져가는 것을 몹시 안타까워했다.

전태일을 또 한 번 놀라게 한 것은 '근로기준법'이었다. 노동운동에 나선 그는 근로기준법을 접하고 이 법대로만 된다면 모든 문제가 해결될 것이라고 확신했다. 사실 한국의 근로기준법 수준은 세계 최고 수준이었다고 해도 과언이 아니다. 한국전쟁이 한창이던 1952년 제정된 이 법은 당시 세계의 첨단 노동법을 조합해 만든 것으로, 1961년 쿠데타 이후 개악되기도 했지만 여전히 매력적인 조항들로 가득했다. 문제는 아무도 그 법을 지키지 않는다는 것이었다. 전태일은 이 법을 '법대로' 시행할 것을 주장한 것이며, 그렇지 못하다면 화형 시켜야 마땅하다고 생각했다. 그의 분신 당시 집회 명칭은 '근로기준법 화형식'이었다. 역설적이게도 그의 참혹하고 극단적인 분신은 '준법 투쟁'이었던 것이다. 법을 지키라고 제 몸을 불살라야 했던 이 기막힌 역설 속에 한국 현대사의 특이점이 있었다.

분신 이후 사경을 헤매던 전태일은 밤 10시경 '엄마, 배가 고파요.'라는 말을 마지막으로 스물두 해의 짧은 삶을 마쳤다.

# 사법부 파동

1971年 7月 29日 조선일보

**서울형사지법 판사 37명 집단 사표**
**검찰, 동일 영장 다시 신청**
**기각되자 내용 보완** _오늘 새벽 2시 32분

서울지검은 이범열 부장판사 등에 대한 구속영장이 기각되자 28일 오후 긴급간부회의를 연후 29일 새벽 2시 32분 법원에 영장을 재신청했다.

영장내용은 먼저번의 영장 내용과 동일한 것으로 혐의사실만 구체화해서 최대현 공안부장검사가 밤늦게까지 지휘, 담당 이규명 검사가 신청했다. 두 번째의 영장도 숙직판사(장수길 판사)가 귀가(28일밤 11시45분)한 후에 법원 숙직에 접수만 한 것으로 끝났다.

**민사지법도 동조 결의**
**두 법관 수뢰 혐의 수사에 반발**

서울형사지법 판사 41명 중 37명이 28일 오후 사표를 냈다. 판사들은 이날 서울지검이 항소3부 이범열 부장판사, 최공웅 판사, 이남영 참여서기 등 3명을, 변호사에게서 향응을 받았다는 이유로 뇌물수수 혐의를 걸어 입건, 구속영장을 신청하고 하경철 변호사를 뇌물공여 혐의로 입건, 해외여행 중인 그의 소환을 외무부에 요청하는 등 강제수사에 나서자 "사법부에 대한 도전이며 사법권이 침해되는 이러한 분위기에서는 더 이상 공정한 재판을 할 수 없다"고 일치된 의견으로 일괄 사표를 낸 것이다. 판사들은 오후 5시 15분 유태흥 수석부장판사를 거쳐 송명관 원장에게 사표를 냈는데 송원장과 직결심판소에 나가 있는 최만행, 정광진, 두 판사, 이번 사건의 당사자인 이 부장판사와 최 판사 등 5명은 제외되었다. 사법사상 처음인 이 같은 법원–검찰간의 극한대립으로 법조계는 긴장된 분위기를 이루고 있으며 조야朝野 법조인들은 사법부의 중대한 위기라고 큰 우려를 표명하고 있다.

(중략)

한편 서울민사지법 판사 40여 명도 오후 5시 30분 705호실에 모여 형사지법 판사들과 동조하기로 결의했다.

회의를 마친 허규 부장판사는 "이번의 검찰 태도는 사법권의 독립을 위협하는 처사가 아닌가 생각하며 사태가 우리들이 우려하는 방향으로 나간다면 신분상 극한적인 사태가 있을 것이라는 데 합의했다"는 내용의 성명서를 발표했다. 1971 0729

**해설**

국가수립 20여 년에 불과한 나라답게 사상 최초의 사건들이 줄을 잇던 시절이었다. 사상 최초의 사법파동은 사상 최초의 현직 판사에 대한 영장청구에서 비롯되었다. 아직 유신체제 이전이라 그랬던지 당시 사법부는 시국사건에 대한 영장 발부 거부가 많았다. 대통령 선거에서 김대중에게 가까스로 신승을 거두고 가슴을 쓸어내리던 박정희로서는 매우 못마땅한 일이었다. 5사단장 시절 법무참모로 데리고 있던 법무장관 신직수가 나서게 된 것은 당연지사였다. 신직수는 불과 서른여섯의 나이에 검찰총장에 임명되어 장장 7년간 자리를 지킨 인물이었다. 게다가 법무장관으로까지 승진했으니 박정희의 심복 중의 심복이라 할 만했다. 법무장관 이후에는 이후락 후임으로 중앙정보부장으로 영전한 인물이었다.

검찰은 공안사건 증인신문 출장길에 사건 담당 변호사로부터 향응을 제공받은 혐의로 서울지법 이범열 판사 등에 대한 구속영장을 청구했다. 이에 파견 근무자와 사건 관련자를 제외한 서울지법 판사 전원이 사표 제출로 맞섰다. 이에 동조해 전국의 판사 450여 명 중 153명이 사표 제출에 동참하는 등 사태는 날로 확산되었다. 법원 전체가 들끓게 되자 당시 대법원장이던 민복기가 대통령을 만나 사태를 해결해야 된다는 주장도 나왔으나, 결국은 무산되었고 관련 검찰 부서에 대한 전보 인사조치가 전부였다. 판사들 체면을 약간 세워주는 조치이기는 했으나 사건의 본질은 손도 안댄 것이기도 했다. 더군다나 영장이 청구된 판사들은 개인 비리가 확인되었다는 혐의로 사표를 제출하기에 이르렀고, 집단 사표를 냈던 판사들은 한 달 뒤 스스로 사표 철회를 선택했다.

[1] 第15476號 西紀1971年7月29日 (木曜日) 10版 [日刊]

朝鮮日報

# 서울刑事地法 判事37명 集団辞表

## 検察, 同一令状 다시申請

오늘새벽 2時32分 棄却되자 내용補完

## 民事地法도 同調결의

두法官 受賂협의 捜査에 반발

## 美, 駐韓大使 경질

後任 하비브任命 포터는 파리로

13個 常委長선출 国会

水災복구 萬全토록

朴大統領지시…合同調査団現地에

## 오늘 韓日協委 개막

「新日本製鉄」도참석 借款質的転換등토의

日, 中共접촉 개시

駐韓英大使에 피터슨씨결정

## 臺湾문제등 条件제시

周恩来 印支·韓国 美撤軍거듭 요구

韓半島 緊張완화 계획

## 適時에 重要2個項 제의

로저스離韓会見 秘密会談 가져야成果

新民, 国会서 추궁키로

保安事件 출장때 饗応받아

今秋中共승인



실질적으로 아무런 성과 없이 파동이 진정되었던 것이다.

최초의 사법파동 주인공 중의 하나는 유태흥 당시 서울지법 수석 부장판사였다. 그는 사표를 제출한 판사를 대표해 성명서를 낭독하는 등 파동의 중심에 섰다. 그러나 1977년 대법원 판사로 임명된 이후 그의 행보는 체제 친화적으로 변했다. 김재규 재판에 참가해 신속한 사형 판결에 기여한 후 1981년 대법원장에 임명되어 신군부와 밀월관계를 유지했다. 결국 그는 파동의 주역에서 파동의 대상이 되었다. 1985년 법원의 인사 난맥상을 지적하는 글을 쓴 판사를 인사 조치함으로써 커다란 반발을 사게 된 것이다.

# 광주대단지 사건

1971年 8月 11日 조선일보

**광주단지 2만여 주민 난동**
**양 시장 면담 지연되자**
**"무상 불하하라" 궐기대회 끝에 출장소 · 경찰차 등 불살라**
**무법천지 6시간 단지사업소 · 지서 등 기물도 파괴**

10일 경기도 광주군 중부면 광주단지 주민 약 2만 명이 분양지 무상 불하를 요구하며 출장소 건물과 관용차, 경찰백차 등을 불사르는 등 약 6시간 동안 무법천지를 방불케 하는 난동을 벌였다. 이 난동으로 서울관 1-356호 서울시 제2 부시장 전용찝 등 차량 4대와 성남출장소 (건평 80평)등이 불타고 서울시 광주대단지사업소 (60평) 와 성남지서 (20평) 내부의 기물이 파괴되었다. 또 경찰 약 20명과 주민 7명이 중경상을 입었으며 서울영 2-271호 좌석버스 등 버스와 트럭, 택시 등 약 20대의 유리창이 깨졌고 대왕주유소 앞에서 광주대단지까지의 차량통행이 7시간 동안 막혔다.

**면세 · 민생고 해결을** _주민 요구

주민들은 궐기대회에서 ① 대지분양을 무상으로 하라 ② 세금을 면세하라 ③ 시급한 민생고를 해결하라고 요구했다. 주민들 가운데 일반 철거민들은 평당 2000원 선의 분양가격이 부당하다고 주장했으며, 전매 입주자들은 평당 4000원~8000원씩 책정한 분양가격을 일반 철거민과 같이 평당 2000원 정도로 내려달라고 요구했다. 이들은 또 가구당 4000원~1만 5000원씩 부과된 취득세는 현재의 생활 상태에서 도저히 납부할 수가 없으며 차지철 의원이 선거 때 토지 무상 불하와 5년간의 면세조처를 해준다고 약속해놓고 지키지 않은 것은 속임수라고 분개했다.

**전매 입주 분양 가격 철거민과 같이 취급**
**양 시장 구호 양곡 방출 · 면세 방안도 강구** 1971 0811

**해설** 박정희 정권 성립 10년 만에 최초의 대중봉기가 발생했다. 쿠데타로 집권한 이후 한일협정 반대, 삼선개헌 반대 등의 이슈로 수많은 시위와 운동이 있었지만 아래로부터 대중적 호응을 얻은 경우는 없었다. 그것은 모두 엘리트 지식인과 야당 정치인이 주도하고 대학생이 주력으로 참가한 상층운동의 성격이 짙었다. 한일협정 반대시위에 참가했던 한 지식인은 자신들은 '제2의 독립운동'을 하는 기분이었는데, 시민들의 반응은 무덤덤과 냉담 사이였다고 회고했다. 그런데 광주 대단지는 달랐다. 이 사건은 처음부터 끝까지 기층 대중들이 주도한 대중봉기였다. 지식인과 정치인은 끼어들 여지도 없었고 또 그럴 의사도 없었다.

사건의 발단은 광주 대단지 탄생부터 예고되었다. 급속한 산업화와 도시화에 따른 이촌향도 현상은 대규모의 도시 하층민을 형성시켰다. 도시 기반시설 확충은 인구 증가를 따라가지 못했고 수많은 빈민촌이 형성될 수밖에 없었다. 서울시내 야산과 개천가는 이들의 주요 밀집지역이었다. 이들의 존재는 지배권력에게 잠재적 위협으로 인식되었다. 4 · 19 당시 부산지구 계엄사령관이던 박정희는 이미 기층 대중의 위력을 실감하면서 '대중에 대한 공포'를 내면화하고 있었다.

당시 서울시와 정권이 선호한 대응책은 도시빈민들의 집단 이주였다. 그래서 선택된 광주 대단지는 서울과 가깝다는 것 빼고는 도시가 들어설 수 있는 조건이 아니었다. 남한산 자락에 위치한 광주 대단지는 평지는 거의 없고 높고 낮은 구릉이 연속되는 지역이어서 대규모 도시가 형성되기에는 지형적으로 적합하지 않았다. 게다가 30만이 넘는 도시를 건설한다면서 도시 기반시설은 전혀 갖추지도 않고 무조건 철거민들을 내몰았다. 군용 불도저로 야산을 시뻘겋게 밀어내고 천막을 친 것이 전부였다. 불도저란 별명을 가진 서울시장 김현옥의 사업 방식은 박정희 정권의 상징이었다. 권력의 판단은 '10만 명만 모아놓으면 어떻게든 뜯어먹고 산다.'는 것이었다. 서로 뜯어먹고 사는 전쟁에 지친 대중들이 선택한 것은 봉기였다. 또 봉기할 수밖에 없도록 상황이 흘러갔다.

광주 대단지는 크게 철거민과 전매입주자로 구분되었다. 1971년 총

【7】 第15487號 (陰曆 6月21日 戊辰) 조 선 일 보 10版 西紀1971年8月11日 (水曜日)

# 廣州團地 2萬餘주민 亂動

## "無償払下하라" 궐기大会 끝에

梁市長面談지연되자

## 출장소·警察車등 불살라

無法天地 6시간 團地사업소支署등 器物도 파괴

2百餘기동경찰과投石戰 27명負傷

◇시영버스를 빼앗아 플래카드를 내걸고 단지내를 휩쓸고 다니는 주민들.

## 免稅·民生苦해결을

住民요구

轉賣入住 분양가격 撤去民과 같이취급

梁市長 구호양곡 放出·免稅방안도강구

## 豪雨몰아온 颱風폴리

勢力弱化…오늘새벽 中部거쳐 東海로

漁船 1百50여隻 갇혀

## 外航선원 北傀에피납

기관사金태현씨 카이로서 지난7月4日에

領事館員·북괴大使館員난투

## 檢察 再会合…반발

司法파동 "우리뜻도 알리자"

## 判事24名사표

週刊朝鮮 第147號

시원한 海風…… 부서지는 波濤……

선을 맞이해 광주 대단지의 인기는 절정을 치달아 6만이 넘는 전매 입주자는 4망여 명의 철거민보다 많을 정도였다. 즉 '딱지'만 있으면 커다란 시세 차익을 볼 수 있을 것이란 소문이 파다했고 수많은 사람들이 몰렸다. 그런데 서울시와 정권은 애초 약속과는 달리 선거가 끝나자 전매 금지, 일시불 상환 등의 조치를 취했고 일확천금의 꿈은 순식간에 악몽으로 바뀌었다.

결국 전매 입주자를 중심으로 항의가 조직되기 시작했고, 제1공화국 당시 공보처장을 역임한 전성천 제일교회 목사를 중심으로 대책위원회가 꾸려졌다. 대책위와 당국 간의 몇 차례 협상이 무위로 돌아가면서 이 주민들의 분노는 점차 고조되었다. 이윽고 대책위는 투쟁위원회로 바뀌고 8월 10일 대규모 군중집회가 개최되었다. 애초 양택식 서울시장이 참석해 주민과의 대화를 갖기로 했지만 끝내 그는 나타나지 않았고 분노한 주민들은 직접 행동에 돌입했다. 경찰지서, 세무서, 행정관서와 수십 대의 차량이 불타올랐고 경찰과의 격렬한 투석전이 전개되었다.

최초의 대중봉기에 놀란 정권은 즉각 주민들의 요구를 전폭적으로 수용하는 대책을 수립했지만, 박정희는 직접 '주동자 엄벌'이라는 채찍도 빠뜨리지 않았다. 아래로부터의 대중봉기를 예방하기 위한 대책이던 광주대단지는 역설적으로 그것을 촉발시키는 계기로 작용했다.

# 남북한가족찾기 운동제의

1971年 8月 12日 경향신문
1972年 7月 4日 조선일보 호외
8月 30日 한국일보 호외

**‘인도人道 바탕 정치성 배제, 북괴 거절할 이유 없어’**

_최 총재 언명

대한적십자사 최두선 총재는 12일 성명을 발표 ‘4반세기에 걸친 남북 간의 분단은 민족의 비극이며 남북으로 갈린 이산가족의 슬픔은 금세기 비극’이라고 전제, 적십자 정신에 따라 남북한 이산가족 결합을 위한 인도적 목적을 실현하기 위해 ① 가까운 시일 안에 남북한 적십자사 대표가 한 자리에 마주 앉아 회의할 것을 제의하며 ② 본 회담의 절차상 문제를 협의하기 위해 늦어도 오는 10월 안으로 ‘저네브’서 예비회담을 개최할 것을 제의한다고 말했다. 1948 1022

**대한적십자사 남북한 가족찾기 운동 제의**
**‘남북으로 갈린 이산가족의 슬픔은**
**금세기 인류의 상징적 비극’**
**10월 안에 저네브[1]서 예비회담 열자**

**남북 간 통일 원칙 합의**
**서울 · 평양 공동성명 발표**
**이후락 정보부장 오늘 오전 10시 중대 기자회견**
**직통전화(서울 평양) 가설 운용**

朝鮮日報

7月4日

號外

南北間 統一原則 합의

서울·平壤 共同聲明 발표

李厚洛情報部長 오늘午前10時 重大記者會見

直通電話(서울 平壤) 가설운용

南北韓간에 離散家族 찾기를 위한 赤十字 실무 회담에 병행해서 高位 實力者간의 政治協商이 이루어 졌음이 4일 밝혀졌다. 李厚洛中央情報部長은 4일 오전10시 內外記者會見을 통해서 자신이 平壤을 訪問했었으며 北韓의 朴成哲副首相이 서울을 訪問했었다는 사실을 밝히고 南北統一의 原則에 合意했다는 「南北共同聲明」을 발표했다. 이 聲明은 같은 시간에 平壤에서도 발표됐다.

李部長 平壤방문 5月2~5日

金日成·金英柱와 두차례 秘密會談

朴成哲副首相도 서울에 5月29일부터 나흘간 朴大統領 접견

1972年 7月 4日 조선일보 호외

[1] 第7957호 The Kyunghyang Shinmoon 서기1971년8월12일 (목요일) (2판) [일간]

# 京鄉新聞

# 大韓赤十字社 南北韓 가족찾기運動 제의

## "南北으로 갈린 離散家族의 슬픔은 今世紀 인류의 象徵的 비극"

## 10月안에 저네브서 豫備會談열자

## "人道바탕 政治性배제 北傀 拒絶할 이유없어"

崔총재언명

## 純粹사업 保安法 저촉안돼 國赤에도 곧 協調요청書翰

## 統一에의 一步前進 各界 환영

## "實現위해 모든 支援 5千萬의 갈망 대변"

尹文公담화

## 人道的인 바탕 견지 적극姿勢의 轉機로

與野 환영성명

## 與野重鎮회담

國會서도 支援방법의

## 韓·美공동관심사 협의

### 경향만평

다음손님

남북한 간에 이산가족 찾기를 위한 적십자 실무회담에 병행해서 고위 실력자 간의 정치협상이 이루어졌음이 4일 밝혀졌다.

이후락李厚洛 중앙정보부장은 4일 오전 10시 내외 기자회견을 통해서 자신이 평양을 방문했었으며 북한의 박성철朴成哲 부수상이 서울을 방문했었다는 사실을 밝히고 남북통일의 원칙에 합의했다는 '남북 공동성명'을 발표했다. 이 성명은 같은 시간에 평양에서도 발표됐다.

**이 부장, 평양 방문 5월 2일~5일**
**김일성-김영주와 두 차례 비밀회담**
**박성철 부수상도 서울에**
**5월 29일부터 나흘간 박 대통령 접견**

최근 평양과 서울에서 남북 관계를 개선하며 갈라진 조국을 통일하는 문제를 협의하기 위한 회담이 있었다. 서울의 이후락 중앙정보부장이 1972년 5월 2일부터 5월 5일까지 평양을 방문하여 평양 김의 영주조직지도부장과 회담을 진행하였으며 김영주 부장을 대신한 박성철 제2부수상이 1972년 5월 29일부터 6월 1일까지 서울을 방문하여 이후락 부장과 회담을 진행하였다.

이 회담들에서 쌍방은 조국의 평화적 통일을 하루빨리 가져와야 한다는 공통된 염원을 안고 허심탄회하게 의견을 교환하였으며 서로의 이해를 증진시키는 데서 큰 성과를 거두었다. 1972 0704

[1]제네바의 프랑스명

**남북적南北赤 평양 본회담 개막**

**오늘 상오 10시 대동강회관서**
**민족사民族史의 새 장이 열리고 있다**
**의제 5항 재확인, 합의 문서를 교환**

[평양=대한민국 신문통신 공동취재단] 5000만 민족의 눈길과 전 세계의 관심을 모은 가운데 남북적십자회담 제1차 본회담이 대동강 동쪽 대동강회관에서 30일 상오 10시 정각 역사적인 막을 올렸다. 주최측인 북적北赤 수석대표 김태희의 '회담 개최를 온 국민과 만방의 평화 애호인에게 선언한다'는 개회 선언으로 막을 올려 회담에 임하는 양측의 기본 입장을 밝히는 한적韓赤 이범석 수석대표와 북적 김 수석대표의 개회 연설이 있은 다음 첫 본회담의 합의 문서에 쌍방의 수석대표가 연서連署한 후 낮 12시 57분 끝났다.

**남북적南北赤 첫 본회의 합의문 내용**

이날 낮 12시 20분 양측이 합의, 서명한 제1차 남북적 본회담 합의 문서는 다음과 같다.

1) (중략)

① 남북으로 흩어진 가족들과 친척들의 주소와 생사生死를 알아내며 알리는 문제

② 남북으로 흩어진 가족들과 친척들 사이의 자유로운 방문과 자유로운 상봉相逢을 실현하는 문제

③ 남북으로 흩어진 가족들과 친척들 사이의 자유로운 서신 거래를 실시하는 문제

④ 남북으로 흩어진 가족들의 자유 의사에 의한 재결합 문제

⑤ 기타 인도적人道的으로 해결할 문제

2) 쌍방은 자주, 평화통일, 민족적 대단결의 3대 원칙이 천명된 남북공동성명과 그리고 적십자 인도주의 원칙에 기초하여 남북적십자 회담의제로 설정된 모든 문제들을 성과적으로 토의 해결함으로써 남북으로 흩어진 겨레들의 고통을 하루 속히 들어주며 나아가서 조국 통일의 디딤돌이 되도록 모든 노력을 다한다. 1972 0830

한국일보

8月30日

號外

南北赤平壤本會談개막

오늘 上午10時 大同江會館서

民族史의 새章이 열리고 있다

議題5項 再確認, 合議文書를 교환

祖國統一의 보람찬 礎石되길

南北왕래는 障壁의 새돌파구

北의 諮問委員 政黨代表로 祝賀연설

女性은 모두 쪽머리

祝賀연설하자 拍手 요란

1972년 8월 30일 한국일보 호외

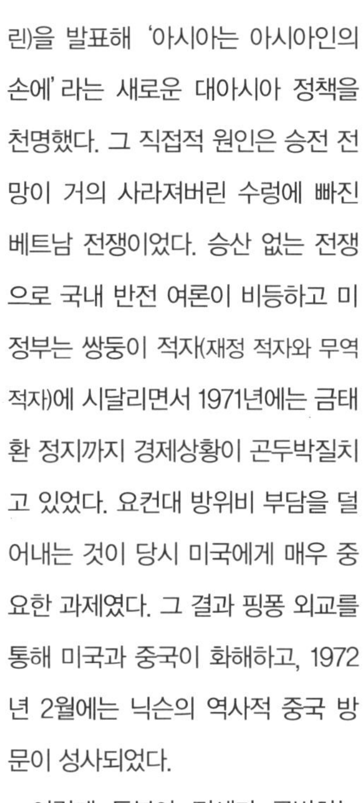

**해설** 정말 깜짝 놀랄만한 일이 터졌다. 끔찍한 전쟁까지 치르고 사반세기 넘게 분단된 채 별다른 대화조차 없던 남과 북이 갑자기 화해 무드로 돌변했다. 사람들은 경악에 가까운 충격을 받았다. 그동안 남북을 넘나들 수 있었던 것은 '특수 임무'를 수행하는 특수한 사람들뿐이었는데, 남북의 최고위급 인사들이 백주대낮에 서울과 평양을 다녀가게 된 것이다. 불과 3년 전만 해도 '청와대를 까러' 무장간첩이 내려오던 상황 아니었던가.

이른바 7 · 4 남북공동성명을 이해하기 위해서는 눈을 잠시 해외로 돌려야만 한다. 1969년 닉슨 미 대통령은 유명한 괌 독트린(닉슨 독트린)을 발표해 '아시아는 아시아인의 손에'라는 새로운 대아시아 정책을 천명했다. 그 직접적 원인은 승전 전망이 거의 사라져버린 수렁에 빠진 베트남 전쟁이었다. 승산 없는 전쟁으로 국내 반전 여론이 비등하고 미 정부는 쌍둥이 적자(재정 적자와 무역 적자)에 시달리면서 1971년에는 금태환 정지까지 경제상황이 곤두박질치고 있었다. 요컨대 방위비 부담을 덜어내는 것이 당시 미국에게 매우 중요한 과제였다. 그 결과 핑퐁 외교를 통해 미국과 중국이 화해하고, 1972년 2월에는 닉슨의 역사적 중국 방문이 성사되었다.

이렇게 동북아 정세가 급변하는 가운데 미국과 중국은 남북 화해를 종용하기 시작했다. 베트남 철수, 대중 화해를 통해 아시아 지역에서 현상 유지와 분쟁 방지를 도모하고 국방비 부담을 덜려는 닉슨 정권으로서는 한반도의 긴장 완화가 필요했다. 주한 미군 철수도 이러한 맥락에서 추진되었고 결국 미 제7사단의 철수로 이어졌다. 북한으로서는 베트남과 한국에서 미군 철수가 진행되는 상황에서 이러한 흐름을 더욱 강화하기 위한 평화 공세가 매력적인 선택으로 보였다. 당시 중앙정보부장 이후락은 청산가리를 소지한 채 북행길에 올랐다고 한껏 비장했지만, 사실 대세는 이미 결정된 것이나 마찬가지였다.

그러나 남북 화해 무드는 곧이어 진행된 남한의 유신 체제, 북한의 사회주의 헌법 선포 등으로 유명무실이 되고 다시 기나긴 냉전으로 회귀하였다. 남북문제는 주변 정세도 정세지만 무엇보다 스스로의 노력이 절실했다. 남북 정권은 어쩌면 적대적 공존 관계에 있었는지도 모른다. 서로 안보의 필요성을 충족시켜 주면서 칼날 같은 동원 체제를 유지하는 것은 국가라는 이름으로 진행되는 권력 게임이었다.

# 실미도사건

1971年 8月 24日 한국일보

**무장 군특수범 총격 난동**
**경비병 12명 사살射殺 섬 탈출** _어제 정오 인천 상륙

23일 하오 0시 10분께 무장 괴한 20여 명이 인천 송도 해안에 상륙, 민간버스를 뺏어 타고 승객을 태운 채 서울로 침입, 서울 영등포구 대방동 유한양행 앞에서 군 · 경 타격대와 총격전 끝에 2시 14분께 자폭했다. 대간첩 대책본부는 3시 10분께 무장 공비 21명이 서울 침투를 기도했다고 발표, 서울 일원에 비상망이 쳐졌으나 4시간 30분이 지난 6시 40분께 정래혁 국방부장관은 다시 군 죄수 23명이 무장 탈출하여 난동을 부린 것이라고 대간첩 대책본부 발표를 정정했다.

**23명, 한때 공비로 발표**
**정 국방 4시간 반 만에 정정**
**노량진 유한양행 앞서 교전**
**15명 자폭自爆, 민·경 6명 피살, 17명 부상**

정 국방의 정정 발표에 의하면 공군 관리하의 인천 앞 실미도에 수용 중이던 특수범들은 이날 상오 6시 경비병 23명을 감금, 12명을 사살하고 1명을 중상(다른 7명은 실종, 생존 3명), 10톤 급 민간인 배를 뺏어 타고 탈출했다는 것이다. 이들은 송도에 상륙하는 길로 시내버스를 뺏어 타고 가다 조개고개 검문소에서 검문 군인과 1차 교전, 1명이 죽고 3명이 부상 생포됐고 주안에서 역시 승객이 있는 시외버스로 바꿔 타고 서울로 들어와 유한양행 앞에서 출동한 군 · 경과 교전이 벌어진 직후 버스 안에서 자폭 15명이 죽고 부상당한 4명은 생포됐다. 이 난동으로 조개고개 검문 군인 중 2명이 부상, 검문 경관과 타격 대원 등 경찰관 1명이 순직하고 2명이 부상, 민간인 5명이 죽고 13명이 부상했다. 이러는 동안 서울 시민은 공포에 휩싸였고 김포 국제공항이 폐쇄되고 한강교가 막혀 서울의 남북 교통이 차단되는 등 비상사태를 연상케 하는 혼란이 거듭됐다. 1971 0824

**해설** 영화 〈실미도〉로 세간에 널리 알려진 사건이다. 영화에서 그려진 대로 실미도 부대는 1 · 21사태와 직접 관련되어 1968년 4월 창설되었다. 남북은 서로의 헌법이 미치지 못하기에 대신 '함무라비 법전'이 통용되는 관계였다. 부대원 숫자를 31명으로 맞출 정도로 받은 만큼 돌려주어야 되는 관계였는데, 문제는 타이밍이었다.

미국과 중국의 화해를 중심으로 동북아 정세가 잠깐 간빙기에 들어서면서 실미도 부대는 타깃을 잃어버렸다. 실미도 부대는 중앙정보부가 만들고 관리와 훈련을 공군에서 담당했는데, 실질적으로 중정의 작품이라고 해야 할 것이다. 그런데 실미도 부대를 만든 김형욱은 1969년 10월 해임당하고 대신 이후락이 취임했다. 이후락은 실미도 부대 대신 자신이 평양을 방문함으로써 부대의 존재가치를 부정해버렸다.

갑자기 갈 곳이 사라진 부대원들은 주석궁 대신 청와대를 선택했다. 오락가락한 정권 핵심부와 달리 그들의 선택은 단순하고 명쾌했다. 국가를 위해 목숨을 걸고 주석궁을 폭파하려던 자신들이 왜 버림받아야 되었는지 대통령과 담판을 짓겠다는 것이었다. 다 알다시피 청와대 가는 길은 결코 만만치 않았다. 그들이 마지막으로 도착한 곳은 영등포 유한양행 앞 로터리였고, 버스 안에서 수류탄 폭발로 마지막을 장식했다.

실미도 부대를 놓고 오락가락한 박정희 정권은 사건 처리 과정만큼은 전광석화였다. 애초 무장공비 침투라고 발표했다가 다시 군 특수범 난동으로 정정하는 소동이 있기는 했지만, 사건 발생 후 3일 만에 정래혁 국방장관, 공군 참모총장 등을 경질하면서 사건을 조기에 종결시키고자 했다. 여순사건 이후 최대 군 반란으로 기록되는 실미도 사건은 칼날 같은 남북관계가 만들어 낸 또 하나의 비극이었다.

(1) 第7019號 The Hankook Ilbo 西紀1971年8月24日 (火曜日) (10版) 【日刊】

한국일보

# 武裝 軍特殊犯총격亂動

## 警備兵12명 射殺 섬脫出

어제正午 仁川上陸

## 23명、한때 共匪로발표

丁國防、4시간半만에訂正

鷺梁津 柳韓洋行앞서 交戰

## 15명自爆、民・警6명被殺

17명 重傷

## 丁來赫國防 辭意

金在奎參謀長도

"共匪 誤認 국민에죄송"

◇自爆한 軍特殊犯

## 甲勤稅 평균 24% 引下

稅制改革案 등 政府・與黨결정

免稅點 萬3千원

預金 1年6個月이하는 5%全面課稅

## 檢察異動 오늘斷行

司法波動 수습방침

## 仁川 또 怪漢數名

한밤중 民家찾아 "밥달라"

軍特殊犯차림 5分후 사라져

## 北赤 26일會談 受諾

"광초人生"

"관계責任者引責"

新民 內務・國防委소집요구

## 오늘與・野 긴급會合

國會서 亂動事件듣고 대책협의

# 위수령 발동

1971年 10月 15日 | 12月 6日 경향신문

**'학원 무질서 방치 않겠다'**
**박 대통령, 정상화 특별 명령**
**주모 학생은 단호히 추방**
**경찰 투입 · 군도 필요하면 협조**

①주모 학생 색출 ②성토 · 농성 학생 제적 ③제적하면 즉각 특권 부인不認 ④비학술 서클은 모두 해산 ⑤불법 간행물 폐간 ⑥경찰이 학원 들어가서라도 ⑦절차에 의해 군軍도 ⑧교련은 그대로 ⑨학칙 엄격히 보강, 교권 확립

**서울 일원 위수령衛戍令 발동**
**양梁 시장 요청 따라 각 대학에 군 주둔**

**군에 의한 일반인 체포 가능**
**위수령**

▲목적=70년 4월 20일 대통령령 제4949호로 공포, 시행된 위수령은 육군 군대가 영구히 1지구에 주둔, 당해 지구의 경비를 맡고 육군에 속하는 건축물 기타 시설물의 보호에 임하게 돼 있다.(1조)

▲특색=위수 근무는 주로 경비 및 순찰로 행하며(14조) 위수 사령관은 재해 또는 비상사태에 즈음, 서울특별시장, 부산시장, 도지사 등으로부터 병력 출동의 요청이 있을 때는 육군참모총장의 사전 승인 또는 사후 보고만으로 이에 응할 수 있다.(12조)

▲위수령이 발동되면=위수 근무에 복무하는 자는 병기兵器를 ① 폭행을 받아 자위상 부득이 할 때 ②다중多衆 성군成群하여 폭행을 할 때 병기를 쓰지 않고는 이를 진압할 수단이 없을 때 3 신체 생명 및 토지 기타 물건을 방위함에 있어 병기를 쓰지 않고 방위할 수단이 없을 때 사용할 수 있다. (15조)

위수 근무에 복무하는 자는 폭행, 반란, 살인 도망, 방화, 강도 및 절도 등의 현행범을 체포할 수 있고 군인 이외의 범죄자를 체포키 위해 헌병 또는 군 경찰의 요청이 있을 때 이에 응할 수 있다. 이때 체포한 일반인은 즉시 경찰에 인도해야 한다.(17조)

▲효과 =위수령의 강력한 힘은 군에 의한 일반인의 체포를 가능케 하고 특별한 상황 아래서의 병기 사용을 허용하는 또 하나의 비상조치이다. 학원의 데모 사태로 발동되기는 65년 8월 고대, 연대 휴업령 이후 두 번째 일이다. 1971 1015

京鄕新聞

The Kyunghyang Shinmoon

"學園無秩序 방치않겠다"

朴大統領, 正常化 특별명령

主謀學生은 단호히 追放

警察 투입·軍도 필요하면 協調

①主謀학생摘出 ②疑討·籠城학생除籍 ③除籍하면各가特權不認 ④非學術서클은 모두 解散 ⑤不法刊行物폐간 ⑥警察이 學園 들어가서라도 ⑦節次에 의해 軍도 ⑧敎練은그대로 ⑨學則엄격히補強, 敎權확립

大統領 특별명령 全文

서울一圓 衛戍令발동

梁市長 요청따라 各大學에 軍駐屯

徐陸參總長 "秩序회복돼야撤收"

키신저, 내일 中共에

大統領專用機로 20일 北京着

코터增加率 7·5%

섬유협정 내일調印 10월 1일 遡及적용

社會安定의 지름길 超強硬조치는 유감

與·野서論評

6·3 非常戒嚴令발동後 가장 강경한 對學園조치

경향만평

「日本敎」術輸出?

'71년도 세계食品올림픽에서

해태제과

金賞4개!

한국의 과자를 대표하여, 한국 제과업계 최초로

세계製菓界의 金메달리스트

왕드롭프스

부랙쵸코렡

金賞 4개

치클민트껌

죠니크랙카

해태제과

【1】 제8056호 The Kyunghyang Shinmoon 서기1971년12월6일 (월요일) (2판) 【인간】

京鄕新聞

# 國家非常事態 선언

朴대통령 特別談話

## "安保上重大한 時點에"

## 모든施策 安保優先으로 自由의 一部留保 決意도

### 非常事態 6개항 措置

### 朴大統領 특별談話 全文

### 附隨立法 서둘러

정부, 국가機密保護法등 成案

### "緊急命令의 前段階"

北傀위협 除去될때까지 有效

### 내일 國會召集

### 總力體制로의 새秩序 모색

### 增大한 南侵위협에 대처…內部弱點補强등 力點

경향만평

**국가 비상사태 선언**

**박 대통령 특별 담화 '안보상 중대한 시점에'**

박정희 대통령은 6일 상오 10시 '국가 비상사태'를 선언했다. 그는 '최근 중공의 유엔 가입을 비롯한 제諸 국제 정세의 급변과 이의 한반도에 미치는 영향 및 북괴의 남침 준비에 광분하고 있는 제 양상들을 예의 주시 검토해 본 결과 현재 대한민국은 안전보장상 중대한 차원의 시점에 처해 있다고 단정하기에 이르렀다'고 말했다. 윤주영 정부 대변인은 박정희 대통령 주재하에 이날 상오 9시 30분 청와대에서 열린 국무회의와 국가안전회의의 합동 회의에서 최근 우리나라 안보에 관한 문제를 논의하고 전全 국무위원이 제안한 국가비상사태를 의결, 6개항의 선언을 하게 된 것이라고 밝혔다.

**모든 시책 안보 우선으로**

**자유의 일부 유보 결의도**

**비상사태 6개항 조치**

1. 정부의 시책은 국가안보를 최우선으로 하고 조속히 만전의 안보 태세를 확립한다.

2. 안보상 취약점이 될 일체의 사회 불안을 용납하지 않으며 또 불안 요인을 배제한다.

3. 언론은 무책임한 안보 논의를 삼가해야 한다.

4. 모든 국민은 안보상 책무 수행에 자진 성실해야 한다.

5. 모든 국민은 안보 위주의 새 가치관을 확립하여야 한다.

6. 최악의 경우 우리가 향유하고 있는 자유의 일부도 유보할 결의를 가져야 한다. 1971 1206

**해설** 학생 시위에 군대를 투입하는 방식인 위수령이 최초로 시행된 기사다. 전면적인 계엄령이 좀 부담스러울 때 일종의 약식 계엄령이라고 할 수 있는 방법으로 시위를 진압하기 위해 만든 것이 대통령령으로 만든 위수령이었다. 박정희 정권은 집권 내내 군과 경찰력을 통해 정권 유지에 골몰해야 했다. 박정희 정권에게는 특히 대학가가 문제였다. 대학생들은 대중적 시위를 전개할 수 있는 거의 유일한 세력이었다고 할 수 있다. 이러한 대학가를 통제하기 위해 박정희 정권은 교련 교육을 도입하는 등 통제 체제를 강화했는데, 이는 역으로 대학생들의 격렬한 반대를 불러왔다. 1971년 2학기 대학가 시위는 교련 반대와 4월에 치러진 대통령 선거 부정을 비판하는 것이 주요 이슈였다. 박정희 정권은 위수령, 계엄령, 비상사태 등등 듣기만 해도 무시무시한 조치들을 거의 날마다 쏟아냈다. 위수령 발동 직후인 12월 6일에는 국가비상사태를 선포했다.

사실 이 조치는 약간 뜬금없는 것처럼 보이기도 했다. 대학가 시위는 위수령 발동으로 소강상태에 접어들어 특별히 위기라고 볼 수 있는 정황이 아니었다. 박정희는 특유의 '주관적 위기'를 강조했다. '중공'의 유엔 가입으로 안보가 더 불안해졌고, '북괴'의 도발이 날로 격화되고 있다는 것이 비상사태를 선포하는 이유라고 설명했다.

많은 사람들에게 이 비상사태 선포는 1년 후 유신체제 선포의 예행연습으로 보였다. 유신체제는 일종의 항상적 국가 비상사태라고 할 수 있는데, 역시 박정희 특유의 주관적 위기를 타개하기 위한 것으로 주장되었다.

# 8·3조치

1972年 8月 3日 동아일보 호외

**박 대통령, 경제 안정·성장에 관한 긴급명령 발동**
**2일 현재 기업 사채 동결 조정**
**오늘부터 시행, 9일까지 신고**

박정희 대통령은 3일 자정을 기해 '경제의 안정과 성장에 관한 긴급명령'을 발동, 모든 기업은 1972년 8월 2일 현재 보유하는 모든 사채를 3일부터 9일까지 정부에 신고하고 모든 사채는 1972년 8월 3일자로 월리 1.35퍼센트로 하며, 3년 거치후 5년 분할 상환의 새로운 채권 채무관계로 의법 조정되거나 또는 차주借主 기업에 대한 출자로 전환토록 조치했다. 헌법 제73조에 의해 대통령 긴급명령 제15호로 이날 공포된 이 긴급명령은 8월 3일부터 시행된다. 이 긴급명령의 내용은 또 금융기관은 2000억 원의 특별금융채권을 발행하여 한국은행에 인수시키고 이로써 조달한 자금으로 기업의 단기고리대출금의 일부를 연리 8퍼센트, 3년 거치후 5년 상환의 장기저리대출금으로 대환貸換하며 단 통화 증발을 회피하기 위해 금융기관은 대환에 의하여 회수한 단기대출금 전액을 한국은행에 예치해야 하는 등 7개 요강으로 돼 있다. 박대통령은 이 긴급명령 조치와 관련 환율을 1달라 대 400원 선에서 안정시켜야 할 것 등 5개 항을 내각에 지시했다고 이 특별담화에서 밝혔다. 이 특별담화문은 2일 밤 11시 40분 김성진 청와대 대변인이 발표했다.

### 원리 1.35% 3년 거치 5년 분할 상환

1. 모든 기업은 72년 8월 2일 현재에 보유하는 모든 사채를 정부에 신고하여야 한다.

모든 사채는 72년 8월 3일자로 월리月利 1.35퍼센트, 3년 거치후 5년 분할 상환의 새로운 채권채무관계로 의법 조치되거나 또는 차주기업에 대한 출자로 전환되어야 한다.

### 저리 금융채권 2천억 원 발행 장기대환

2. 금융기관은 2000억 원의 특별금융채권을 발행하여 한국은행에 인수시키고, 이로써 조달한 자금으로 기업의 단기고리대출금의 일부를 연리 8퍼센트, 3년 거치후 5년 상환의 장기저리대출금으로 대환貸換한다. 단 통화 증발을 회피하기 위하여 금융기관은 대환에 의하여 회수한 단기대출금 전액을 한국은행에 예치하여야 한다.

### 정부, 중소기업 신용기금 등에 20억 출연

3. 정부는 중소기업신용보증기금 및 농림수산업자 신용보증기금에 각각 10억 원씩 합계 20억 원을 출연出捐한다.

여타 금융기관은 각기 신용보증기금을 설치하고 향후 5년간 대출 금리 중 0.5퍼센트 해당액을 기금에 출연하고 기금의 10배 한도 내에서 신용보증을 할 수 있도록 한다.

### 산업 합리와 순응 기업에 융자, 세제 특전

4. 정부는 산업합리화 자금을 설치하고 합리화 기준에 순응하는 기업에 대하여는 장기저리자금을 대여하고 세제상의 특전을 준다. 이 목적을 위하여 정부는 우선 500억 원의 자금을 조달한다.

### 산업설비 감가상각 할증율 40~80%로

5. 중요산업의 고정설비에 관한 감가상각율의 할증율을 현행 30퍼센트에서 40퍼센트 내지 80퍼센트까지 인상한다.

### 내자 이용 투자 공제율 10% 인상 확대

6. 국내 자원을 이용하는 투자에 대하여는 법인세 또는 소득세의 투자 공제율을 현행 6퍼센트에서 10퍼센트로 인상하고 그 적용 대상을 대폭 확대한다.

### 지방교부세 등 법정율 폐지 예산서 책정

7. 재정의 신축성을 회복하기 위하여 지방교부세 및 지방교육재정 교부금 그리고 도로정비사업비의 법정 교부율을 폐지하고 매년 예산에서 이를 정한다. 1972 0803

東亞日報

號外

1972年 8月3日(木)

# 朴大統領, 經濟安定·成長에 관한 긴급命令 發動

## 2日현재 企業私債 凍結 調整

오늘부터施行 九日까지申告

月利一·三五% 三年거치 五年分割償還

低利金融債券 二千億원발행 長期貸換

政府, 中小企業 信用기금등에 20億출연

産業合理化 순응 業體에 융자 稅制특전

産業設備 감가상각 割增率 40~80%로

內資利用投資 공제率 10%로引上 擴大

地方交付稅등 法定率폐지 예산서 策定

預金金利 年12%로

당좌預金支給정지 五日까지

大統領 特別談話文

內閣에대한 大統領 지시사항

**해설** 유신체제 선포 두 달 전 '경제유신'이 먼저 시작되었다. 8·3조치로 알려진 '경제의 안정과 성장에 관한 긴급명령'이 그것이었다. 그 요체는 기업에게 각종 특혜 즉 은행금리 인하, 세금 감면에 사채까지 동결·조정해준 것이었다. 그러나 세상에 공짜는 없는 법, 그 부담은 고스란히 일반 가정의 세금으로 돌아갔다. 1972년 12.6퍼센트였던 일반 가정의 세금 부담률이 1981년에는 18.2퍼센트로 늘었다.

1960년대 말 세계 경제가 침체하면서 한국 경제에도 빨간등이 켜지기 시작했다. 특히 한국 경제는 수출에 올인하는 체질이었기에 더욱 민감하게 반응할 수밖에 없었다. 당시 박정희 정권은 수출만 잘 한다면 살인을 해도 살려줄 판이었다. 수출기업에게 준 엄청난 특혜는 묻지마 수출을 조장했고 수출길이 막히면 모든 것이 끝장나는 막장 경제를 만들고 있었다. 실제 수출길이 막히자 기업들은 부도 직전까지 몰렸고, 이들이 몰락한다면 박정희 정권의 수출 드라이브도 끝장나기에 나 몰라라 할 수 없었다.

사실 8·3조치 이전에 비슷한 일이 한 번 있었다. 쿠데타 직후 단행한 농가고리채 정리 사업이다. 모든 사채를 신고해 채무 변제와 이율을 조정해준다는 이 조치는 인간관계로 얽힌 농촌 사정을 고려치 않은 '혁명적(?)' 사업이었기에 큰 실효를 볼 수 없었다. 이와 달리 안면몰수하고 살아가는 시장판에서 8·3조치는 기업들에게 난데없는 횡재에 다름 없었다. 물론 기업 사채를 산 서민들에겐 마른하늘에 날벼락이었다.

# 유신헌법 공포

1972年 10月 18日 동아일보
11月 22日 한국일보
12月 28日 | 1975年 2月 13日 조선일보

**헌법 기능 비상국무회의서 수행**
**박 대통령 특별 선언…전국에 비상계엄 선포**
_어제 오후 7시 기해

**평화통일 지향 개헌**
**27일까지 공고… 그 후 한달 내 국민투표**

박정희 대통령은 17일 오후 7시 대통령 특별선언을 발표, 이 시각을 기해 국회 해산, 정당 및 정치 활동의 중지 등 현행 헌법의 일부 기능을 정지시키고 전국 일원에 비상계엄을 선포했다. 박 대통령은 이 특별선언을 통해 ① 72년 10월 17일 오후 7시를 기해 국회를 해산하고 정당 및 정치 활동의 중지 등 현행 헌법의 일부 조항 효력을 정지시킨다. ② 일부 효력이 정지된 헌법 조항의 기능은 비상국무회의에 의해 수행되며 비상국무회의의 기능은 현행 헌법의 국무회의가 수행한다. ③ 비상국무회의는 1972년 10월 27일까지 조국의 평화통일을 지향하는 헌법 개정안을 공고하며 이를 공고한 날로부터 1개월 이내에 국민투표에 붙여 확정시킨다. ④ 헌법개정안이 확정되면 개정된 헌법 절차에 따라 늦어도 금년 연말 이전에 헌정 질서를 정당화시킨다고 밝혔다.

**정당 활동 중지 · 체제 개혁**
**연말까지 헌법 질서 정상화**

**계엄사령관에 노 육참총장**
**계엄 선포 공고**

1972년 10월 17일 정부의 비상조치에 의하여 대한민국이 직면하고 있는 역사적 시련을 극복하고 국토와 민족의 평화적 통일을 달성키 위한 체제의 개혁을 단행함에 있어 이에 수반되는 사회질서의 동요와 혼란을 미연에 방지하는 동시 국민의 생명과 재산을 보호하기 위해 다음과 같이 계엄을 선포한다.

1. 계엄 일시: 1972년 10월 17일 19시
1. 계엄의 종류: 비상계엄
1. 계엄 지구: 전국
1. 계엄사령관: 육군 참모총장

육군대장 노재현
1972년 10월 17일
대통령 박정희

**대학 휴교…통금 그대로**
**계엄사 포고 제1호 언론 · 출판 사전 검열**

**계엄사 공시 사항**

계엄사령부 포고 제1호에 의거 언론 출판의 검열과 출국 통제를 위한 여권의 검열을 다음과 같이 실시한다.

1. 언론 출판의 검열
가. 검열 장소 서울특별시청내(각 도는 각 도청)
나. 검열관 계엄사령관
다. 검열 시간 석간 5시~12시 조간 15시~22시/ 통신 상기 시간 중 수시/ 주週 월간지月刊紙(지誌) 13시~15시/ 방송 수시
라. 요령
① 신문은 가인쇄(대장) 2부 제출
② 방송 및 통신은 원고 1부 제출
③ 기타 간행물은 견본 2부 제출
2. 여권 검열(출국 통제)
가. 모든 출국 희망자는 외무부 여권과에서 검열을 실시한다.
나. 1972년 10월 17일 이전에 여권을 발급받은 자도 재검을 받아야 한다. 1972 1018

**국민투표 찬성 90%선**
**유신헌법안 확정**
**과반過半 700만 표 돌파** _오늘 새벽 5시 현재

1972年 10月 18日 동아일보

【1】 1972年10月18日 水曜日 東亞日報 The Dong-A Ilbo 第15706號

# 憲法기능 非常國務會議서遂行

## 朴大統領特別宣言 全國에非常戒嚴선포

어제午後七時기해

## 平和統一지향 改憲

### 27日까지公告…그후한달內 國民投票

### 政黨活動중지·體制개혁

年末까지 憲法秩序정상화

### 大學休校…通禁그대로

戒嚴司布告제一호 言論·出版 事前검열

戒嚴司令官에 盧陸參總長

### "改憲案 확정되면 大統領·議員선거"

全軍주요指揮官회의

朴大統領

日紙, 톱으로報道

軍檢閱畢

## 10·17 非常宣言에 對한 우리의 決意

어제 우리는 충격적이면서도 반가운 우리 政府의 용기있는 결의를 받았다. 이에 따라 우리 280萬 在鄕軍人은 다음과 같이 우리의 결의와 信念을 이에 闡明하는 바이다.

첫째 〈10·17宣言〉으로 나타난 非常措置는 우리 民族史의 內實을 기하는 우렁찬 전진으로 생각한다.

朴正熙大統領閣下가 〈10·17特別宣言〉에서도 밝힌바와 같이 「昨今의 變化는 歷史上 그 어느때 보다도 뚜렷하게 우리의 운명을 우리 스스로의 힘으로 지키고 개척해 나가지 않을수 없다는 것을 엄숙히 가르쳐 주고 있다」고 말했으며 이는 바로 우리 민족의 자주적 자결주의를 확인한 것으로 생각하는 바이다. 美中共間의 국교정상화에 이어 일본과 中共間의 국교정상화는 우리의 安保面에 보이지 않는 위협으로 다가오고 있는 것이다. 지금 우리민족을 구제하고, 지금 우리민족을 위기로부터 멋지게 도와줄 사람은 누구인가? 그것은 결국 우리민족 스스로의 힘이다. 우리의 힘에 의해, 그리고 우리의 용기에 의해, 그리고 우리의 자주적 노력에 의거하는 길밖엔 없을것이라면 결국 이와같은 朴大統領閣下의 결의는 필연적인 것이라고 생각하지 않을수 없는 것이다. 우리는 한가롭게 또한 여유만만하게 우리의 현실을 남에게 맡기고 있을수 없을 것이며 우리 스스로 우리 民族의 內實을 기하는 도리밖엔 없을 것이기 때문이다.

둘째 〈10·17宣言〉은 政權安保가 아니라 民族運命의 安保를 위한 길이라고 우리는 생각하며 또한 지지하는 바이다.

一個 정당이나 일개 정권의 만보와 유지를 위한 것이라면 조국의 국토보전을 위해 싸운 우리로써 할 말도 할 얘기도 없을 것이다. 우리는 그러나 지금, 정연하게 우리 국토와 민족을 지키는 일이 무엇인가를 깊이 생각하는 바이다. 朴大統領閣下께서 금년 8·15경축사에서 밝히신바와 같이 이해관계는 달라도 民族은 영원한 것이며 체제에 앞서 민족은 不變하는 것이라면 우리가 지금 생각할것은 政權도 執權도 저 어두운 民族史의 어두움, 전쟁과 오해의 기나긴 흐름이 아니라 실로 現實的인 우리 민족의 생생한 進路일 것이라 생각되는 것이다. 이번 非常措置는 그렇기 때문에 우리의 적극적인 지지를 얻게된 것이다.

셋째 이번〈10·17措置〉는 分斷된 祖國을 平和的으로 統一하는데 뒷받침이 될수 있다는 데서 지지를 보낸다.

지금까지 우리는 南北간의 이질적인 정치 구조와 체제에 대하여 인내할 수 없었으며 특히 南北對話가 이뤄지면서부터 심지어는 違憲違法이라는 法律的 또는 政治的 是非마저 없지 않았다. 그러나, 이번 조치는 우리에게 용기를주었고 저들의 일방적이며 非民族的 이데올로기의 침로에 더 분명한 자각을 주었던 것으로 생각한다. 우리는 이 조치가 명랑한 南北對話의 적극적 지원 형식으로 생각하며 南北對話의 효율적 진전을 통한 平和的 南北統一作業의 위대한 기초가 되기를 열망한다.

넷째 우리 사회의 제도적 체제 정비를 단행한 점에 대하여 우리는 또한 적극 지지하는 바이다.

우리 민족은 지금 국제적으로는 고립의 위기에 처해있으며 국제여론의 불합리하고도 일방적인 오해에 직면해 있고 국내적으로는 다분히 안일하고도 근거 없는 낙관주의에 사로잡혀 우리 스스로의 처지가 스스로 망각되는 상황에 처해 있다. 더구나 우리는 緊張緩和라는 이름아래 허다한 國際的 손실과 국내적 손실을 보고 있으며 정치적 문화적 제도상의 모순으로 國論을 통일하지 못하는 어려움을 속에 허덕여 왔다. 우리는 이제 민족주체세력의 확연한 형성과 민족의 대동단결이라는 사명을 띠고 더 이상 머뭇거림이 없이 정치적, 경제적, 그리고 사회적인 모든 제도상의 개혁을 단행, 국력의 낭비가없이 국론이 통일되고 국력이 합일되기를 갈망하는 것이다.

다섯째 우리나라 사회의 민족적 주체의식확립, 민족적 자존의식이 확립될 것을 바라며 〈10·17宣言〉을 환영한다.

朴大統領 각하께서도 누누히 강조하신바와 같이 오늘날 우리민족의 전체적 사명은 어느때와도 달리 통일과 歷史意識에 집중되어 있으므로 외세와 國民的 逆境을 극복하는 벅찬 작업이 요구되는 것이다.

여섯째 우리는 〈10·17宣言〉이 진심으로 새 歷史의 轉機點이 되기를 열망하며 그러한 전의에 대하여 환영을 보낸다.

민족의 대동단결은 우리의 희망이되고 외세에 대한 적극적 대응은 우리민족의 자존심을 회복하는 일이며 적극적인 남북대화는 우리민족의 긍지를 높일 것이다. 그러나 이번 〈10·17宣言〉은 더욱 우리민족의 번영과 희망을 약속하는 일이 될 것이다.

분산된 우리의 힘을 하나의 힘으로!! 무력했던 우리국민의 여론을 하나의 힘으로!! 그리고 우리 민족의 절망과 좌절이 밝은 희망으로 되기를 바라는 것이다. 우리 280萬 在鄕軍人은 그러하기 때문에 〈10·17宣言〉을 적극 지지하는 바이다.

一九七二, 一〇, 一八

大韓民國在鄕軍人會

會長 金 一 煥

外 會員 一同

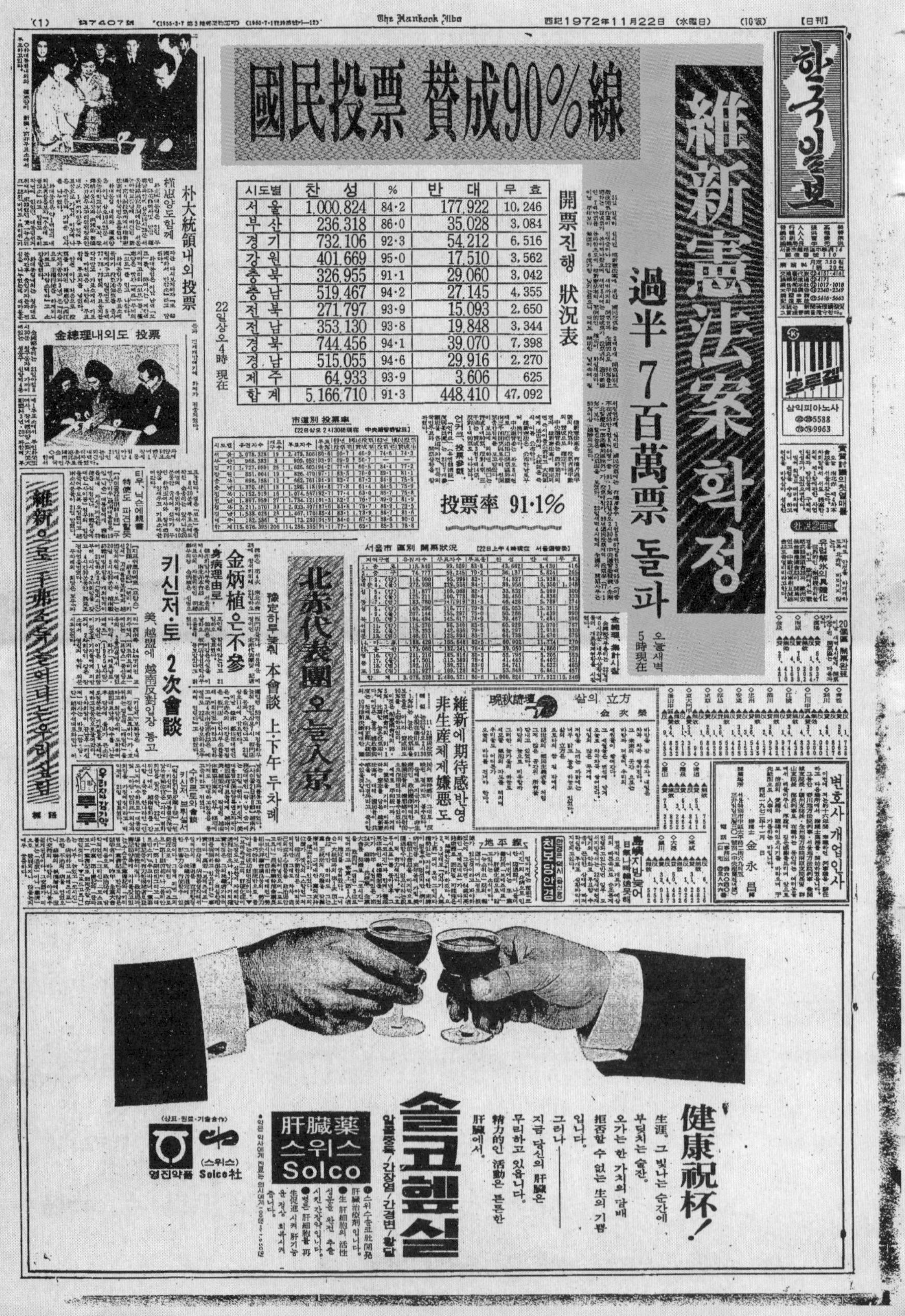

(1) 第7407號 The Hankook Ilbo 西紀1972年11月22日 (水曜日) (10版) 【日刊】

한국일보

# 國民投票 贊成90%線

# 維新憲法案 확정

## 過半 7百萬票 돌파

오늘새벽 5時現在

### 開票진행 狀況表

22일상오4時 現在

| 시도별 | 찬 성 | % | 반 대 | 무 효 |
|---|---|---|---|---|
| 서 울 | 1,000,824 | 84·2 | 177,922 | 10,246 |
| 부 산 | 236,318 | 86·0 | 35,028 | 3,084 |
| 경 기 | 732,106 | 92·3 | 54,212 | 6,516 |
| 강 원 | 401,669 | 95·0 | 17,510 | 3,562 |
| 충 북 | 326,955 | 91·1 | 29,060 | 3,042 |
| 충 남 | 519,467 | 94·2 | 27,145 | 4,355 |
| 전 북 | 271,797 | 93·9 | 15,093 | 2,650 |
| 전 남 | 353,130 | 93·8 | 19,848 | 3,344 |
| 경 북 | 744,456 | 94·1 | 39,070 | 7,398 |
| 경 남 | 515,055 | 94·6 | 29,916 | 2,270 |
| 제 주 | 64,933 | 93·9 | 3,606 | 625 |
| 합 계 | 5,166,710 | 91·3 | 448,410 | 47,092 |

市道別 投票率

## 投票率 91·1%

朴大統領내외投票

金總理내외도 投票

北赤代表團 오늘入京

豫定하루늦춰 本會談 上·下午 두차례

金炳植은不參

키신저·토 2次會談

美, 越盟에 越南反對입장 통고

維新에 期待感반영 非生産체계 嫌惡도

삶의 立方

維新으로 「十月유신」...

변호사 개업인사



1972年 11月 22日 한국일보

21일 일제히 실시된 유신헌법안에 대한 국민투표는 206개 개표구역별로 철야개표 작업이 진행 중이나 22일 새벽까지의 개표결과 전국적으로 90%를 상회하는 찬성표가 쏟아져 나왔으며 새벽 5시에는 찬성표가 투표자의 과반수 선인 700만 표를 돌파함으로써 유신헌법안의 압도적인 확정이 확실해졌다. 이날 평년보다 기온이 6도 가량 낮기는 했으나 대체로 청명한 날씨 속에 질서정연하게 실시된 국민투표에는 유권자 총수 1567만 6395명(이중 부재자 55만 3844명) 중 91.1%(22일 상오 2시 30분 중앙선관위 발표 전남북 및 경북 일부 도서지역 제외)가 투표에 참가, 69년 국민투표 때의 투표율(77.1%)보다 훨씬 높은 투표율을 보였다. 22일 새벽 4시 현재 전국의 개표 사무는 50% 이상 진척되고 있다. 1972 1122

**국정 전반 개혁 단행**
**박 대통령 남북대화 확대 등 7개 목표 제시**

**박정희 8대 대통령 취임**
**현실에 맞는 정치제도 육성**
**유신 성패 공직자 자세에**

(1) 10版 第15917號 西紀1972年12月28日 木曜日 (日刊)

朝鮮日報

國政전반 改革단행

朴大統領 南北對話확대등 7개目標 제시

朴正熙 8대大統領 취임

현실에맞는 政治制度육성

維新성패 公職者자세에

維新憲法 발효

어제公布式 71日만에 憲政회복

延1千4百회 出擊

美軍司 北爆72個軍事목표물 公開

國會議員선거·政黨法 今明공포

共和 곧黨機構 재조정키로

新民 일부선 新黨움직임도

마음모아 경축하고 힘모아 번영하자

社会漫評

1972年 12月 28日 조선일보

(1) 11版 第16572號 조선일보 The Chosun Ilbo 西紀1975年2月13日 木曜日 (日刊)

朝鮮日報

# 國民投票案 可決 확정

## 贊 74%線, 投票率 80%

## 徹夜開票 진행

서울 투표60·2% 最低

維新憲法 찬성·朴대통령 再信任

◇전국 投-開票狀況 <새벽 4시반 현재>

| 市道名 | 開票區數 | 投票區數 | 投票人數 | 投票數 | 有効投票數 贊成 | 有効投票數 反對 | 無効投票數 | 投票率% | 贊成投票率% |
|---|---|---|---|---|---|---|---|---|---|
| 서울 | 19 | 1,107 | (91,047) 3,491,541 | 2,103,275 | 655,652 | 437,760 | 17,810 | (98.0) 60.2 | 59 |
| 釜山 | 8 | 562 | (30,190) 1,161,018 | 813,113 | 238,140 | 136,172 | 6,590 | (97.4) 70.0 | 63 |
| 京畿 | 27 | 1,098 | (54,438) 1,892,305 | 1,608,610 | 690,083 | 236,315 | 15,548 | (98.2) 84.7 | 73 |
| 江原 | 19 | 878 | (26,344) 859,667 | 788,478 | 318,607 | 59,043 | 7,109 | (97.2) 91.7 | 83 |
| 忠北 | 12 | 592 | (27,148) 728,690 | 657,257 | 307,383 | 69,302 | 7,226 | (97.9) 90.2 | 80 |
| 忠南 | 18 | 860 | (50,557) 1,429,743 | 1,218,464 | 543,288 | 167,188 | 15,971 | (98.4) 85.2 | 75 |
| 全北 | 16 | 1,104 | (42,903) 1,180,103 | 1,014,403 | 384,684 | 137,460 | 10,372 | (98.0) 86.0 | 72 |
| 全南 | 27 | 1,540 | (64,801) 1,928,767 | 1,643,790 | 556,091 | 157,085 | 13,729 | 85.6 | 77 |
| 慶北 | 33 | 1,800 | (79,429) 2,321,415 | 2,032,937 | 953,065 | 200,310 | 17,321 | (97.9) 87.6 | 81 |
| 慶南 | 25 | 1,154 | (58,282) 1,601,801 | 1,363,268 | 569,204 | 149,003 | 11,705 | (97.9) 85.1 | 78 |
| 濟州 | 3 | 182 | (4,662) 193,789 | 175,159 | 54,954 | 7,862 | 1,334 | (99.0) 90.4 | 86 |
| 合計 | 207 | 10,677 | (529,801) 16,788,839 | 13,413,951 | 5,270,751 | 1,757,500 | 124,715 | 80 | 74 |

◇「民意의」판가름

朴大統領도 "한票"

### 資金뿌려 인플레加重

金總裁회견 從事員은 國民의 便으로

### 投票결과 不認

金大中씨회견 民主隊列 강화를

金泳三총재·金大中씨 "承服할수없다"發言

### "依法조처 돼야마땅"

吉典和사무총장

"投票無效訴 제기"

開票 완료지구

◇國民投票결과 對比

朝鮮漫評

無題



1975年 2月 13日 조선일보

### 유신헌법 발효
### 어제 공포식 71일 만에 헌정 회복

정부는 27일 오전 중앙청 중앙회의실에서 김종필 국무총리 주재로 헌법 공포식을 갖고 지난 11월 21일의 국민투표에서 확정된 유신헌법을 공포했다.

유신헌법의 발효에 따라 박정희 대통령의 10.17 특별선언 이후 71일 만에 헌정 질서가 회복되고 그동안 금지되었던 정치활동도 재재되었다.

이석제 감사원장과 전 국무위원 재경 2급이상 공무원 500여 명이 참석한 이날 헌법 공포식에서 김 총리는 식사를 통해 "유신헌법은 민족의 숙원인 평화적 조국통일의 성취에 기본 취지를 두고 있다"고 말하고 "새 헌법이 공포되었다고 해서 유신적 개혁의 모든 목표가 달성된 것은 결코 아니며 국력의 조직화, 한국 민주주의의 토착화로 집약되는 유신 과업은 이제 헌법의 공포와 함께 본격적으로 출발점에 서있는 것"이라고 강조했다. 1972 1228

### 국민투표안 가결 확정
### 찬 74% 선, 투표율 80%
### 철야개표 진행, 서울 투표 60.2% 최저

현행 유신헌법에 대한 찬성 및 박 대통령에 대한 신임을 묻는 국민투표안이 13일 새벽 밤새워 진행된 개표에서 투표자 총수의 과반수를 넘는 찬성표를 무난히 확보, 가결이 확정되었다. 중앙선관위는 12일 실시된 국민투표에서 총 유권자의 80%인 1341만 3951명이 투표에 참가했으며, 13일 새벽 5시 반 현재 65% 진행된 개표 결과 찬성이 673만 6271표로 74%의 찬성률을 나타내어 가결 최저선인 670만 6976표는 넘어섬으로써 미개표된 투표수에 관계없이 가결이 확정된 것으로 집결됐다.

### 유신헌법 찬성, 박 대통령 재신임 1975 0213

**해설** 한국 현대사에서 최악의 체제가 출현했다. 알다시피 유신체제의 핵심은 대통령의 권력을 극대화하면서 동시에 그 권력의 재생산을 안정적으로 보장하는 데 있었다. 다시 말해 긴급조치로 상징되는 대통령 권력의 극대화와 통일주체국민회의로 상징되는 간선제 대통령 선출제도가 유신헌법의 핵심이었다. 정부 수립 이후 숱한 위기 속에서도 근간을 유지해오던 자유민주주의 체제가 심각하게 변형된 것이었다. 박정희는 비로소 평소 자신이 원했던 체제, 즉 파시즘에 가까운 체제를 가졌음직했다.

유신체제가 성립한 배경에는 사실 별다른 것이 없었다. 7 · 4남북 공동성명이 보여주듯이 남북관계도 해빙무드였고, 동북아 정세도 안정적이었다. 국내에서도 별다른 위기는 없었다. 유신은 순전히 박정희 자신의 주관적 위기의 산물이었다. 스스로 상황을 위기로 규정하고 그에 걸맞은 파시즘 체제를 구축한 셈이었다. 문제는 국내외에서 박정희의 시도를 저지할 만한 힘들이 별로 없었다는 것이었다. 야당은 지리멸렬했고, 대중운동은 침체되었으며, 미국 또한 유신체제에 별다른 반대 움직임을 보여주지 않았다.

파시즘과 유사하긴 하지만 유신체제는 형식 논리적 수준에서 민주주의를 전면 부정하지는 못했다. 4 · 19가 보여주듯이 해방 이후 한국에서 민주주의는 정권의 명운을 가를 정도로 위력적인 대중행동의 이념 근거로 자리 잡았다. 박정희도 그 위력을 잘 알고 있었기에, 그리고 미국의 압력도 있었기에 민주주의 자체를 부정하지는 못했다. 쿠데타 이후 마지못해 민정이양을 한 것에서 보듯이 박정희는 가급적 민주주의의 외양을 유지할 수밖에 없었다. 민주주의를 전면 부정하는 것은 국내외에서 엄청난 반발을 불러올 것이 뻔했다.

유신헌법도 형식논리 수준에서 민주주의 제도를 유지했다. 비록 간선제일망정 대통령 선거제도를 유지했고 의회도 존속시켰다. 민주주의를 형식적으로 유지하는 대신 박정희는 자유주의를 집중 공격하는 전략을 취했다. 즉 자유민주주의에서 민주주의를 전유專有하면서 자유주의를 소거시키는 전략을 취한 것이다. 장발, 미니스커트 단속은 한 예가 될 것이다. 이러한 전략은 독일의 극우 정치학자 칼 슈미트의 논리를 수용한 흔적이 강했다. 그에 따르면 자유주의와 민주주의는 서로를 배척하는 관계이기에 자유민주주의는 그 자체로 모순일 수밖에 없으며 민주주의는 오히려 전체주의와 친화성이 있다는 것이었다.

그런데도 수많은 사람들은 유신체제를 민주주의에 대한 정면 도전으로 이해했다. 특히 인권개념이 중요한 가치로 떠올랐다. 인혁당 사건 관련자 처형에서 드러나듯이 유신체제의 폭력적 성격은 수많은 사람을 희생시키면서 또 더 많은 사람들을 격분시켰다. 유신체제 이후 이른바 민주–반민주 구도가 강력한 정치 지형으로 등장했으며, 앞으로 수십 년 간 한국정치 지형을 규정지었다. 이러한 맥락에서 유신체제는 역설적으로 한국의 민주주의 발전에 부정적 방식으로 기여했다고 하겠다.

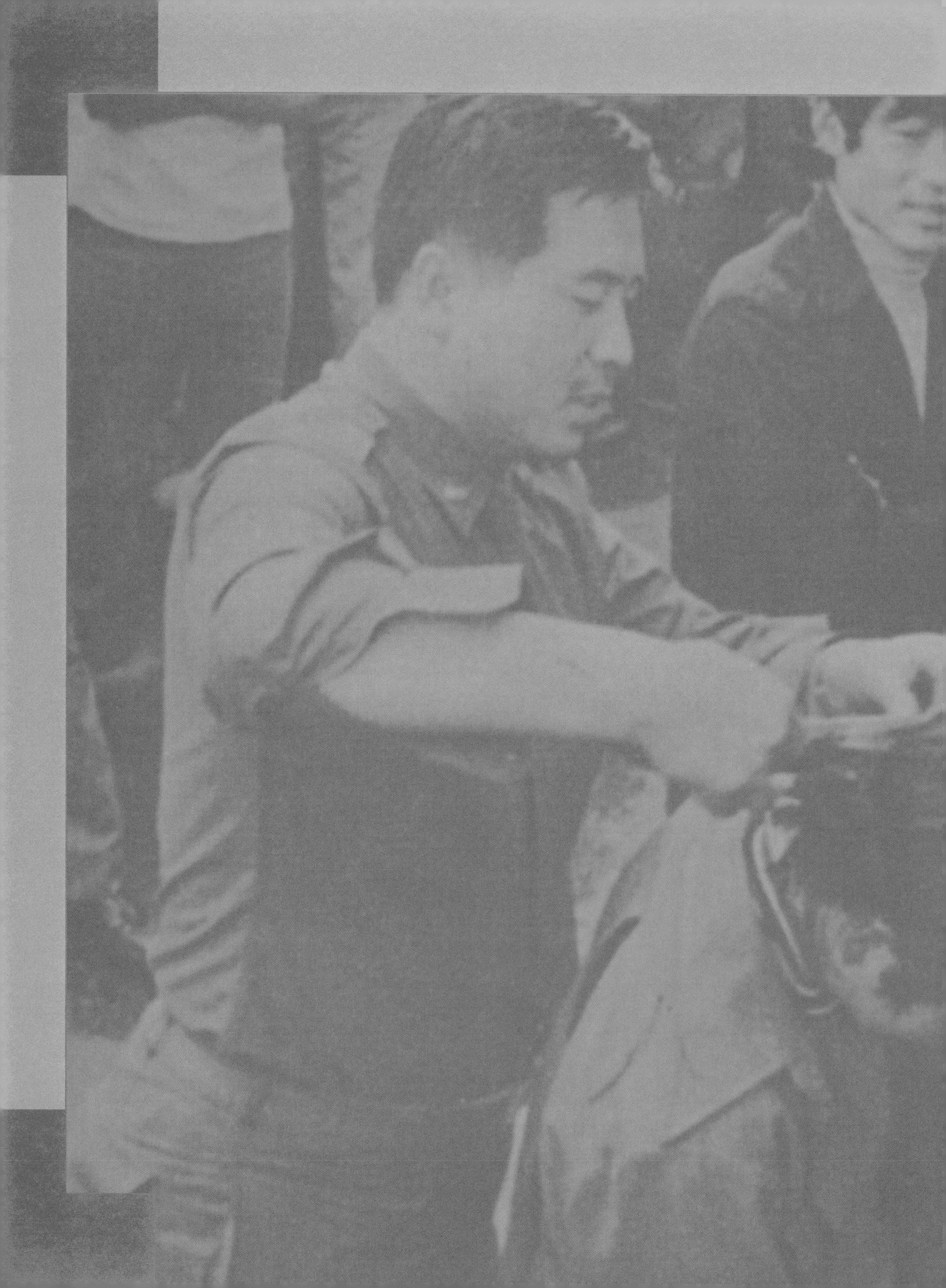

# 1973부터 1979까지

1973
1月 월남 휴전
2月 경범죄 단속
4月 윤필용 사건
7月 포항종합제철 준공
8月 김대중 실종
12月 1차 오일 쇼크
개헌청원 100만 서명

1974
1月 대통령 긴급조치 1호 선포
2月 김정일, 김일성 후계자로 공인
4月 대통령 긴급조치 4호 선포
사할린 교포 송환 결정
민청학련 사건
8月 육영수 여사 피격
9月 재야 세력 등장

1975
1月 〈동아일보〉 광고 탄압
4月 대통령 긴급조치 7호 선포
인민혁명당 사건
5月 대통령 긴급조치 9호 선포
6月 학도호국단 발대
금지곡 파동
8月 장준하 의문사

1976
3月 명동 사건-'3·1 민주구국선언'
성명서 낭독
8月 판문점 도끼 사건
10月 박동선 로비 사건

1977
12月 수출 100억 달러 돌파

1978
7月 9대 대통령에 박정희 당선
12月 10대 총선

1979
5月 김영삼 신민당 총재 당선
8月 YH여공 사건
10月 김영삼 의원 제명
남민전 사건
김형욱 실종 사건
부마 항쟁
위수령 발동
10·26 사건
11月 위장 결혼식 사건
12月 긴급조치 9호 해제
김재규 사형 선고
최규하 정권 출범
12·12사태

# 월남 휴전

1973年 1月 28日 | 1975年 4月 30日 한국일보

**월남 휴전 오늘 상오 9시 발효**
**1973년 1월 27일 하오 7시 6분(한국시간)**
**평화협정 역사적 조인** _파리국제회의센터서

18분 동안의 조인으로 10여 년을 끈 기나긴 월남전은 막을 내렸다. 27일 상오 11시 6분(한국시간 하오 7시 6분) 파리의 국제회의센터에서 미국의 윌렴 · P · 로저스 국무장관, 월남의 트란 · 반 · 람 외상, 그리고 월맹의 구엔 · 두이 · 트린 외상, 베트콩(월남임시혁명정부)의 구엔 · 티 · 빈 외상은 '월남전 종결과 평화회복에 관한 협정'과 '휴전 · 합동군사위' '포로 · 정치범 석방' '국제휴전감시위원단' 등 3개 부속 의정서를 정식 조인했다.

**미 · 월맹 기뢰機雷 제거 의정서 2차 조인**
_어제 하오 11시 45분 1973 0128

**다가오는 포성에 다급한 '굿바이, 사이공'**
**주월 대사관 어제 문 닫아**
**철수 못한 동포 100여 명**
**태극기 19년만에 하기下旗**

사이공시 □□街 107의 주월 한국대사관이 29일을 마지막으로 문을 닫았다. 이날 아침 9시 본국 정부와의 무선 통신시설이 최후의 교신을 하고 있는 사이 대사관 건물의 태극기도 말없이 거두어졌다.

56년 5월 이곳에 공사관이 설치된 이래 19년만에 겪는 공관 폐쇄였다. 같은 시간에도 마지막 LST마저 놓쳐버린 약 100명의 한국인들이 대사관과 대사관 앞뜰을 가득 메우고 있다. 이들이 나타날 때마다 철수 준비를 서둘던 대사관원들은 깜짝깜짝 놀라곤 한다. 이들의 대부분은 단 한 번도 신고를 한 일이 없을 뿐만 아니라 미처 출국수속이 돼있지 않은 사람이 상당수인 것이다. 1975 0430

**해설** 1960년대 중반 이후 한국을 유사 전시상태로 몰고 갔던 베트남전이 끝났다. 모든 깨달음은 사후적이라던가. 애초 미국은 이길 수 없는 전쟁에 뛰어든 셈이었다. 인민의 마음을 얻을 수 없었던 미군은 최신무기 실험 결과만을 얻는 데 만족해야 했다. 미국의 포기는 곧 남베트남의 종말이었고 한국의 철수도 기정사실이었다. 1973년 휴전 후 불과 2년 만에 북베트남은 베트남 전역을 장악해 '통일'을 달성했다.

비록 통일을 했지만 베트남이 치른 댓가는 엄청났다. 태평양전쟁 발발과 함께 오랜 프랑스 식민지로부터는 벗어났지만, 새로운 점령자인 일본이 베트남의 친구일 수는 없었다. 일본 패망 이후에도 베트남의 고통은 지속되었다. 쫓겨난 프랑스가 다시 종주국이 되겠다고 덤벼들어 7년에 이르는 전쟁을 치러야만 했고, 그 다음 상대 국가가 미국이었다. 세계 최강 미국과의 전쟁은 베트남에게 치유하기 힘든 상처를 남겼다. 베트남의 고통은 제국주의 시대와 냉전체제를 가로지르며 계속되었고, 한국 또한 비슷한 고통의 시절을 보냈다.

한국에게 베트남의 통일은 이른바 '월남 특수'가 끝난 것이자 '월남 패망'의 교훈을 되살려 '대북 반공 체제 강화'의 계기가 되어야 했다. 통일보다 패망에 방점이 찍힌 한국의 베트남 종전 인식은 곧 같은 운명을 피해야 한다는 강박으로 연결되었다. 주 사이공 미 대사관 옥상의 아슬아슬한 마지막 철수 장면이 반복해 환기됨으로써 반공의 절실함이 배가되어야 했다. 애초 자신을 월남과 같이 생각한 남한은 이제는 자신이 왜 월남과는 달라야 하는지를 곱씹어야 했다. 베트남의 통일과 월남의 패망 사이에서 남한은 이리저리 흔들리고 있었다.

1973年 1月 28日 한국일보

# 越南休戰 오늘上午9時發効

## 平和協定歷史的조인

1973年1月27日하오7時6分

파리國際會議센터서

美·越盟 機雷제거議定書 2차調印

統一協議기구 構成

民族主體의식 生活化

統一黨 창당

英·越語正本 32번署名

18分만에 演說도 없이

2차 30번署名…랍、文書보류로

捕虜名單교환

公薦신청 5百69名

1975年 4月 30日 한국일보

다가오는 陷落에 다급한 "굿바이·사이공"

## 駐越大使館어제 門닫아

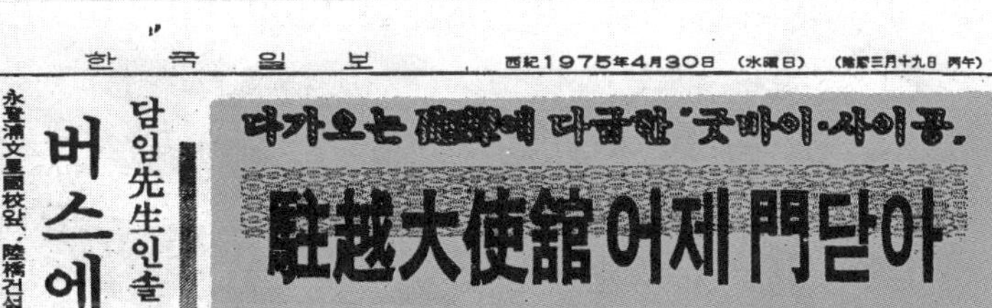

撤收못한 동포 百餘名

태극기 19年만에 下旗

사이공을 떠나면서 安炳璨특파원 마지막通信

"곧撤收하라"…최후狀況보고行

버스에國校生絶命

담임先生인솔 횡단보도건너다

學生指導 나서

서울大、來週 전면開講

# 경범죄 단속

1973年 2月 9日 한국일보

**여자 '쇼트 · 커트'보다 길면 장발**
**보강 9개항 단속 한계 밝혀** _전 경관에 교육
**치안국 경범처벌법 세칙안 마련**

치안국은 8일 경범처벌법 개정에 따른 시행세칙안을 마련했다. 이 시행세칙은 개정법에 보강된 단속대상 9개항 (18 · 19 · 28호 보강, 48~55호 신설) 단속대상 행위의 범위와 한계를 밝힌 것으로 개정법 시행을 위한 경찰의 단속 지침이 된다. 세칙에 의하면 단속대상이 되는 행위 중 ① 주정-사리 분별 못하고 타인을 당황케 하는 정도 이상 ② 과도 노출-팬티가 보이거나 옷이 밀착하여 국부형태가 나타날 정도, 보디 · 페인팅 등 ③ 장발-여자 쇼트 · 커트보다 길어 남녀 분간이 어려울 정도 이상으로 규정했다.

**주정酒酊, 분별없고 폐 끼칠 경우**
**노출, 보디 · 페인팅, 팬티 뵐 때** 1973 0209

**해설** 많은 사람들은 '박정희 시대'를 장발, 미니스커트 단속으로 기억한다. 강렬한 인상을 남긴 이 정책은 개인의 기호와 취향에 속하는 문제인 머리 길이나 치마 길이까지 국가의 단속대상으로 삼았다. 거리에서는 노점 단속에 이어 사람 단속까지 했다. 전자는 거리 미화를 위해서라고 이유를 달았는데, 후자는 도대체 무엇 때문이었을까?

1970년대 들어 박정희 체제는 '한국적 민주주의'를 주창하면서 '국적 있는 교육', '주체적 민족사관'을 강조했다. 그들은 산업화, 근대화가 곧 서구화는 아니라고 주장하면서 민족적 주체성을 지켜야 됨을 강조했다. 요컨대 '서구화 없는 근대화' 전략을 추구한 셈이었다. 정치적으로 서구 자유주의, 개인주의를 경계한 것이자 문화적으로 히피, 스튜던트 파워, 포크folk 음악 등으로 상징되던 1960년대 서구 저항문화 유입을 차단하고자 했다. 불균등 산업화 전략이 초래한 계급, 지역 간 격차가 심화되면서 생긴 사회적 긴장과 갈등을 민족주의적 통합 전략으로 완화하고자 한 것이기도 했다.

개인의 패션 감각에서조차 위기의 징후를 읽어내 그것을 (경)범죄로 판단해내는 국가의 동물적 후각은 식민시대에서 기원하는지도 모른다. 일제는 경찰범 처벌 규칙(조선총독부령 제45호, 1912년 3월)이란 것을 통해 식민지 조선인들의 일거수일투족을 규율하려 했다. 예컨대 길거리에서 웃통을 벗고 일할 수 없게 만든 게 이 규칙이었다. 또한 전시체제기에는 파마, 고데 금지, 색복 착용은 물론 심지어 점심밥을 새로 해먹지 말라는 규칙을 만들 정도였다.

이민족이건 자민족이건 지배 권력이 시정의 유행과 개인의 기호조차 간섭하려는 것은 똑같았다. 그들의 한결같은 목적은 '사회를 보호해야 한다' 였다. 여기서 사회는 국가, 민족 등으로 변주될 수 있었고, 궁극적으로는 기존 질서였다. 장발 단속 기준이 남녀 구분 불가 머리길이인 것에서 드러나듯 질서는 곧 구분이었다. 좌와 우, 위와 아래가 명확히 구분되어야 비로소 질서가 서는 법이었다.

국가주의적 미학의 시선으로 거리와 행인을 규율하려 한 이 정책에 대해 적지 않은 사람들이 찬성한 것으로 보인다. 그것은 버릇없는 젊은이를 훈육해야 한다는 노년층의 기대에서부터 당시의 청년문화를 '빠다에 버무린 깍두기'라고 비난했던 우국 청년층까지 제법 광범했다. 실제 이들이야말로 거리의 질서 수호자라 할 만했다.

(7) 第7472號 (9版) 한국일보 西紀1973年2月9日 (金曜日)

# 女子「쇼트·커트」보다 길면 長髮

治安局 輕犯處罰法 細則案마련

## 補強9개항 團束한계 밝혀

全警官에 교육

## 酒酊 분별없고 폐끼칠 경우

## 露出 보디·페인팅, 팬티 뵐 때

## 白馬2陣 개선

## 交通질서 團束보다 自律로

스스로 지키기 한달동안 運動

위반項目 34개 줄여 27개사항만 집중적 단속

## 顔料商에 불, 化工藥品 폭발

행인등 25명 負傷…파편 25m나

南大門路 三扶빌딩

「에어러솔」에 引火 한듯 위층 다방손님 탈출소동

## 養殖漁場 기름被害

麗水서 油槽船전복 벙커C油흘러

油類해상流失 年2百萬톤

汚染속도 1時間에 5百m

오염방지法·國際협약 加入서둘기로

## "高入試도 學區制를"

## 出資회원모집 詐欺

週刊한국 緊急!增刷

# 윤필용사건

1973年 4月 29日 한국일보

**윤필용 소장(전 수경사首警司 사령관) 징역 15년**
**횡령 · 수회收賄[1] · 8.3조치 위반 등 8항**
**손영길 준장 15년 · 김성배 준장 7년**
_육군보통군재 선고

전 수도경비사령관 윤필용 소장(46)과 손영길 준장(전 수경사 참모장), 김성배 준장(전 육본진급인사실 보좌관) 등 장성 3명과 지성한 대령(전 육군범죄수사단장)등 영관급 장교 5명 및 이정표 대위(전 육군범죄수사단요원) 등 위관급 장교 2명 등 모두 10명이 업무상 횡령, 알선 수회, 특정범죄가중처벌법 위반, 경제안정과 성장에 관한 긴급명령 위반 등 10여 가지 혐의로 구속 기소되어 28일 상오 육군보통군법회의에서 윤 소장과 손 준장은 징역 15년, 김 준장은 징역 7년, 나머지 7명의 장교들은 10년~1년 징역을 선고받았다. 또한 윤 소장에게는 벌금 2000만 원, 추징금 590만 원, 손 준장에게는 벌금 2000만 원이 아울러 병과됐다.

**"사조직 결성 진급 보직 특혜**
**재벌 공갈 축재 고리채 놀이"**

**판결문 요지**
**계엄기간 중 대통령 하사금 착복**
**집엔 진기절묘한 장구裝具 · 호유豪遊 까지**
**현역을 신문사에 · 백금 계급장도** 1973 0429

[1] 뇌물을 받음=수뢰

권력은 유한해도 권력욕은 무한하다. 이미 종신체제임을 분명히 한 유신을 선포했는데도 '포스트 박'을 둘러싼 수군수군은 끊이질 않았다. 신문기사에는 부정부패 사건으로 보도되었지만 실제 이 사건의 핵심은 박정희 후계구도와 군부 내 권력 암투였다. 박정희가 가장 싫어한 것이 바로 자신의 후계구도 어쩌구 하는 뒷담화였는데도 측근 중의 측근이라 할 중앙정보부장 이후락과 수경사령관 윤필용마저 마찬가지였다. 사실 이들의 수군거림은 쿠데타 모의가 아니라 박정희 없는 박정희 체제를 위한 충정과 권력욕이 결합된 술자리 여담에 불과했다. 그러나 박정희는 이를 기회로 군부 내 기강을 잡기로 한 것이고 읍참마속 모양으로 윤필용을 제거했다.

이 사건은 군부 내 하나회 대 비하나회 간 권력투쟁 양상도 결합되었다. 1973년 전두환, 김복동 등 하나회 11기 선두 그룹이 장성 진급을 함으로써 그 세력이 무시 못 할 정도가 되었는데, 윤필용은 하나회의 대부였다. 차지철, 이후락, 박종규 등이 하나회 지지 세력이었다면, 강창성, 정승화 등은 반대 세력이었다. 결국 당시 보안사령관 강창성이 윤필용 사건을 담당함으로써 비하나회 세력이 일단 승리한 모양이 갖추어졌다. 그러나 윤필용이 제거되었는데도 하나회는 건재했으며, 10·26 이후 권력 장악에 성공했다. 윤필용이 그 뒤 승승장구했음은 물론이다.

2009년 윤필용 사건의 연루자인 김성배 준장의 재심 공판에서 무죄가 선고되었다. 이로써 이 사건이 권력에 의해 조작 이용된 것이었음이 확인된 셈이었는데, 경과가 어찌되었든 밀실의 권력투쟁으로 국가 운명이 좌지우지되었던 시절의 삽화 한 자락이었다.

(1) 第7539號 The Hankook Ilbo 西紀1973年4月29日 (日曜日) (10版) 【日刊】

한국일보

# 尹必鏞少將(前首警司司令官) 징역 15年

## 橫領·收賄·8·3措置 위반등 8項

### 孫永吉准將15년·金成培准將7년

陸軍普通軍裁선고

罰金2千萬원등 병과

7被告엔 10~1년

◇재판받는 被告들

## 判決文으로 본

戒嚴기간중 大統領下賜金 착복

집엔 珍奇絶妙한 裝具·豪遊까지

現役을 新聞社에·白金계급章도

公訴事實

## "私組織결성 進級 補職특혜 財界공갈蓄財 高利債 놀이"

刑量및 罪名

近況

## "維新逆行 엄벌마땅"

## 北韓、IPU가입

理事會 贊57·反28·棄權20票로

討議延期 日서 支持

# 포항종합제철 준공

1973年 7月 3日 조선일보

**포항종합제철 오늘 준공**
**공사비 1200억** _3년 3개월 만에
**조강粗鋼 연산年産 103만여 톤**

우리나라 최대의 중공업화를 상징하는 포항종합제철이 오늘(3일) 준공된다. 총 공사비 1215억 원을 들여 세계 최단기록인 3년 3개월 만에 완공된 이 제철소는 조강 연산 103만 2000톤으로 우리나라 최초의 일관 공정 제철소이다. 원광석을 열처리하여 강판鋼板 등 철강제품을 일괄 생산하는 공장으로서는 처음이라는 것이다. 이 공장의 준공으로 최근 수출산업으로 각광을 받고 있는 조선업을 비롯, 기계공업, 자동차공업, 건설업, 광산업 등 제철 연관사업의 발전을 촉진하게 되었다. 또 수입대체산업으로서 연간 5400만 달러의 외화 절약이 가능할 것으로 추산되고 있다.

**한국 최대…10개 공장군 형성** 1973 0703

해설

'포철'로 약칭되는 한국 최초의 종합제철공장이 완공되었다. 제철공장은 '산업의 쌀'로 불릴 정도로 중요한 분야다. 특히 중공업 부문에서 그 중요성은 더 커진다고 하겠다. 그래서 박정희 정권은 집권 초기부터 제철공장을 향한 꿈을 키웠는데, 가장 중요한 것은 자본과 기술이었다.

애초 제철공장은 서구의 차관으로 건설할 계획이었다. 이를 위해 미국, 영국, 독일, 프랑스 등 서구 국가들로 구성된 대한국제제철차관단(KISA, Korea International Steel Associates)을 만들었다. 그런데 문제는 세계은행이나 IMF 등 서구권이 한국의 제철산업을 매우 회의적으로 바라보았다는 데 있었다. 그들은 섣부른 중공업보다는 농업과 노동집약적 공업에 치중할 것을 주문했다. 결국 서구 차관 대신 박정희 정권이 선택한 방법은 대일 청구권 자금 사용이었다.

포철 건설을 주도한 박태준은 초기 일본의 협력이 없었다면 오늘의 포철은 불가능했다고 단언했다. 일본의 협력을 끌어내는 데 결정적 역할을 한 인물은 야스오카 세이토쿠安岡正篤와 이나야마 요시히로稻山嘉寬 신일본제철 회장이었다. 야스오카는 역대 일본 수상의 국사國師라 불리던 일본 정·재계의 막후 실력자였고 이나야마는 철강업계의 거두였다. 박정희는 집권 직후부터 야스오카에 관심을 가지고 있었고, 한일회담에서도 무시 못 할 막후 역할을 한 것으로 알려졌다. 야스오카의 알선으로 일본 철강업계가 협력에 나서면서 포철 건설은 비로소 가능해졌고, 1969년 12월 3일 '종합제철 건설을 위한 한·일 기본협약'이 체결되었다. 포철의 실질적 출발이라 할 수 있었다.

포철은 경부고속도로의 3배가 넘는 1215억 원의 자금이 투입된, 당시까지 최대 사업이었다. 한국 경제개발 과정이 그러하듯 포철의 탄생 과정은 철저하게 일본을 통한 것이었다. 포철 건설 주역들은 포철이 '선열들의 피의 대가'라고 했는데, 대일 청구권 자금으로 건설된 것을 생각하면 틀린 말은 아니었다. 그러나 실제 피해자들에게 돌아가야 될 보상금이 자의적으로 국가에 의해 전용된 것은 한 번 생각해봐야 될 문제였다. 또 하나 포철을 건설한 것은 군대였다. 건설 막사는 '롬멜 하우스'로 불렸으며, 군화 착용이 기본이었다. 군사작전을 방불케 한 건설 과정은 흡사 현대 한국사회가 만들어지는 과정의 축도라 불러도 손색이 없을 정도였다. 전 국민을 동원 대상으로 만드는 이른바 총력전 체제야말로 포철과 한국사회를 만든 일등 공신인지도 모른다.

(1) 10版 第16073號 조선일보 The Chosun Ilbo 西紀1973年7月3日 火曜日 (日刊)

朝鮮日報

# 浦項綜合製鐵 오늘竣工

工事費 千2百億 3年3個月만에

粗鋼年産 百3萬餘 톤

한국最大… 10個工場群형성

◇浦項綜合製鐵 현황

# 美, 크메르爆擊 강화

國防省발표 「8·15斷爆」계기… 하루 2百회出擊

8·15前 크메르終戰추진

美, 中共과 緊密접촉

朴大統領에 신고 李·崔두大將

## 유럽安保會議 개막

헬싱키서 東西 35개國 外相 참가

## 駐美 이스라엘武官 被殺

워싱턴서… 파티歸家중 銃擊받아

「검은 9月團」所行 인듯

對게릴라鬪爭 계속

亞洲安保 우선토의

經濟人 첫 蘇聯入國

全澤玹씨歸國

◇김포공항에 내린 전택보씨

어제登錄취소

오후부터 한두차례 비

地方自治團體·國營業體 職務發明 補償制적용 金總理 지시

朝鮮漫評

中共核實驗

장마도 막고 落도 막고

# 김대중 실종

1973年 8月 9日 동아일보
8月 14日 조선일보 | 11月 2日 한국일보

**동경서 김대중 씨 실종**
**끌려간 호텔방엔 마취약 흔적도**
**한국말 쓰는 괴한 5명과 사라져**

사실상 망명생활을 계속하고 있는 신민당 전 국회의원 김대중 씨는 8일 오후 호텔에 나타난 한국말을 쓰는 5명의 괴한과 만난 후 함께 어디론지 사라져 9일 정오 현재까지 행방이 묘연하다.

8일 김대중 씨는 동경구단에 있는 '그랜드팔레스' 호텔에서 투숙 중인 통일당 양일동 당수와 김경인 의원과 함께 점심을 먹고 오후 1시 반쯤 호텔 2212호에서 나오는 순간 괴한들과 함께 어디론지 사라졌다.

괴한들은 사전에 양 씨가 묵고 있는 근처의 방 두 개 2210호와 2215호에 투숙하고 있었던 것으로 알려지고 있으며 괴한들은 모두 35세 전후의 청년들로 한국말을 쓰고 있었다.

김 씨는 이날 약 20분 동안 괴한들에 의해 2210호실로 갔다가 어디론지 사라졌는데 김 씨가 사라진 순간 장면은 목격자가 없기 때문에 자세한 상황은 알 수 없다.

김 씨는 이날 양 씨와 점심식사 후 김경인 의원과 나오다가 다른 방으로 끌려갔다. 김 씨가 일시 끌려가 있던 2210호실에는 강한 마취약이 뿌려진 흔적이 있으며 괴한들이 놓고 간 것으로 보이는 권총 탄창(실탄 7발) 1개와 사람이 들어갈 수 있는 크기의 륙색 3개 그리고 김 씨가 애용하고 있던 파이프가 발견됐다. 1973 0809

**김대중 씨 자택 귀환**
**어젯밤 10시 20분 실종 5일 9시간 만에**
**11일 오전 배 타고 한국 상륙**
**'구국동맹 행동대원'이 풀어줘**

지난 8일 오후 1시 반쯤 동경 그랜드팰리스 호텔에서 실종됐던 신민당 전 대통령 후보 김대중 씨가 약 129시간(5일 9시간)만인 13일 밤 10시 20분쯤 서울 마포구 동교동 178의 1 자택에 나타났다. 오른쪽 아랫입술과 왼쪽 눈썹 위가 터져 피가 맺혀 있고 오른쪽 아랫다리에 상처가 있으며 양 손목을 붕대로 감은 김 씨는 몹시 피로한 표정을 지으며 그동안의 실종 경위를 설명, "8일 오후 호텔에서 6, 7명의 건장한 청년들에게 납치, 자동차로 5, 6시간 달린 뒤 배편으로 11일 오전 한국 근해에 도착, 13일 밤 10시 20분쯤 붕대로 눈을 가리운 채 집 근방에 내려주어 돌아왔다"고 말했다.

**줄곧 전신 결박… 눈 가린 채 집 근처에** 1973 0814

[1] 1973年8月9日 木曜日 동아일보

朴大統領, 스틸웰 新任 [illegible]司令官 [illegible]

언커크·美軍문제決議案合意
어제 五개國 代表戰略 회의서

物價

秋穀收買

北韓옵서버에 비자
美유엔代表部 발송

프놈펜 外部通信단절
共産軍 캄봉送信所 七〇%破壞

斷爆再審 청구棄却
美大法 合議部서 八對一로

金大中씨 失踪
끌려간 호텔방엔 마취藥흔적도
韓國말쓰는 怪漢五명과 사라져

空港등搜索

"身元保護에 만"

판지놈

1973年 8月 9日 동아일보

(1) 1C版 第16109號 조선일보 The Chosun Ilbo 西紀1973年 8月 14日 火曜日 (日刊)

# 朝鮮日報

# 金大中씨 自宅 귀환

## 어젯밤 10시20분 失踪 5日 9時間만에

## 11일오전 배타고 韓國上陸

「救國同盟행동대원」이 풀어줘

줄곧 全身결박… 눈가린채 집근처에

## 麻醉… 오오사까檢問 피해 바다서 사흘 陸上서 이틀

엘리베이터→地下車庫→오오사까近海→모터보트→大型船→韓國上陸→쵸가→洋屋→自宅

金씨가 밝힌 事件경위

## 過速 油槽열차 顚覆 慘事

永同驛구내서 死亡38·失踪4·重傷12명

◇새벽의 불벼락

유엔·經協등 협의

## 公安部檢事 다녀가

朝鮮漫評

日製도 싫어하는것 있군

東亞日報

# 再凍結

一切不許

## 不良品등 强力단속

企業原價節減策 촉진

아랍産油中斷 임박

議員의고문제로 新民黨

두통 치통 생리통에 사리돈

東亞戲評

도 요구할터

出國은 他意라도 不法

(1) 第7699號 The Hankook Ilbo 西紀1973年11月2日 (金曜日) (11版) [日刊]

한국일보

# 金總理 오늘아침訪日

## 다나까首相과 終結會談

## 金東雲 書記官免職·依法처리

金外務발표

## 金大中씨사건 韓日間에 매듭

搜査따라

## 金씨海外言動再犯않는다면不問

## "韓日間 調査내용일치"

日外相 앞으론 刑事사건으로 처리

## 閣僚회담來月初개최

日, 對韓 經濟協力再開도 서둘러

## 金總理 21시간 滯日

上午10시出發

## 低賃金부담이 많지않은가 甲勤稅와 二重부담 아닌가

朴大統領 福祉年金 외국立法참고지시

## 「油類 配給制」案마련

常委 답변

## "韓日協定精神위배"

金民團長, 金光子씨의 北送비난

## 特別檢事 자보르스키任命

## 金基記官 個人범행으로

日, 主權침해에 不拘

궁지 損傷한 結末

## 新世界젓갈바자

1973年 11月3日~12月2日 (新世界지하층)

김장준비는 신세계에서

※7kg은 스티로폼容器포함 가격

新世界 SHINSEGYE

신종 불특정만기 정기예금

제일은행

IBACH

**김 총리 오늘 아침 방일訪日**
**다나카 수상과 종결 회담**
**김동운 서기관 면직 · 의법 처리** _수사 따라
**김 외무 발표 김대중 씨 사건 한일 간에 매듭**

김용식 외무부 장관은 김대중 씨 사건이 발생한 지 35일 만인 1일 하오 "김씨 사건과 관련된 한 · 일 양국 간의 얘기는 이날로써 전부 끝맺기로 일본 측과 합의했다"고 밝혔다. 김 장관은 이날 하오 3시 30분 외무부에서 기자회견을 갖고 그동안 '우시로꾸' 주한일본대사와 수차례 회담한 끝에 이와 같이 합의했다고 말하면서 김대중 씨 사건의 최종적인 마무리를 위해 김종필 국무총리가 2일 방일, 다나까 일본 수상과 회담할 예정이라고 말했다. 김 총리는 '다나까' 수상과의 회담을 통해 "김대중씨 사건이 일본의 수도 한복판에서 발생했고 피해자나 가해자가 모두 한국인이라는 점과 이 사건으로 크게 물의를 야기시킨 점에 대해서 일본정부와 국민에게 유감의 뜻을 표하게 될 것"이라고 김 장관이 말했다. 김 장관은 또 김대중 씨가 납치되기 전 "일본과 미국에서 행한 반국가적 언동은 동 인이 앞으로 반국가적 언동을 재범하지 않는다면 이에 대한 책임을 묻지 않겠다"고 말했다.

**김 씨 해외 언동 재범再犯 않는다면 불문不問** 1973 1102

**해설** 박정희 정권기 가장 유명한 납치사건이 터졌다. 2년 전 대통령 선거에서 박정희의 간담을 서늘케 했던 김대중이 동경에서 납치된 것이다. 1971년 대통령 선거를 전후해 김대중에 대한 각종 테러와 위해 시도가 잇따랐고, 급기야 김대중은 의문의 교통사고로 큰 부상을 입기도 했다. 이에 신변에 위험을 느낀 김대중은 치료와 신변 보호 차 일본으로 출국했다가 유신체제가 들어서자 망명자 신세가 되었다. 이후 미국과 일본에서 활발히 반정부 활동을 전개했고, 결국 납치사건으로까지 연결되었다.

사건의 실체는 대략 밝혀졌다. 이후락이 부장으로 있는 중앙정보부가 주역이었고, 단순 납치가 아니라 살해 기도까지 있었던 것으로 알려졌다. 바다에 수장시킬 계획이었던 것으로 보이는데, 어찌된 일인지 갑자기 계획이 변경되어 풀어주었다.

살해 계획이 변경된 이유로 미 CIA 개입설 등이 다양하게 제기되고 있지만 아직까지 분명치는 않다. 특히 박정희의 개입 여부가 중요한 쟁점이지만, 이 역시 심증만 있고 물증은 없는 상태다. 윤필용 사건으로 곤욕을 치른 이후락 중정부장의 과잉 충성일 수도 있고, 박정희의 암묵적 지시 또는 묵인하에 저질러진 것일 수도 있었다. 어찌되었든 박정희 정권 차원에서 이루어진 범죄행위인 것은 분명했다.

사건의 파장은 먼저 외교관계에서 나왔다. 유신체제하 한국에서 항의를 제대로 하기란 불가능했다. 대신 일본이 강력하게 항의하면서 한일관계를 요동치게 했다. 경제관계 등을 통해 일본의 협력이 절실하던 박정희 정권으로서는 일본의 항의를 무시할 수는 없었다. 그러나 일본정부 역시 한일관계가 급격히 악화되기를 바라는 것은 아니었기에, 적당한 타협으로 사건을 봉합하려 하였다. 그 결과 한국정부의 사과와 김동운 주일대사관 1등 서기관의 파면으로 사건을 종결하게 되었다.

다 알다시피 납치사건의 여파는 이듬해 문세광의 광복절 저격사건으로까지 연결되었다. 이 사건을 계기로 수세 입장이던 한국은 일거에 정세를 역전시켜 대일 성토 분위기를 타고 외교 주도권을 잡을 수 있었다.

권력에 의한 정보와 기록의 통제는 오히려 수많은 음모론을 만들어냈다. 음모론은 어떤 측면에서 주도권을 빼앗긴 약자의 진실 투쟁일 수 있었다. 두 사건 모두 수많은 음모론의 대상이 되었으며, 수없이 많은 저마다의 '진실'을 만들어냈다.

# 오일 쇼크

1973年 10月 7日 조선일보
12月 24日 | 1978年 12月 18日 중앙일보

이스라엘과 이집트-시리아 2개 아랍국 간에 육—해—공 3면에 걸친 전면전이 휴전 6년 만인 6일 밤 재개되었다. 7일 새벽 현재 전세는 유동적이나 개전 직후 이집트군이 6일전쟁 이래 처음으로 수에즈 운하를 건너 한때 이스라엘의 거점 두 곳을 탈환, 확보했다는 보도가 있었다. 그러나 이스라엘군 사령부는 7일 새벽 이집트군을 격퇴했다고 발표했다. 전쟁은 67년 6일전쟁 이래 처음 전면적인 중동전쟁으로 확대되고 있다. 이집트의 수도 카이로와 시리아의 다마스커스방송은 이스라엘군이 이날 밤 8시30분(한국시간=이하 같음) 수에즈 운하 남쪽 시나이 반도의 자파란과 시리아 국경지대인 골란고원에서 지상과 공중으로부터 침공해왔다고 주장했다. 그러나 이스라엘의 텔아비브 발신 보도는 이날 밤 9시 이집트와 시리아 양국군兩國軍이 시나이 반도와 골란고원에서 공격을 개시, 전투가 진행되고 있다고 발표했다. 1973 1007

**중동 전면전 재발**
**휴전 6년 만에…이스라엘 · 이집트 · 시리아 교전**
**이집트군軍 수에즈 운하 동안東岸 장악**

1973年 10月 7日 조선일보

(1) 11版 第16156號 조선일보 The Chosun Ilbo 西紀1973年10月7日 日曜日 (日刊)

朝鮮日報

中東 全面戰 재발

休戰 6年만에 이스라엘·이집트·시리아交戰

이집트軍 수에즈運河 東岸장악

골란高原서도 地·空接戰

카이로放送 兩軍機 20여대 被墜

다마스커스·카이로空港 폐쇄

地中海·紅海 作戰지역 선포

議事日程 一方통과

國會豫算案 與野 한때혼란 新民退場

키신저 軍首腦 安保회의

닉슨도報告받아 유엔安保理 곧 긴급소집

社告

世紀의 巨匠 안도르 풀메스 피아노獨奏會

내일 歷史的 公演

저녁 7時 梨花女大 강당서

朝鮮漫評

베스타제

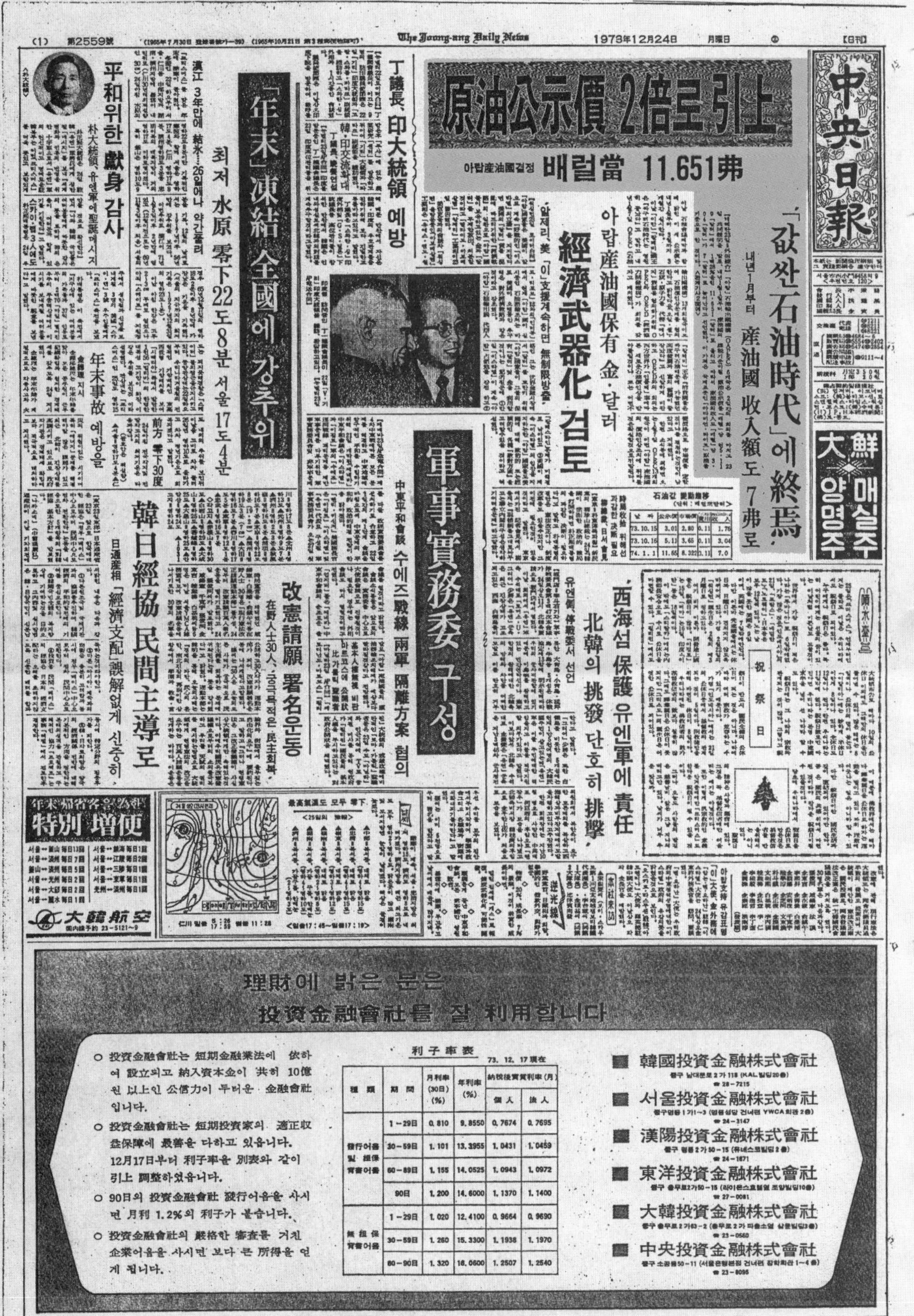

(1) 第2559號 The Joong-ang Daily News 1973年12月24日 月曜日 【日刊】

# 中央日報

# 原油公示價 2倍로 引上

## 아랍産油國결정 배럴當 11.651弗

## 「값싼石油時代」에 終焉

### 내년1月부터 産油國 收入額도 7弗로

## 經濟武器化 검토

### 아랍産油國保有金·달러

### 알제리, 美「이支援계속하면 無制限報復」

## 軍事實務委 구성

### 中東平和會談 수에즈戰線 兩軍 隔離方案 협의

## 丁議長, 印大統領 예방

## 「年末」凍結 全國에 강추위

### 최저 水原 零下22도8분 서울 17도4분

### 漢江 3年만에 結氷…26일에나 약간풀려

### 前方 零下30度

## 平和위한 獻身 감사

### 朴大統領, 유엔軍에 聖誕메시지

## 年末事故 예방을

## 韓日經協 民間主導로

### 日通産相「經濟支配」誤解없게 신중히

## 改憲請願 署名운동

### 在野人士30人, 「궁극목적은 民主회복」

## 西海섬 保護 유엔軍에 責任

### 北韓의 挑發 단호히 排擊

### 유엔側, 休戰委서 선언

祝祭日

**石油값 變動推移**

| 날짜 | | | | |
|---|---|---|---|---|
| 73.10.15 | 3.01 | 2.80 | 0.11 | 1.76 |
| 73.10.16 | 5.11 | 3.65 | 0.11 | 3.04 |
| 74.1.1 | 11.65 | 8.322 | 0.11 | 7.0 |

最高氣溫도 모두 零下

**원유 공시가 2배로 인상**

**아랍산유국 결정 배럴당 11.651불**

**'값싼 석유시대' 에 종언**

**내년 1월부터 산유국 수입액도 7불로**

아랍석유수출국기구(OAPEC) 6개국은 2일간의 회의를 마치고 23일 공동성명을 발표, 내년 1월 1일부터 산유국의 과세기준이 될 원유 공시가를 배럴당 현 5.119달러에서 128퍼센트 올린 11.651달러로 올리고 따라서 산유국의 수입도 배럴당 3.04달러가 7달러로 늘어난다고 선언했다. 이 가격은 국제표준인 '아라비언·라이트' 원유를 기준으로 한 것이다. 1973 1224

**원유가 내년에 14.5% 인상**

**OPEC 각료회의 결정 1·4·7·10월 4단계로**

OPEC(석유수출국기구) 각료회의는 17일 내년도 원유 가격을 현행 배럴당 12.70달러에서 분기별로 4단계로 나눠 총 14.5퍼센트 인상키로 최종 확정했다. 이에 따라 원유가는 ▲내년 1월 1일부터 5퍼센트 ▲4월 1일 3.89퍼센트 ▲7월 1일 2.294퍼센트 ▲10월 1일 2.691퍼센트가 각각 인상되어 결국 배럴당 14.542달러가 된다.

**산정算定통화는 계속 달러로**

**수입국 추가 부담 200억 불** 1978 1218

**해설** 석탄 때문에 산업혁명이 가능했다면, 그 혁명을 지속시킨 것은 석유였다. 일찌감치 석유의 가치를 알아본 서구 제국들은 석유를 찾아 전 세계를 이 잡듯이 뒤졌다. 결국 그들은 사막에서 검은 황금을 찾아냈고 이후 중동은 석유 때문에 울고 웃는 상황이 반복되었다. 전 세계 석유 매장량의 65퍼센트에 달하는 비율을 점한 중동지역은 세계 석유공급의 핵심이었다.

중동지역 대부분은 서구 제국들의 식민지 또는 우호국이었지만, 1948년 이스라엘의 건국과 함께 서구와 아랍지역의 갈등이 고조되기 시작했다. 특히 유태인의 영향력이 막강한 미국은 이스라엘의 가장 강력한 지원세력이 되었다. 이에 대항하는 아랍 국가들이 사용할 수 있는

第4089號

20日께는 추위풀려

寒波내습…서울 零下5度3分

美中共修交계기로

對中共관계조정 多角검토

「先交易 後政治」방향

政府內에 特別대책 專擔班 설치도 검토

카터, 6月 中共訪問귀로 訪韓가능성

自轉車·스타킹등 3百49개品目

내년1월 輸入自由化

全軍에 非常경계령

오리온스전자

버튼 한번만 누르면

컴퓨터가 전화

마이콤의 특징

다이얼 기능

*대리점 모집*

수단은 별로 없었고, 이스라엘과 치른 몇 차례 전쟁은 지리멸렬한 패배로 귀결되었다. 이러한 상황에서 오일 쇼크가 온 것이다.

사실 서구 제국이 주도하는 세계 자본주의 경제는 매우 저렴한 석유 가격에 기대어 장기간 경제호황을 유지했는데, 대부분의 중동 석유는 스탠더드 오일, 엑손 모빌 등의 서구 석유 메이저들이 장악하고 있었다. 식민지, 반식민지로부터 싼 원료를 수입하고 공업제품을 고가에 판매하는 제국주의 정책의 연장이라 할 만 했다. 이에 비서구 지역의 '자원 민족주의'가 고조될 여러 정황이 결합되어 석유가격이 급속히 인상된 것이다. '오일 쇼크'는 사실 서구적 시각이 강하게 투영된 용어였다. 아랍 산유국의 입장에서는 그동안 잃어버린 권리를 되찾는 것일 수 있었다.

1차 오일 쇼크 이후 달러 가치 하락, 인플레 등으로 석유가격 인상 효과가 상쇄되자 중동 산유국들은 2차 석유가격 인상을 추진했다. 1978년 이란의 이슬람 혁명 이후 석유 수출이 전면 중단되는 것도 큰 영향을 미쳤고, 1981년에는 사우디아라비아가 석유 무기화를 선언하면서 유가는 배럴당 40달러에 육박하게 되었다. 1차 오일쇼크 당시 경공업 중심의 한국경제는 상대적으로 큰 피해를 입지 않았으나, 2차 오일쇼크 때에는 마이너스 성장을 기록할 정도로 큰 충격을 받았다.

오일쇼크를 거치면서 한국은 유전개발에 목을 매기도 했는데, 중앙정보부까지 나서서 기름을 찾는다고 한바탕 소동을 일으켰다. 1975년 이른바 '포항 석유' 사건이 세상을 떠들썩하게 했고 대통령 박정희까지 나서 석유개발에 성공했다고 선언했지만, 일장춘몽의 해프닝으로 끝났다.

1978年12月18日 月曜日 [日刊]

中央日報

原油價 내년에 14.5%引上

OPEC閣僚회의 결정 1·4·7·10月 4단계로

算定통화는 계속「달러」로

輸入國추가부담 2百億弗

國內 石油類 제품값

國際經濟의 회복에 暗影

敎養있는 서울말

지미신

대웅제약

어 줍니다!

②시계 기능

③전자계산 기능

오트론마이콤

1978年 12月 18日 중앙일보

# 개헌청원 100만 서명

1973年 12月 25日 조선일보

**개헌청원 100만 서명**
**재야인사 30명, 본부 결성**

천관우, 함석헌, 장준하, 김동길, 계훈제, 백기완 씨 등 6명은 24일 오전 10시 서울 YMCA에서 김수환, 박두진, 백낙청, 이인, 이희승, 유진오 씨 등을 포함, 재야인사 30여 명이 서명하여 현행 헌법의 개정을 목표로 하는 100만 명의 서명청원본부를 결성하기로 했다고 발표했다.

장준하 씨는 이 서명운동은 이날부터 전개된다고 말하고 서명인 30명이 각자가 본부가 되어 개헌청원 서명에 나서게 된다고 말했다.

이날 회합에 참석한 인사들은 '민주주의 회복. 현행 헌법 개정을 요구하는 청원운동을 전개하면서' 라는 성명을 발표, "오늘의 모든 사태는 궁극적으로 민주주의를 완전히 회복하는 문제로 귀착한다"고 주장하면서 "그러나 오늘의 헌법은 그 개정 발의권이 사실상 대통령에게만 속해 있는 것"이라고 서명 전개 이유를 설명했다. 성명은 "국민은 이와 같은 헌법 개정 발의권으로부터의 소외를 극복하고 우리들의 천부의 권리를 제시하는 방법으로 대통령에게 현행 헌법의 개정을 요구하는 100만 명 청원운동을 전개하는 바"라고 밝혔다. 1973 1225

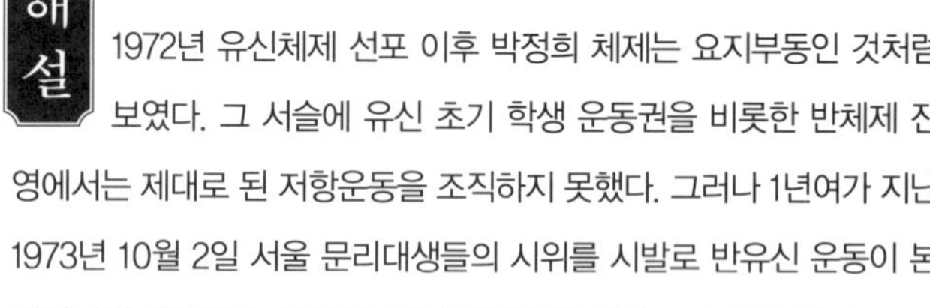

**해설** 1972년 유신체제 선포 이후 박정희 체제는 요지부동인 것처럼 보였다. 그 서슬에 유신 초기 학생 운동권을 비롯한 반체제 진영에서는 제대로 된 저항운동을 조직하지 못했다. 그러나 1년여가 지난 1973년 10월 2일 서울 문리대생들의 시위를 시발로 반유신 운동이 본격화되기 시작했다. 12월의 개헌청원운동은 바로 그 흐름을 탔다.

대표적인 지식인, 재야인사 40여 명(후에 13명 추가) 연명으로 시작된 개헌청원운동은 유신체제의 근간이던 유신헌법 개정을 요구했다는 점에서 박정희 정권의 심장부를 겨냥한 셈이다. 박정희 정권은 신경질적으로 반응했고 유명한 '긴급조치'가 가동되게 된 직접적 이유가 되었다. 개헌청원운동 개시 10여 일 만에 전국에서 30만여 명이 참가하자 박정희 정권은 곧바로 1974년 1월 8일 긴급조치 제1호를 발표하고, 장준하와 백기완을 구속했다. 장준하는 긴급조치 2호로 설치된 비상 군법회의에서 15년형을 선고받고 복역 중 지병 악화로 출소했지만, 이듬해인 1975년 8월 의문의 죽음을 맞았다.

개헌청원운동은 시위나 직접적 대중 행동 대신 개헌을 청원하는 것이었으니 사실 매우 점잖은 운동방식이었다. 그 내용도 '민주 회복'으로 집약되는 것이어서 상당히 온건했다. 그러나 박정희 정권은 이러한 소극적이고 유연한 운동조차 용납할 수 없을 정도로 경직되어 있었다. 반유신 운동을 격화시킨 것은 바로 이러한 유신정권의 경직성이었다. 그것은 권력의 약점이기도 했다. 일견 강력해 보이지만, 사소한 반대조차 포용할 수 없는 권력은 이미 스스로의 지지 기반을 갉아먹게 된다.

개헌청원운동 이후 반유신운동은 점점 더 조직화되고 격화되기 시작했고, 1974년 4월 민청학련-인혁당 사건으로 연결되면서 박정희 정권과 반유신운동 간의 대립은 극한 상태로까지 치달았다. 이러한 점에서 개헌청원운동은 유신체제의 몰락을 재촉한 1970년대 중반 반유신운동의 상징이었다.

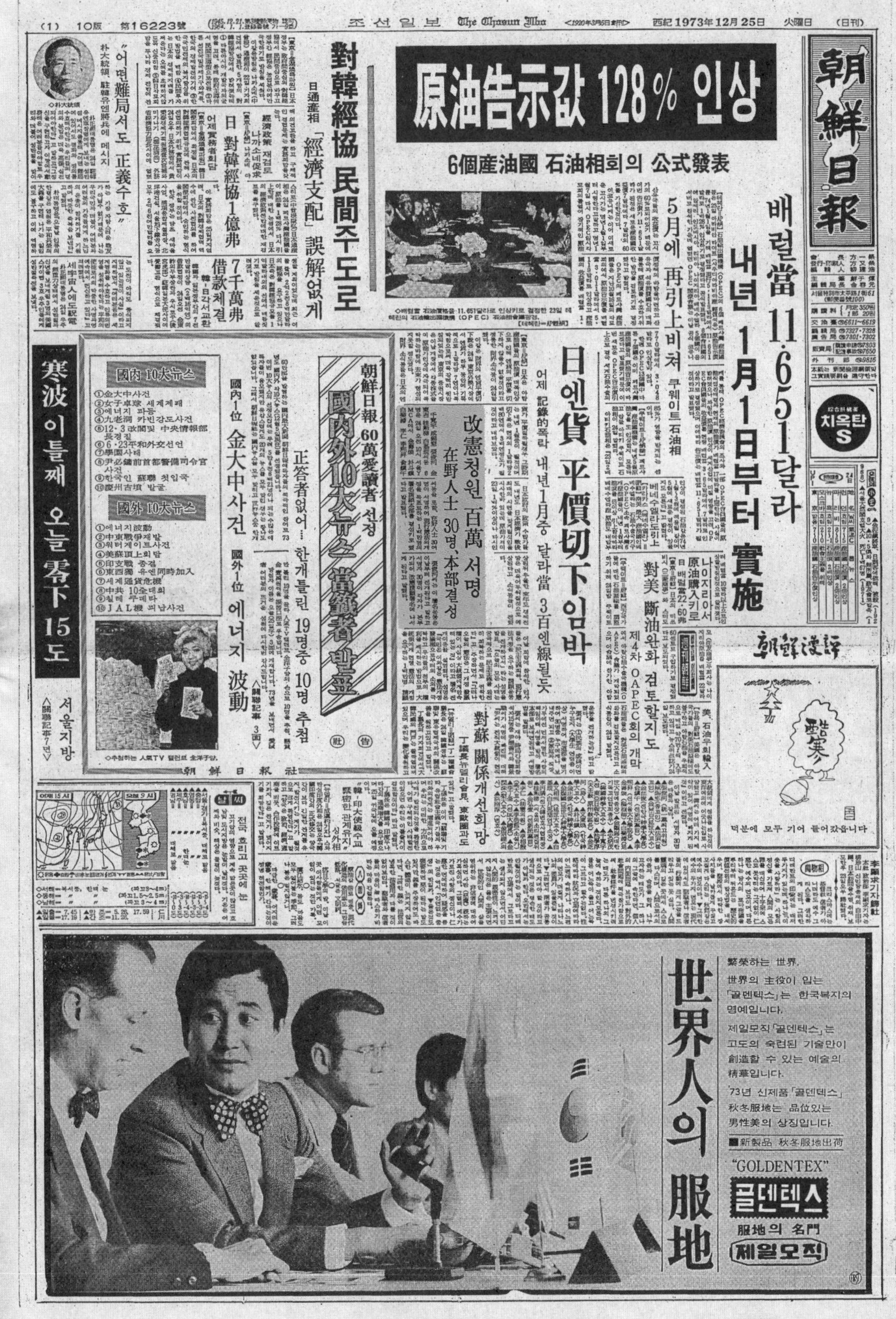

(1) 10版 第16223號 조선일보 The Chosun Ilbo 西紀 1973年12月25日 火曜日 (日刊)

朝鮮日報

# 原油告示값 128% 인상

## 6個産油國 石油相회의 公式發表

## 배럴當 11.651달라 내년 1月1日부터 實施

5月에 再引上비쳐 쿠웨이트 石油相

나이지리아서 原油購入키로 日 배럴當 22.60弗

對美 斷油완화 검토할지도 제4차 OAPEC회의 개막

## 日엔貨 平價切下임박

어제 記錄的폭락 내년1月중 달라當 3百엔線될듯

## 改憲청원 百萬 서명

在野人士 30명, 本部결성

## 對蘇 關係개선희망

## 對韓經協 民間주도로

日通産相 「經濟支配」 誤解없게

日 對韓經協 1億弗 7千萬弗 借款체결

"어떤難局서도 正義수호" 朴大統領, 駐韓유엔將兵에 메시지

## 寒波 이틀째 오늘 零下 15도

서울지방

## 朝鮮日報 60萬愛讀者 선정 國內外10大뉴스 當籤者발표

正答者없어… 한개틀린 19명중 10명 추첨

國內1位 金大中사건 國外1位 에너지 波動

國內 10大뉴스

①金大中사건
②女子卓球 세계제패
③에너지 파동
④九老洞 카빈강도사건
⑤12·3 改閣및 中央情報部長경질
⑥6·23平和外交선언
⑦學園사태
⑧尹必鏞前首都警備司令官사건
⑨한국인 蘇聯 첫입국
⑩慶州古墳 발굴

國外 10大뉴스

①에너지波動
②中東戰爭재발
③워터게이트사건
④美蘇頂上회담
⑤印支戰 종결
⑥東西獨 유엔同時加入
⑦세계通貨危機
⑧中共 10全대회
⑨칠레 쿠데타
⑩JAL機 피납사건

朝鮮日報社

朝鮮漫評

덕분에 모두 기어 들어갔읍니다

# 대통령 긴급조치 선포

1974年 1月 9日 | 4月 4日
1975年 4月 9日 한국일보
1975年 5月 13日 중앙일보호외
1979年 12月 8日 한국일보

**대통령 긴급조치 선포**
**어제 오후 5시 기해, 헌법 53조에 의거 비상군법회의 설치**

**개헌 언동 비상 군재軍裁 회부**
**헌법의 부정 · 반대 · 왜곡 · 비방도 금지**

박정희 대통령은 8일 하오 5시 헌법 제53조에 의한 대통령 긴급조치를 선포, 8일 하오 5시를 기해 ① 헌법을 부정·반대·왜곡 또는 비방하거나 ② 헌법의 개정 또는 폐지를 주장·발의·제안 또는 청원하거나 ③ 유언비어를 날조·유포하는 등 일체의 행위를 금하고 위반자와 이 긴급조치를 비방한 자를 법관의 영장 없이 체포·구속·압수·수색하여 새로 설치되는 비상군법회의에서 심판, 15년 이하의 징역에 처한다고 발표했다.

**영장 없이 체포 · 15년 이하 징역형**
**방송 · 보도 · 출판으로 알리는 것도**
**선포 이전 행위는 일체 불문키로** 1974 0109

**학원 데모 징역 5년~사형**

大統領 緊急措置 선포
어제下午5시기해 憲法 53條에 의거 非常軍法會議 설치
改憲言動 비상軍裁 회부
憲法의 否定·반대·歪曲·비방도 禁止
令狀없이 체포·15年이하 징역刑
放送·報道·出版으로 알리는것도
宣布이전 行爲는 일체不問키로
反維新的 要素 과감히 除去
모든 流言蜚語·口傳등 處罰
緊急措置 자체비방도 못해
緊急措置 第1號 해설
緊急措置 제1호
緊急措置 제2호
被疑者등

1974年 1月 9日 한국일보

(1) The Hankook Ilbo 西紀1974年4月4日 (木曜日) 한국일보

# 學園데모 懲役 5년~死刑

## 大統領緊急조치 4號 어젯밤 10시發效

## 위반學生停·退學、所屬학교 廢校처분

## 民主學生總聯관련活動일체禁止

朴正熙대통령은 3일 하오10시를 기해 學園사태에관한 大統領緊急措置제4호를 宣布、「全國民主靑年學生總聯盟」과 이에관련되는 諸團體를 조직하거나 또는 이에 加入하는등 一切의 行爲, 學生의 正當한 이유없는 出席 수업 또는 시험의 거부등및 學校內外의 集會, 示威, 聲討, 농성 기타 一切의 개별적, 집단적행위를 금하고 이에 위반하거나 이조치를 비방한 자는 死刑, 無期 또는 5年이상의 有期懲役에 처하며 15년이하의 資格停止를 병과할수 있다고 발표했다.

## 出席 시험거부등 嚴禁·報道·편의·문서所持도

## 8일까지 告知면 不問·요청있을땐 兵力出動

### 緊急措置 제4호 全文

朴大統領

### 反國家不純활동確證포착

朴大統領담화 學生은 來日위한 知識연마

### 22孔炭 한개 30원

어제부터 引上 무게 4百g 줄여

### 千萬가족찾기 내일 12회名單

### 勞動者政權수립기도

民主學生聯主謀者 도피、搜査계속

社會漫評

(1) 第8140號 The Hankook Ilbo 西紀1975年4月9日 (水曜日) (10版) 【日刊】

한국일보

# 大統領緊急措置 7호 공포

## 高大 休校令, 兵力투입

임시國務회의議決 어제下午5時發效

朴正熙대통령은 8일하오5시를 기해 憲法 제53조에 의거하여 緊急措置 제7호를 발동, 高麗大學校에 休校를 명했다. 이에 앞서 朴대통령은 이날 오후 4시 靑瓦臺에서 臨時國務會議를 소집했으며 이 ...

違反者 一般法院관할 3~10년 징역, 集會·示威등금지

學事·敎務行政 일체중지

反體制 운동에 警告的 의미포함

長期化되면 來年新入生募集못해

他校도 注視, 對應策 마련

西江大 臨時휴강

# 國論統一 害치는 言行 不容

共和·維政 議總서 時局決議文채택

"臨時國會소집 難望"

金共和院內총무 野黨 극단적主張때문

美孤立主義경향 警告

戰爭豫防위한 必要조치 建議

越機, 大統領관저爆擊

티우 無事, 警護員등 7명死傷

輸送團·의료 진派越

政府발표 食糧·피복등 無償원조

佛, 越南平和협상시도

**대통령 긴급조치 4호 어젯밤 10시 발효**

**위반 학생 정 · 퇴학, 소속 학교 폐교 처분**

**민주학생총련 관련 활동 일체 금지**

박정희 대통령은 3일 하오 10시를 기해, 학원 사태에 관한 대통령 긴급조치 제4호를 선포, '전국민주청년학생총연맹' 과 이에 관련되는 제 단체를 조직하거나 또는 이에 가입하는 등 일체의 행위, 학생의 정당한 이유 없는 출석 수업 또는 시험의 거부 등 및 학교 내외의 집회, 시위, 성토, 농성 기타 일체의 개별적, 집단적 행위를 금하고 이에 위반하거나 이 조치를 비방한 자는 사형, 무기 또는 5년 이상의 유기징역에 처하며 15년 이하의 자격정지를 병과할 수 있다고 발표했다.

**출석 시험 거부 등 엄금 · 보도 · 편의 · 문서 소지도**

**8일까지 고지告知면 불문 · 요청 있을 땐 병력 출동** 1974 0404

**대통령 긴급조치 7호 공포**

임시국무회의 의결, 어제 하오 5시 발효

**고대 휴교령, 병력 투입**

박정희 대통령은 8일 하오 5시를 기해 헌법 제53조에 의거하여 긴급조치 제7호를 발동, 고려대학교에 휴교를 명했다. 이에 앞서 박 대통령은 이날 하오 4시 청와대에서 임시국무회의를 소집했으며 이 임시국무회의에서 긴급조치 제7호를 공포키로 의결했다.

긴급조치 제7호는 고려대학교에서 일체의 집회, 시위를 금하고 이를 위반할 때는 3년 이상 10년 이하의 징역에 처할 수 있도록 했으며 필요하다고 인정할 때는 국방부장관이 병력을 사용하여 동교의 질서를 유지토록 했다. 긴급조치 발표에 이어 이날 하오 5시 15분 군부대가 고대 교정에 투입됐다.

**위반자 일반법원 관할 3~10년 징역,**

**집회 · 시위 등 금지** 1975 0409

中央日報

1975 5月13日

號外

國家安全·公共秩序守護를 위한

大統領 緊急措置 9號선포

5월13일 하오3시 期해

維新憲法否定·學生政治활동등 禁止

財産 海外逃避·不法移住도

體制비방 報道하면 停·廢刊

違反校엔 長官이 休校명령

流言蜚語날조·유포 禁止

措置위반자는 除籍·解任을 명령할수도

必要하면 兵力동원, 審判은 일반法院서

高大 休校令 해제

緊急措置 8호도선포

大統領 緊急措置 제9호

大統領 緊急措置 제8호

1975年 5月 13日 중앙일보 호외

(1) 第9573號 1979年12月8日 (土曜日) (15版) 【日刊】

한국일보

# 緊急措置 9호 解除

# 拘束者석방…오늘 零時기해

## 學生·一般人등 68명 풀려나

### 復校·復權문제등 곧 後續조치도

## 崔대통령 "國民的和合촉진위해 결정"

## 1百93명은 이미釋放

### 刑執行정지·假釋放者도 殘刑면제

### 文益煥목사·咸世雄신부·吳元春씨 나와

## 總理에 申鉉碻부총리 有力

### 副總理엔 張禮準장관 物望

### 外務·國防·經濟일부 留任說

## 崔대통령 21일에 就任式

### 政治스케줄등 발표

## 10·26사건이후 서울 46名석방

## 國會憲法特委時限에 異見

### 내년3월初로 延長될지도

## 社會漫評

## 럭키중앙연구소 개소

화학한국의 기수로, 30년을 일관한 럭키가 세운 본격적 민간화학연구소

럭키는 변하지 않는 하나의 신념을 가지고 있읍니다. 그것은 화학을 통한 풍요의 창조입니다. 럭키의 경영 전략에서 항상 선두를 차지하는 것이 있읍니다. 그것은 연구개발을 통한 기술의 혁신입니다.

이와같은 신념과 전략이 바탕이 되어 이제 럭키는 충남 대덕전문 연구 단지에 자리잡은 1만여평의 대지 위에 중앙연구소를 완공하고 그 개소식을 갖게 되었읍니다.

이제 기술의 모방만으로 선진대열에 낄 수는 없읍니다. 도입기술의 소화와 이를 뛰어넘은 기술의 자립이 절실한 때입니다.

1979년 12월8일 뜻깊은 럭키 중앙연구소의 개소를 계기로 5,000명 임직원 모두가 80년대 고도 산업사회를 위한 기술의 역군이 될 것을 다시한번 다짐하는 바입니다.

주식회사 럭키 임직원 일동

韓國化學工業을 先導하는 株式會社 럭키

**국가안보 · 공동질서 수호를 위한**
**대통령 긴급조치 9호 선포**
**5월 13일 하오 3시 기해**
**유신헌법 부정 · 학생 정치활동 등 금지**

**재산 해외도피 · 불법 이주도**
**체제 비방 보도하면 정 · 폐간**
**위반 교校엔 장관이 휴교 명령**

박 대통령은 하오 3시를 기해 '국가 안전과 공공질서의 수호를 위한 대통령 긴급조치'(제9호)를 발동 ▲집회 · 시위 또는 신문 · 방송 · 통신 등 공중 전파 수단이나 음반 등 표현물에 의한 헌법의 부정 · 반대 · 왜곡 또는 개정과 폐기 · 청원 · 선동 또는 선전하는 행위 ▲사전 허가를 받지 않은 학생의 집회 시위 또는 정치 관여 행위 등을 금지시켰다. 박 대통령은 이와 함께 지난 4월 8일 고려대학교를 휴교 조치한 긴급조치 제7호를 해제하는 긴급조치 제8호도 발동했다. 긴급조치 제8, 9호는 이날 하오 1시 30분 청와대에서 열린 국무회의 의결을 거쳐 선포됐다. (중략)

**유언비어 날조 · 유포 금지**
**조치 위반자는 제적, 해임을 명령할 수도**
**필요하면 병력 동원, 심판은 일반법원서**

**고대 휴교령 해제**
_긴급조치 8호도 선포 1975 0513

**긴급조치 9호 해제**
**구속자 석방… 오늘 0시 기해**
**학생 · 일반인 등 68명 풀려나**
**복교 · 복권 문제 등 곧 후속 조치도**

최규하 대통령은 7일 하오 5시 국무회의의 의결을 거쳐 대통령 긴급조치 제9호를 79년 12월 8일 0시를 기해 해제한다고 선포했다. 최 대통령은 이날 하오 서기원 대통령 공보수석비서관을 통해 긴급조치 9호 해제에 즈음한 담화문을 발표, "정부는 오늘 국민적인 화합을 촉진하기 위해 대통령 긴급조치 제9호 '국가의 안전과 공공질서의 수호를 위한 대통령 긴급조치'를 해제하기로 결정했다"고 말했다. 이로써 75년 5월 13일 선포됐던 긴급조치 9호는 4년 7개월 만에 해제됐다. 1979 1208

**해설** 유신체제를 이른바 '긴조 시대'라고 부를 정도로 긴급조치와 유신의 관계는 긴밀하다. 유신체제는 국가의 비상조치, 비상명령권을 긴급조치로 명명하여 헌법적 효력이 있는 것으로 활용했는데, 사실상 대통령의 말 한 마디로 모든 것을 통제할 수 있게 한 셈이다. 긴급조치는 사법적 심사 대상도 아니었고, 국회에는 통고만 하면 되었다. 요컨대 그 어떠한 제한조치도 없는 무소불위의 조치였다.

긴급조치는 개헌청원운동을 탄압하기 위한 1호를 시발로 총 9호까지 선포되었다. 그 중 중요한 것은 민청학련 탄압을 위해 선포된 4호와 모든 긴급조치의 집결판이라 할 수 있는 9호였다. 1975년 4월 9일자로 발표된 7호는 고려대 휴교 조치였고, 5 · 6 · 8호는 선포된 긴급조치를 해제하는 것이었다.

1975년 5월 13일, 인혁당 사건 관련자들의 사형 집행 이후 불과 나흘 만에 선포된 긴급조치 9호는 기존의 모든 긴급조치를 집대성한 것으로, 이후 더 이상의 긴급조치가 나올 필요가 없을 정도였다. 9호는 헌법 개정 시도를 원천 봉쇄함과 함께 긴급조치를 비판하는 행위도 처벌할 수 있게 함으로써 자기완결적 구조를 갖춘 셈이다.

특이한 것은 3호였는데, 유일하게 서민생활 안정을 위한 긴급조치였다. 이 조치로 서민층에 대한 각종 세금 감면, 미곡 수매가 소급 인상, 석탄 가격 인하 등 생활안정 대책이 마련되었다.

정치 · 경제 · 사회를 막론하고 1970년대 후반은 긴급조치의 시대였다. 긴급조치는 체제 안전을 위해 도입되었지만, 결과적으로 오히려 체제를 긴급한 상황에 빠뜨리는 역할을 했다고 할 수 있었다. 그 무단성과 폭력성은 광범위한 대중의 체제 이반을 초래했고, 결국 더 많은 폭력은 더 많은 체제 이반으로 연결되는 악순환 끝에 체제 몰락으로 치닫게 되었다.

# 후계자 김정일

1974年 4月 9日 동아일보

月內 物價상승35% 이를듯
工産品 二重價 형성 不可避

油公 收支위한「策定」
湖油30億利得·「京仁」은26億赤字
追加 부담額만 1億2千萬달러나
不利한「걸프 값」基準

貧血治療剤
新發売

사원모

**김일성 후계에 김정일**(차남)
**당 비서국장에, 김기반 굳히려 김일 · 김영주 거세**
**동경 '통일일보' 보도**

북괴는 최근 김일성의 후계문제를 둘러싸고 심각한 내부권력 투쟁을 벌이고 있는 것으로 알려지고 있다고 동경에서 발간되는 통일일보가 9일자 조간에서 크게 보도했다.

이 보도에 의하면 김일성은 그의 둘째아들인 김정일을 당의 사실상 실무 책임자인 당 비서국장에 파격적으로 승격, 임명했는데 이는 김정일을 그의 후계자로 기르려는 포석이며 이와 아울러 김정일의 기반을 굳히기 위해 일련의 권력층 개편을 함으로써 서열 변동이 잦고 갈등과 압력을 빚고 있다는 것이다.

김정일은 나이가 30대 중반으로 72년 12월 헌법개정 이전 김일성이 수상지위에 있을 때는 수상비서였고 작년까지만 해도 새로 당 조직 지도부장이 된 박수동 전 당 조직지도부 제1부부장 밑에 있었으나 당내 요직부장에 일단 승격시켰다가 당 중앙위비서, 다시 비서국장에 승격시켰다 한다.

또한 지난해부터 군당郡黨 이상에서는 김정일에 대해 '존경하는 김정일 동지'라는 존칭이 쓰여지고 있다고 한다. 이러한 존칭은 지금까지 김일성과 그의 부인 김성애 여성동맹위원장에게만 쓰이는 것이었다.

당초 김일성의 두 아들은 모두 소련식 이름으로 장남은 '슈라' 차남은 '에라'라고 불렀는데 장남이 6.25 전에 대동강에서 수영하다 익사한 뒤 차남에게 정일이라는 이름이 붙게 됐다는 것이다.

한편 최근 김일성의 아우 김영주가 당 조직지도부장에서 정무원 부총리로 옮겨진 것, 총리 김일이 공식석상에 나타나지 않는 것은 이들이 거세당했음을 뜻하는 것이며 오진우 인민군 참모총장, 이근모 부총리, 연형묵 당비서, 김중린 당비서, 박수동 당조직지도부장, 유장식 대외사업부장 등이 승격되고 있는 것은

# 金日成後繼에 金正一(次男)

黨 秘書局長에 基盤굳히려, 金一·金英柱去勢

「걷치레議會」解體하라

유엔 資源 特別總會개막

「貧國원조」最大爭點

佛 大統領 選擧戰 본격화

一次投票 미테랑優勢할듯

346명慘死 DC10機의 故障원인 판명

空氣壓力急降…乘客칸 氣壓밀려 爆發

美運輸局 安全조치요청에 製作社 書類로만 設計변경

世界에 二二八대…韓國도 八月께導入

문제의 DC10 여객기.

中共, 蘇戰爭준비 非難

"全體공장 60%가 軍事目的"

東亞戲評 白寅洙

職員募集公告

成洙工業社

中小企業協同組合中央會

김정일 후계 작업과 관계가 있는 것이라고 이 신문은 전했다.

이 소식통은 또 김일이 지난 3월 하순의 최고인민회의 제5기 제3회 회의에 참석하지 않았다고 주장, 그가 김일성과 같이 이 회의에 참석했다는 얘기는 사실과 다르다고 말했다. 1974 0409

## 해설

'피는 물보다 진하다.'는 말이 한국처럼 강조되는 사회는 별로 없을 듯하다. 오늘날 한국사회에서 혈통(엄밀히 말하자면 부계 혈통)은 생득적 신분에 기초하던 봉건사회만큼이나 중요하다. 혈통은 가족 단위를 벗어나 기업, 학교 심지어 교회로까지 확대되었다. 부모의 재산과 기업, 학교, 교회를 자식이 그대로 물려받는 전통(?)은 과연 무엇인가? 급기야 혈연 세습은 국가까지 집어삼켰다. 현실 사회주의는 물론 왕조국가를 제외하고는 그 예를 찾아볼 수 없는 부자세습이 사회주의를 표방하고 있는 북한에서 나온 것이다.

김일성 입장에서도 할 말은 있을 법하다. 소련·중국의 전례를 보건대 후계자가 전임자의 꿈과 이상을 이어가는 법이 없었다. 오히려 전임자 격하를 통해 자신의 정당성을 확보하는 것이 일반적이었다. 이에 유달리 꿈과 이상이 높았던 김일성에게는 물보다 진한 피가 절실했는지도 모를 일이다. 마침 그가 보기에는 아들 하나가 제법 기특했다.

김정일은 1964년 김일성 종합대학 정치경제학부를 졸업하자마자 노동당 중앙위원회 조직지도부에 배속되어 공식 활동을 시작했다. 이후 그는 주로 선전선동, 문화예술 분야에서 활동했는데, 개인적 취향과 북한체제의 특징이 어우러진 것으로 보인다. 사회주의를 표방한 북한에서 '사상'은 가장 기본적인 것이었고, 선전선동과 문화예술은 사상성과 밀접한 관련을 가졌다.

이러한 활동 끝에 김정일은 1974년 '당의 유일사상체계 10대 원칙'을 내놓으며 사상적 헤게모니 장악에 나섰고, '주체사상에 대하여' 라는 글 등을 통해 사상적 지도권을 장악해나갔다. 사상적 헤게모니와 함께 이른바 3대혁명소조 운동 등을 통해 조직적 기반도 착실히 다져나갔다.

1967년 갑산파 숙청을 통해 본격적으로 정치활동을 시작한 김정일은 당내 고속승진 끝에 1974년 2월 노동당 제5기 7차 전원회의에서 당내 핵심 권력기구인 중앙위원회 정치위원이 되면서 후계자로 공인되었다. 이때부터 그는 북한에서 '당중앙'으로 호명되기 시작했다. 이때 그의 나이는 불과 32세였다.

이러한 과정을 거쳐 1980년 10월 노동당 제6차 대회에서 김정일은 김일성의 후계자로 공식 선포되었다. 이는 물론 1970년대 내부적으로 확정된 사실을 외부에 공개한 것에 불과했다. 그러나 이때부터 김정일은 그의 트레이드마크가 된 '친애하는 지도자 동지'로 불리기 시작했고, 누구도 넘볼 수 없는 김일성의 후계자가 되었다. 최근 김정일의 3남 김정은으로의 3대 세습이 본격화되면서 북한은 다시 한 번 세상의 이목을 집중시켰다. 이제 북한이 공화국이 아니라 왕조국가라는 비판을 비켜 갈 방법은 별로 없어 보인다.

# 사할린 교포 송환

1974年 4月 17日 동아일보

**사할린 교포 201명 송환 결정**
**소·일 간에 이미 합의**
**무국적 1000여 명도 귀국 가능할 듯**

사할린 교포 201명의 송환 원칙이 소련 당국과 일본 당국 간에 회의, 결정된 것으로 17일 알려졌다. 정통한 관계 소식통은 사할린 교포 2만여 명 중 무국적자가 7500명이 있으며 이중 주소駐蘇 일본대사관과 일본정부 또는 각국 적십자사를 통해 송환 탄원서를 제출한 201명에 대해 일본정부의 입국 허가를 전제로 송환한다는 원칙에 합의했다고 말했다. 그러나 이 소식통은 이들 201명이 일본에 송환되면 이들은 곧 한국으로 귀환할 수 있을 것이 아닌가 생각한다고 말했다.

**새로 귀환 신청 받기로**
_교포귀환 한국인회 1974 0417

**해설** 사할린, 거의 남한 면적에 육박하는 섬으로 일본에서는 가라후토樺太로 불린다. 러일전쟁 이후 남쪽이 일본에 할양되면서 한인들의 본격 이주가 시작되었다. 특히 중일전쟁 이후 한인의 강제 이주가 본격화되어 약 15만 명이 강제동원된 것으로 알려졌다. 이 중 1945년 일제 패망 시점에는 4만 3000여 명의 한인이 잔류하고 있었다. 패전과 함께 사할린이 소련 영토로 편입되자 일본은 자국인들은 모두 철수시킨 반면 징용 한인들을 방치했다. 신생국 한국도 이들을 돌아볼 여지가 없었기에 결국 사할린에 잔류하게 된 것이다.

이후 간헐적으로 이들의 귀환문제가 불거졌지만 뚜렷한 해결책이 나오지는 않았다. 특히 냉전시대 남북 대결과 소련 일본 간의 외교 대립까지 겹치면서 그 해결은 더욱 어려워졌다. 위 기사에서 보도된 일본과 소련 간의 회담도 결국 무위로 돌아갔는데, 그 주요 원인 중의 하나는 북한의 반대로 알려졌다. 이후 1976년 한국정부는 대일 교섭을 통해 사할린 교포 송환 문제를 제기했다. 한국정부는 일본정부가 일정 비용을 제공할 것을 요구했지만, 일본은 한일청구권 자금으로 모든 비용 문제가 정산된 것이므로 불가능하다는 입장을 보였다. 한국정부가 비용을 부담하는 방안으로도 송환 작업이 추진되었지만, 역시 냉전의 벽을 뛰어넘기에는 역부족이었다.

당시 한국정부가 사할린 교포 송환을 추진한 이유는 크게 두 가지로 압축된다. 소련조차도 한인교포 송환으로 이산가족 상봉을 돕는다는 점을 부각시켜 북한의 비인도성을 고발하고, 또 소련과 북한의 갈등을 격화시킬 수 있을 것으로 예상했다. 교포 송환 작업을 주도한 것이 중앙정보부인 것에서 드러나듯이 정부 또한 인도주의보다는 정치공학적 차원에서 접근했다. 결국 사할린 교포들은 1990년대 이후에나 귀국할 수 있는 길이 열렸다.

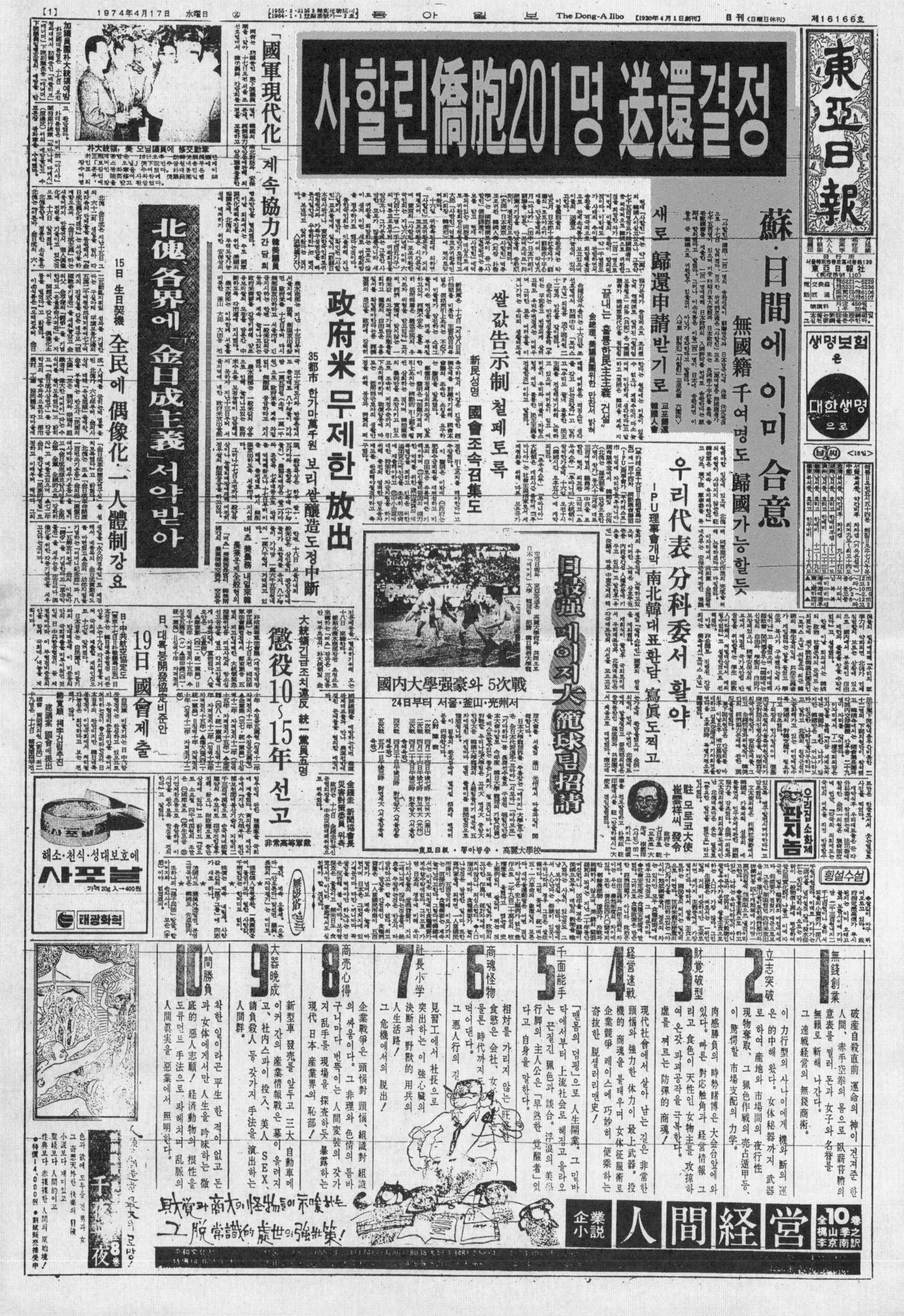

[1] 1974年4月17日 水曜日 동아일보 The Dong-A Ilbo 第16166號

東亞日報

# 사할린僑胞201명 送還결정

## 蘇·日間에 이미 合意

無國籍 千여명도 歸國가능할듯

새로 歸還申請받기로

## 우리代表 分科委서 활약

IPU理事會개막 南北韓대표환담, 寫眞도찍고

## 「國軍現代化」계속協力

朴大統領, 美 오닐議員에 修交勳章

## 北傀, 各界에 「金日成主義」서약받아

15日 生日맞아 全民에 偶像化 一人體制강요

## 政府米 무제한 放出

35都市 한가마 萬千원 보리쌀 釀造도 정中斷

## 쌀값告示制 철폐토록

新民성명 國會조속召集도

## 日本籍 메이지大 籠球팀 招請

國內大學强豪와 5次戰

24日부터 서울·釜山·光州서

東亞日報·동아방송·高麗大學校

## 大統領긴급조치違反 統一黨員5명

## 懲役10~15年 선고

非常高等軍裁

日 대륙붕開發協定비준안

## 19日 國會제출

駐모로코大使 崔璟祿씨 發令

# 민청학련 사건

1974年 4月 26日 조선일보

**'민청학련' 노농勞農정권 수립 기도**
**인혁당 · 조총련서 조종**
**폭력 데모…4단계 혁명**
**청와대 점거 계획도**_신직수 정보부장 수사 중간발표

신직수 중앙정보부장은 25일 이른바 '전국민주청년학생총연맹' 사건에 관련, 240여 명이 조사를 받고 있으며 관련 학생들이 갖고 있던 각종 유인물 10여만 장과 관련 증거자료를 압수, 관련자들의 진술에 의해 주동세력이 폭력 데모로 노농정권을 세우려 했다는 증거를 잡았다고 수사 상황을 중간 발표했다. 신 부장이 이날 혐의를 캐냈다고 명단을 밝힌 '민청학련' 사건 관련자는 모두 60명으로 이 중 '민청학련'의 배후 조종자 21명, 나머지 39명은 대학생 혹은 대학졸업자로 '민청학련' 책임자들로 되어 있다. 신 부장은 2시간의 기자회견에서 '민청학련'의 배후에는 과거 공산계 불순단체인 인민혁명당 조직과 재일조총련계의 조종을 받은 일본 공산당원, 국내 좌파혁신계 등이 복합적으로 작용했다고 밝히고 주동 학생들은 4단계 혁명을 통해 노농정권을 세울 것을 목표했었고, 과도적 통치기구로 '민족지도부'의 결성을 계획했었다고 밝혔다.

**240명 조사…일본인도 2명** 1974 0426

해설

유신체제 성립 이후 최대의 조직사건이 터졌다. 민청학련 사건은 반유신운동 진영과 유신체제의 정면 충돌이라고 볼 수 있다. 1973년 가을부터 불붙기 시작한 반유신운동은 해를 넘기면서 더욱 조직화되고 광범위해지고 있었다. 특히 학생운동 세력은 학교별로 고립분산적인 기존 운동을 반성하면서 학교 간, 지역 간 연대 투쟁을 강화하고자 했다. 그 결과 서울의 주요 대학은 물론 지방 주요 대학 간에도 긴밀한 연계가 형성되었고, 나아가 민청학련의 결성으로 나타났다.

조직 결성과 함께 민청학련은 1974년 4월 3일을 전국적인 시위 거사일로 결정하고 기민하게 움직였다. 그러나 대규모 시위를 위해 급조되다시피 한 조직의 보안 능력이 형편없을 것임은 불문가지였다. 게다가 당시 학생운동 수준이 중앙정보부의 촉수를 벗어나는 것은 매우 힘들었다.

이들의 움직임은 이미 학원가 깊숙이 정보망을 가동하고 있던 중앙정보부의 촉수에 걸려든 상태였다. 중정은 전면 수사에 착수해 3월 28일부터 주동자를 체포하기 시작했고, 4월 3일에는 오직 민청학련 조직만을 겨냥한 긴급조치 4호를 선포해 집중적으로 탄압에 나섰다.

중정은 다만 실재하는 조직과 활동을 수사만 한 것이 아니었다. 친형을 중정에서 잃기도 했던 전직 중정 직원의 증언에 따르면 중정은 정보의 수집을 넘어 직접 정보를 생산하는 데 나섰다. 즉 반정부 성향의 인물에 접근하여 반정부 투쟁을 유도하고 조직을 키워 일망타진하는 공작을 전개했다는 것이며 그 대표적 사례가 바로 민청학련 사건이라고 했다.

민청학련 수사는 박정희의 직접적 관심 대상이었다. 당시 중정 6국장이던 이용택의 증언에 따르면 21명의 검거 숫자를 50명으로 늘리라고 한 것도 청와대였고, 자신과 신직수 중정부장이 1주일 두 번꼴로 청와대에서 박정희에게 직보를 했다. 당시 간첩 현상금이 30만 원이던 시절에 민청학련 주동자의 현상금은 최고 300만 원까지 치솟았다. 특히 인혁당 재건위 사건과 연결시켜 공산주의 단체로 둔갑시킨 것은 그 정점이었다. 여러 정황으로 보건대 민청학련 사건은 반유신운동의 예봉을 꺾으려는 박정희 정권의 기획 상품이었다.

그것은 수사와 재판 과정에서도 여실히 드러났다. 관련자는 무려 1024명에 달했고 이 중 253명이 재판에 회부되었다. 사형 판결만 6명이 나왔고, 관계자 다수가 무기 또는 10년 이상의 중형을 선고받았다. 심지어 피고를 변호하던 강신옥 변호사는 법정 구속까지 당해야 했다. 무리한 수사와 무리한 재판이라는 점은 사건 발생 30여 년이 지난 후 사건 관련자 상당수가 재심을 청구해 무죄를 선고받았다는 점에서도 확인된다.

# 「民青學聯」, 勞農政權 수립 企圖

# 人革黨·朝總聯서 조종

## 暴力데모…4단계 革命

申稙秀 情報部長 搜査중간發表 青瓦臺 占據계획도

## 2百40명 調査… 日本人도 2명

◇申部長은 民青學聯의 배후세력이 北傀의 주장 그대로라고 설명했다.

## 포르투갈 軍部 쿠데타

### 스피놀라將軍 全權장악

카首相향북, 土大統領 國外로

◇카에타노首相

◇포르투갈軍部쿠데타軍이 리스본 시내에 포진하고 있다.

## 「74億不正貸出」규명

### 共和·維政會 5月初 財務委서

朴大統領에 信任狀 모시온 다수大使

### 金融不正 예방논의

銀行長·監督院長 긴급회의

監督院長도 조사하기로 新民 10人小委

## 防衛誠金 모으기 운동

本社접수

植民獨裁불만 3月부터反亂

## 두日人 善處희망

오히라外相

박카스-D

朝鮮漫評

背後

냄새가 나긴나는데…

# 육영수 여사 피격

1974年 8月 16日 중앙일보

**육영수 여사 운명**
**어제 저녁 7시, 머리 총상 후 의식 회복 못한 채**
**박 대통령과 자녀 등 임종… 대수술 5시간 40분 끝에**

대통령부인 육영수 여사는 15일 하오 7시 서울대학교 의과대학 부속병원에서 운명했다. 육 여사는 상오 10시 40분부터 5시간 40분 동안 대통령 저격범에 의한 두부 관통 총상수술을 받았으나 끝내 의식을 회복하지 못했다. 육 여사의 유해는 이날 저녁 8시 4분 병원을 떠나 8시 15분 청와대로 운구됐다.

**범인은 재일교포 '문세광'**
**광복식전 대통령 저격사건**
**일인日人 이름 도용한 여권 소지**
**조총련계로 간주, 배후 조사**
**검찰 발표, 23세 범인은 '단독 범행' 주장**

대통령 저격사건 수사본부(본부장 김일두 서울지검장)는 이 사건의 범인이 일본에서 태어난 교포 2세 문세광(23. 일본명 남조세광南條世光)이며 범행에 사용된 권총은 일본에서 훔쳐 한국에 몰래 들여온 미제 5연발 '스미드 웨슨' 권총이라고 발표했다.

서울지검에 설치된 수사본부는 15일 밤 사건 현장을 검증한데 이어 범인의 정체 및 입국 경위·배후 관계·총기 출처에 대한 1차 수사 경과를 발표, '범인 문은 체포된 이후 계속해서 단독범임을 주장하고 있으나 재일 조총련계의 인물로 보고 조사 중'이라고 밝혔다. 범인 문의 본적은 경남 진양군 대평면 상촌리 775로 일본 대판부大阪府 동주길구東住吉區 상진정桑津町 3의 24에서 태어나 대판부大阪府 생야구生野區 중천정中川町 2정목丁目 9의4에 거주하고 있다. 그가 평소 사용한 일본 이름은 난조(남조세광南條世光). 1974 0816

**해설** 박정희 정권 18년 동안 가장 이해하기 힘든 사건이 벌어졌다. 대통령이 참석하는 실내행사에 신원이 불확실한 재일교포가 버젓이 권총을 소지한 채 입장하여 암살을 시도한 것이다. 알다시피 유신체제하 대통령의 위상은 절대군주에 못지않았다. '각하閣下'는 '전하殿下'를 넘어 '폐하陛下'에 가까웠다. 그러하기에 대통령에 대한 경호는 국가안보 0순위였고, 경호실장의 권력은 각하 다음일 정도였다. 그런데 그 철통같은 대통령 경호가 '신원불상 재일교포'에게 휴지조각만도 못하게 되어버렸다. 문세광을 검문하려던 경찰은 청와대 경호실 요원에게 제지당했고, 입장 비표도 없던 그는 유유히 행사장에 입장했다. 그것도 행사 시작 후에. 게다가 암살 과정도 석연치 않았다. 한국전쟁 이후 최고의 암살자라 할 문세광은 지독한 근시에 한 번도 사격훈련을 받아보지 못했다고 한다. 게다가 그는 권총을 꺼내다 자기 허벅지에 초탄을 발사하는 황당한 실수를 저지르는데, 프로페셔널 암살자라고 보기엔 너무 엉성했다. 그의 사격 실력으로 단상의 누군가를 명중시킨다는 것은 매우 힘들었다고 보인다. 실제 영부인 육영수를 명중시킨 탄두가 어느 총에서 발사되었는지는 아리송했다. 가장 확실한 증거인 탄두는 사건 직후 청와대 경호실이 수거해 가 수사본부는 '앙꼬 없는 찐빵'만 만지작거리는 신세였다. 피탄 각도도 의문투성이였으며, 발사된 총알 숫자도 엇갈렸다. 몇 년 전 방송된 SBS '그것이 알고 싶다' 프로그램에서 총성 분석한 것에 의하면, 문세광의 사격과 육영수의 피격은 서로 일치하지 않았다. 서울시경 감식계장으로 당시 수사에 참여한 이건우는 육영수 암살범은 따로 있다고 선언했다. 그는 문세광의 총에서 발사된 총알이 육영수를 저격하지 않았다고 단언했다.

모호한 범행과 달리 암살의 효과는 명확했다. 최대 수혜자는 박정희 정권이었다. 김대중 납치사건으로 궁지에 몰려 있던 박정희 정권은 역으로 일본에 큰소리를 치게 되었고, 실제 일본은 납치사건 수사를 종결했을 뿐 아니라 사과 사절까지 파견했다. 당연하게도 북한 규탄 시위 물결이 전국을 휩쓸었고 박정희 정권은 일시적이나마 체제 수호에 한숨을 돌릴 수 있었다. 과정의 은폐와 결과의 극대화, 이것은 정치적 음모(암살)의 일반적 양상이었다.

(1) 第2757號 The Joong-ang Daily News 1974年8月16日 金曜日 【日刊】

# 中央日報

# 陸英修여사 殞命

어제저녁7시 머리 銃傷후 意識회복 못한채

朴大統領과 子女등 臨終…大手術 5시간40분끝에

<故 陸英修여사>

19일 國民葬

葬地 國立墓地

官公署는 休務

# 犯人은 在日僑胞 "文世光"

光復式典 大統領 狙擊사건 日人이름 盜用한 旅券所持

<犯人 文世光>

朝總聯系로 간주, 背後搜査

檢察발표 23세 犯人은 單獨犯行 주장

金日成 毛澤東 寫眞걸어놔

大阪 文의집 民團反主流行動隊관여, 親共발언일삼아

최근 正體不明怪漢 5~6명과 어울려

大使館 爆破하겠다 脅迫한 적도

共犯 드러나면 日에 引渡요청

日人 韓國旅行 적극 抑制키로

日 放送 妄言

解說서 '造作됐을지도'

眞相확인도않고 지레歪曲

盧外務次官 日大使 要談

遺志를 계승 總和를 성취

田中日首相 訪韓키로

殯所를 마련

日人 出國制限

陸英修女史 殞命 15日號外 發行

故 陸英修女史

# 재야세력 등장

1974年 9月 12日 | 11月 18日 | 11月 27日 동아일보

## 고통받는 사람 위한 기도
## 천주교 명동성당

한국천주교는 11일 밤 7시부터 10시까지 명동대성당에서 고통받는 사람 등을 위한 기도회를 열었다.

성직자와 신도 등 1500여 명이 참석한 이날 기도회에서는 지학순 주교가 교황 바오로 6세와 김수환 추기경 등에게 보낸 메시지를 공표하고 지 주교의 '양심선언'을 전폭 지지한다는 등 결의문을 채택했다.

지 주교는 김수환 추기경에게 보낸 메시지를 통해 "한국 땅에 인간의 기본권이 존중받고 국민 위주의 민주적 정치풍토가 하루빨리 조성되기를 염원한다."고 밝혔다.

이날 기도회에서 '전국정의구현사제단'과 '전국평신도협의회' 일동은 지 주교의 양심선언 적극 지지, 언론탄압 즉각 중단, 대통령 긴급조치 제2호의 즉각 해제 및 투옥 중인 지 주교, 목사, 교수, 변호사, 학생 등의 즉각 석방 등을 요구하는 결의를 채택했다. 1974 0912

## 자유실천 선언
## 30여 문인, 가두 데모 좌절

18일 아침 10시경 서울 종로구 세종로 네거리 비각 뒤 의사회관 계단에 문인 30여 명이 모여 '자유실천문인협의회 101인 선언'을 발표하고 거리로 나오려다 이 중 고은, 조해일, 윤흥길, 박태순, 이시영, 이문구, 송기원 씨 등 7명이 경찰에 연행되고 10분만에 해산되었다. 이들은 '우리는 중단하지 않는다', '시인 석방하라'고 쓴 플래카드를 들었으며 '유신헌법 철폐하라'는 구호를 외쳤다.

이희승, 이헌구, 박화성, 김정한, 박두진 씨 등 원로문인과 고은, 신경림, 염무웅, 황석영 씨 등 중견 소장문인 등 101명이 서명, 이날 고은 씨가 낭독한 선언문에서 "왜곡된 근대화 정책의 무리한 강행으로 권력과 금력에서 소외된 대다수 국민들은 기초적인 생존마저 안심할 수 없는 지경에 이르고 말았다"고 주장, "이러한 부조리는 정치가의 독단적인 결정이 아니라 전 국민적인 지혜와 용기에 의해 극복되어야 한다."고 말했다. 이들은 다음 5개항의 결의문을 채택했다.

▲시인 김지하 씨를 비롯, 긴급조치로 구속된 지식인, 종교인, 학생 들은 즉각 석방되어야 한다. ▲언론 출판 집회 결사 및 신앙 사상의 자유는 어떠한 이유로도 제한될 수 없으며 모든 지식

1974年9月12日 木曜日 동아일보

交通難 加重시킨 時差制 변경

中高生登校 일반通勤者와 겹쳐

中間정류장선 버스타기極難

文世光 기소

서울刑事地法合議8部담당

文이버린 수갑케이스 發見

反日데모 계속加熱

술자리서 터져나온 「民族分斷의恨」

泰國大學에 韓國語科新設

外國語大와 協定체결

級友끼리 청소 말다툼끝에

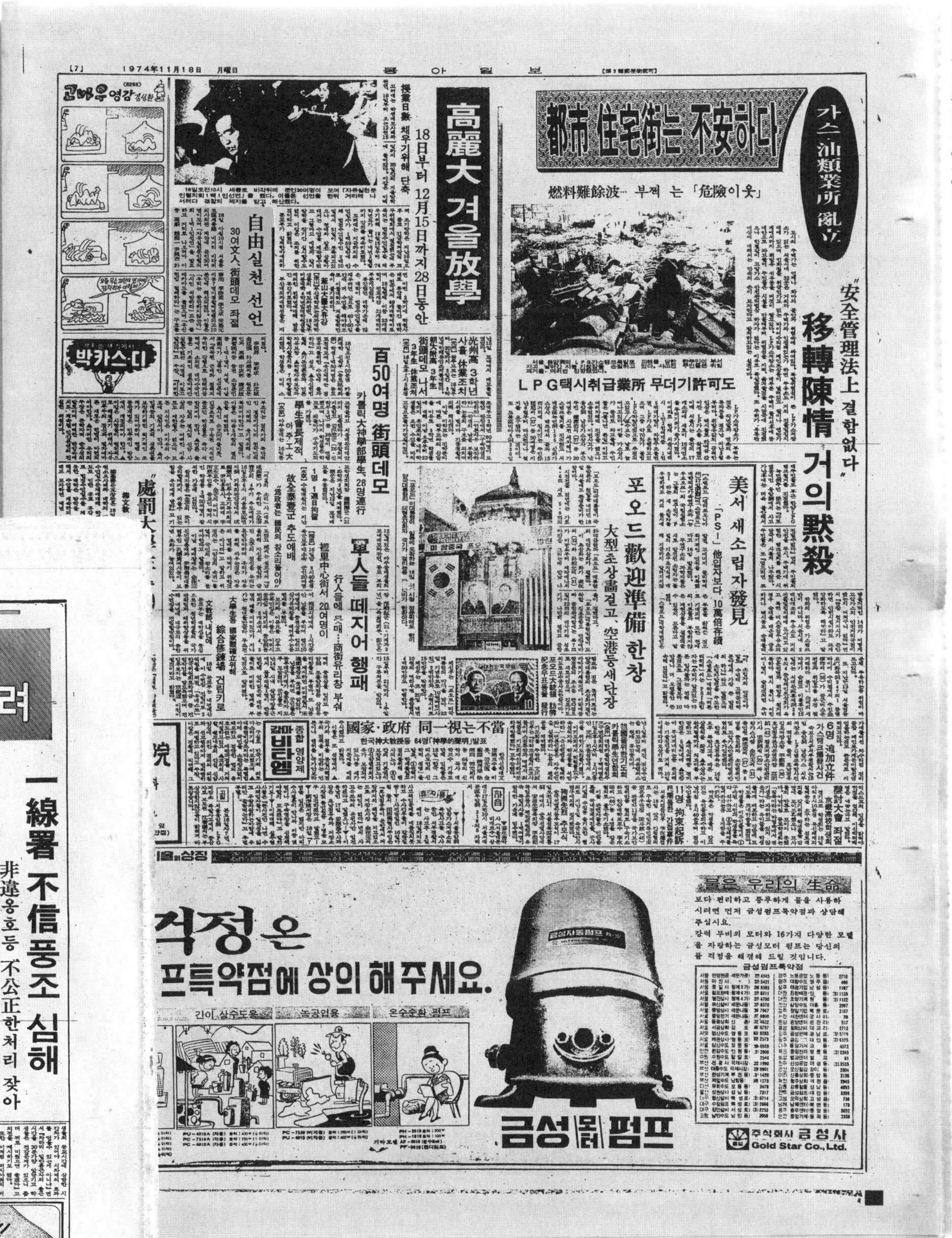

[7] 1974年11月18日 月曜日 동아일보

# 都市 住宅街는 不安하다

燃料難餘波… 부쩌는 「危險이웃」

## 가스·油類業所 亂立

"安全管理法上 결함없다"

## 移轉陳情 거의 黙殺

LPG택시취급業所 무더기許可도

## 高麗大 겨울放學

授業日數 채우기위해 단축

18日부터 12月15日까지 28日동안

## 自由실천 선언

30여文人, 街頭데모 좌절

## 百50여명 街頭데모

카톨릭大神學部學生 28명連行

光州高 3학년 사흘 休業조치

## 單人들 떼지어 행패

## 포오드歡迎準備 한창

大型초상畵걸고, 空港등새단장

## 美서 새소립자發見

「PS-I」 他粒子보다 10萬倍存續

## 國家·政府 同一視는 不當

한국神大敎授등 64명「神學的聲明」발표



1974年 11月 18日 동아일보

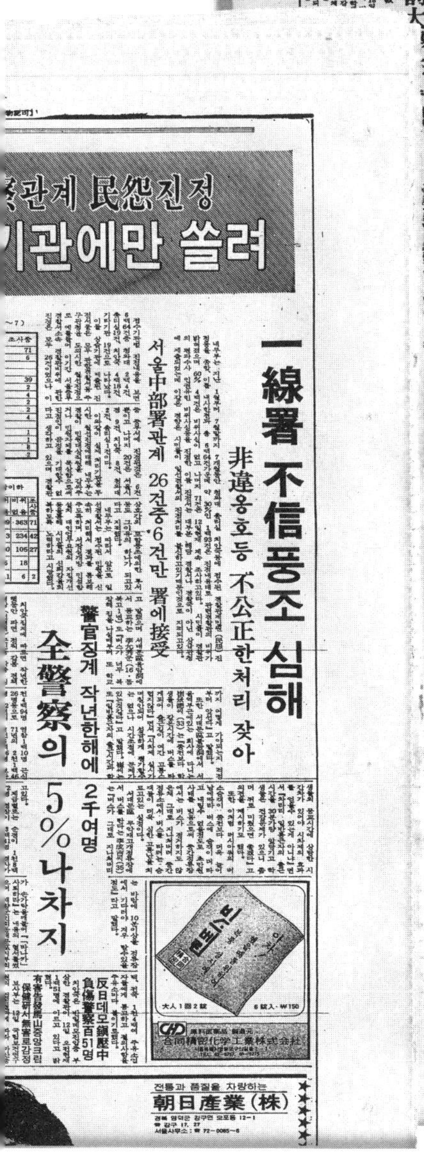

...관계 民怨진정

...기관에만 쏠려

## 一線署 不信풍조 심해

非違옹호등 不公正한처리 잦아

서울中部署관계 26건중6건만 署에接受

## 警官징계 작년한해에 2千여명

## 全警察의 5%나차지

反日데모觀中 負傷警察百51명

1974年 9月 12日 동아일보

東亞日報

1974年11月27日 水曜日 ② 동아일보 The Dong-A Ilbo 日刊

「民主回復 國民宣言」大會

"평화적으로 自由民主쟁취"

各界代表 71명

50여명參席

「民主回復國民會議」발족

尹潽善·兪鎭午·李熙昇·金泳三·咸錫憲·千寬宇씨등 署名

"反政府는 反國家가 아니다"

拘束者석방·言論自由 요구

金大中씨내외도 大會參席

7人委員會 구성

會議運營문제등 專擔키로

政局安定위해 「改憲進言 用意있나」

言論自由선언 政府見解밝히라

大學데모强硬政策 上限도추궁

豫決委, 新民不參속質疑

高·延大두總長성명

事態수습 도움안돼

"韓國정식呼稱은 通譯잘못"

中共 유엔代表 「南韓」으로 修正

"政治的 反對者들에 朴大統領, 政策완화"

北傀터널은 뚜렷한 休戰協定위반

對韓軍援減縮 결의한 外援授權法案 채택

美上院 外交委

中立國「韓國」타협決議案 來週에 提出방침

집권층의 政治的탄압으로 亞洲言論自由 최대의威脅

"또하나의 否定的發言 유감"

反民主的고질 드러낸것

大會場서 대화

횡설수설

생명보험은 대한생명으로

辭書의 名門 民衆書舘이 最大의 語彙와 精密 正確한 內容으로 革新 刊行하는 最新 完璧版!

新發賣

엣센스 國語辭典

◆이 辭典의 特長◆

- 無數한 新語, 學術語·外來語·俗語·古語를 網羅하는 150,000 語彙의 集約收錄
- 우리말 語彙의 再整理, 새 語義에 充實
- 簡明 正確한 語義解說과 理解를 돕는 的確하고도 豊富한 用例·例文
- 助詞 및 變則用言에 對한 詳細한 解說
- 文敎部制定 中高校用 1,800 敎育漢字의 機能 解說
- 同義語·類義語·反義語·參考語의 提示

監修者의 말

〈前略〉사전은 우선 簡明하고도 廣範하여야 되며, 알찬 가운데 간편함을 잃지 말아야 하고, 복잡한 속에서 본연의 순수성을 지녀야 할 것임은 본인의 辭典編纂에 임하는 확고한 신념이다. 이제 「엣센스國語辭典」의 監修를 맡음에 있어, 그 빈틈없는 綿密性과 상호 有機的인 연락, 一絲不亂한 體系에 경탄의 마음을 금하지 못하면서 이 사전이 보다 좋은 사전이 되게 하기 위하여 온갖 성의와 노력을 기울여 왔다고 자부하는 터이다. 〈後略〉

李熙昇 박사 近影

高級印度紙·오프셋印刷

三六判 1,772面 값 2,600원

서울 特別市 鍾路區 通義洞 35番地

株式會社 民衆書舘

인은 이 자유의 수호에 앞장서야 한다. ▲서민대중의 기본적 생존권을 보장하기 위한 획기적인 조처가 있어야 하며 현행 노동관계법은 민주적인 방향에서 개정되어야 한다. ▲이 같은 사항들이 원천적으로 해결되기 위해서 자유민주주의 정신과 절차에 따른 새로운 헌법이 마련되어야 한다. ▲이러한 우리의 주장은 문학자적 순수성의 발로이며 어떠한 탄압 속에서도 계속될 인간 본연의 진실한 외침이다. 1974 1118

**'민주회복 국민선언' 대회 각계 대표 71명** _50여 명 참석
**'민주회복 국민회의' 발족 "평화적으로 자유 · 민주 쟁취"**
**윤보선 · 유진오 · 이희승 · 김영삼 · 함석헌 · 천관우 씨 등 서명**
**"반정부는 반국가가 아니다**
**구속자 석방 · 언론 자유 요구"**

윤보선, 백낙준, 유진오, 김영삼, 정일형, 양일동, 함석헌, 김재준, 강원용, 이희승, 천관우, 이병린, 이태영, 윤형중, 법정 씨 등 각계 대표 71명(이중 참석자는 50여 명)은 27일 오전 서울 종로구 연지동 기독교회관 2층 소회의실에서 '민주회복국민선언대회'를 갖고 '민주회복국민회의(가칭)'를 발족시키는 한편 "모든 가능한 평화적 공동행동으로 자유와 민주주의를 쟁취하기 위해 서슴없이 나설 것"을 선언했다. 이 자리에는 국민선언에는 서명하지 않았으나 전 신민당 대통령후보 김대중 씨 내외가 참석했다. 1974 1127

**해설** 1970년대 주요 정치세력을 꼽자면 정당, 대학생 그리고 '재야'였다. 이 중 재야는 유신체제 아래 독특한 현상이었다. 재야의 사전적 의미는 '공직에 나가지 않고 민간에 머무는 것'이지만 1970년대의 맥락에서 그것은 정권의 탄압으로 공식 영역에서 축출된 사람들을 지칭하는 것이자 민감한 정치현안을 은폐하기 위한 수사이기도 했다. 예컨대 정치인 김영삼의 단식은 '한 재야인사 문제'로 보도되었다.

적극적 개념이 아니라 공직에서 배제되었다는 의미이기에 재야는 매우 포괄적일 수밖에 없었다. 지식인, 종교인, 언론인, 출판인, 교육가, 정치인, 문화예술인, 사회활동가, 운동가 등이 망라된 것이 재야였다. 특히 1970년대 재야에서 중요한 역할을 한 것은 종교계 인사들과 지식인들이었다. 종교계는 기독교와 가톨릭 계통이 주된 역할을 했으며, 지식인은 대학교수, 문학가, 언론인들이 대종을 이루었다.

재야의 등장은 정권 탄압이 더욱 강화되고 있다는 의미이자 점점 더 많은 지식인들이 반유신 운동에 가담하게 되었다는 사실을 반영했다. 정권의 탄압은 수많은 해직 대학교수, 해직 언론인을 만들어냈고 또 수많은 문학인들을 거리로 내몰았다. 이렇게 공식 영역에서 추방된 사람들은 비공식 영역에서나마 지속적인 반유신 운동을 전개했고, 재야는 이들의 새로운 삶과 투쟁의 영토가 되었다.

지식인들의 수난과 함께 종교인들의 역할이 두드러지기 시작했다. 종교계는 유신체제의 반공 이데올로기 공세를 비켜갈 수 있는 유리한 위치에 있었는데, 이는 당시 매우 중요한 의미를 담고 있었다. 모든 반유신 운동을 '빨갱이의 준동'으로 몰아가려는 정권에게 종교계의 반유신 운동은 대략 난감일 수밖에 없었다. 종교계는 학생운동은 물론이고 노동운동, 농민운동, 빈민운동 등 다양한 영역의 대중운동을 활성화하고 또 보호막을 제공해 줌으로써 1970년대 재야세력의 중핵을 이루게 되었다.

재야는 공적 영역에서 축출됨으로써 오히려 더 크고 중요한 영역, 민중 속으로 진출하게 된 셈이었다. 반면 유신체제는 공적 영역을 독점하고자 함으로써 재야가 만들어지는 데 결정적 공헌을 했다.

# 동아일보 광고 탄압

1975年 1月 1日 | 1月 10日 동아일보

**근고謹告**

대 광고주들의 면적이 큰 광고가 중단됨으로 인하여 광고인으로서 직책에 충실하고자 부득이 아래 광고와 같은 개인 · 정당 · 사회단체의 의견 광고, 그리고 본보를 격려하는 협찬 광고와 연하 광고를 전국적으로 모집하오니 전 국민의 적극적인 성원을 바랍니다.

동아일보사 광고국장

**언론 탄압에 즈음한 호소문**

**광고주(기업주)에게 호소합니다**
**언론인들에게 호소합니다**
**국민에게 호소합니다**

첫째, 범국민적인 동아일보의 구독운동을 벌입시다.

둘째, 국민 스스로가 핍박받는 언론의 외판원과 광고사원이 됩시다.

셋째, 광고의 게재를 기피하거나 이미 해약한 기업들의 상품 불매운동을 벌입시다.

천주교 정의구현 전국사제단 1974 0101

**박 대통령에게 보내는 공개 서한(요지)**

박 대통령 귀하,

이에 본인은 다음 몇 가지 사항을 당면 문제로 진언합니다.

1. 파괴된 민주헌정의 회복을 위해 대통령 자신이 개헌을 발의하되 민족통일의 기초가 될 수 있는 완전한 민주헌법으로 하여 이 헌법에 의해 자신의 거취를 지혜롭고 영예롭게 스스로 택함은 물론 앞으로 오고 올 모든 이 나라 집권자들의 규범으로 삼게 할 것.

2. 긴급조치로 구속된 민주인사와 학생 전원을 무조건 급속히 석방할 것.

3. 자유언론(특히 민족수난의 증인이요 상징인 민족지 '동아일보' '동아방송' 등)에 대한 비열하고 음흉한 탄압정책을 즉시 철회시킬 것.

4. 학원, 종교계, 언론계, 정계의 사찰, 탄압을 중지하고 야비한 정보정치의 수법인 이간, 중상, 분열 공작으로 이 이상 더 우리 사회의 불신풍조와 배신의 습성을 조장시키지 말도록 할 것.

5. 정부의 경제적 실책으로 가중되는 당면한 민생문제를 해결하고 사회정의를 구현할 수 있는 획기적인 경제정책을 강구할 것.

6. 한반도의 긴장 완화와 평화통일을 위한 이상적이고 실천적이며 적극적인 통일정책을 수립 촉진하되 민중의 대표가 참여할 수 있도록 할 것.

박 대통령 귀하, 이 지구상에는 수백억의 인간이 살다갔습니다. 그 중에 가장이 되었던 사람들은 누구나 '내가 죽으면 내 집이 어찌 어찌되겠는가' 라는 걱정을 안고 갔었을 것입니다. 그러나 인간사회는 계속 발전하여 왔습니다. 우리들도 예외일 수는 없습니다.

끝으로 귀하의 건강과 우리 국민과 우리 민족의 밝은 내일을 기원하면서 이 글을 이것으로 그치고자 합니다.

1975년 1월 8일

개헌청원 백만인 서명 운동본부 장준하 1975 0110

(1) 1975年1月1日 水曜日 동아일보 The Dong-A Ilbo 第16386호

# 東亞日報

# 安保·生活安定에 總力

## 朴大統領 新年辭서 施策方向밝혀

## 共榮의 國民윤리 確立

### 安保에 國論分裂은 北傀 南侵自招

朴大統領

### 朴大統領 新年辭 요지

## 駐韓美軍 대규모撤收 검토

### 美誌報道 國防省, 兵力줄여 他處戰力 強化

### 新民, 內務委거듭要求

### 對韓관계現狀유지 北傀承認意思없다

## 「民主言論돕기」展開

### 東亞日報에 有料廣告

### 物價 적극억제

### 大邱亂動 상이軍警 幹部둘拘束 셋立件

### 오늘特輯16面발행

31·2·3日字 新聞은 休刊





謹告 東亞日報社 廣告局長

횡설수설

# 言論彈壓에 즈음한 呼訴文

## 廣告主(企業主)에게 呼訴합니다

## 言論人들에게 호소합니다

## 國民에게 呼訴합니다

첫째 범국민적인 동아일보의 구독운동을 벌입시다

둘째 국민 스스로가 핍박받는 언론의 외판원과 광고사원이 됩시다

셋째 광고의 게재를 기피하거나 이미 해약한 기업들의 상품불매운동을 벌입시다.

1975년 1월1일

천주교 정의구현 전국사제단

【1】 1975年1月10日 金曜日 동아일보 The Dong-A Ilbo

# 東亞日報

# 버스料 2月末께 引上

## 서울市,業者진정받고 原則결정

## 5원씩 一律인상 檢討

地方으로 波及될듯 都市型으로 單一化추진

## 改憲請願 署名운동 전개

民主수호基督者會

## 명동聖堂기도회서 千2百호응

尹潽善목사 署名가방든채 연행돼

## "執權層이 和解포기"

天主敎正義구현全國司祭團 人權·民主위한 기도會 退陣要求 決議文발표

12日 韓·日協力委에 키시등 參席

日人 무조건特赦 요청할듯

朴大統領이 接見 제스만 美議員

## 自由言論綱領 채택

## 東亞放送 廣告해약 44개企業體로 늘어

本報廣告申請은 ⑦ 6610 6817 ... 6610 6807

## 「民主回復國民회의」 木浦서도 結成

辯護士·宗敎人 言論人등 20명

「東亞」돕기汎市民運動등 決議

## 民主回復 국민會議 오늘代表委員 회의

## 希 67年 軍部政權장악

## 쿠데타규정案 제출

## 新民黨員들 데모

淸州 개헌현판식서 警察이 記者구타

## 大邱상이軍警亂動 오늘부터眞相調査

新民黨

韓國經濟전망 76年에야好轉

4개都市 開發 지원 世銀,千5百萬달러

횡설수설

**100만원** 이상이면 단 하루라도 국내 **최고의이자**를 드립니다.

中央投資金融(株)

서울 : 소공동 28 8095~7·28 0472·28 0475 영업부직통 28 8573·28 0572

---

㊗ 발 전

언 론 자 유

민 권 신 장

민주 사회 건설

캐나다한국민주사회

건설협의회

(The Council for Democratic Korea in Canada)

고 문 이 상 철

회 장 문 재 린

부회장 장 정 문

전 충 림

외 會員一同

---

1. 동아일보만을 구독합시다

2. 동아방송만을 청취합시다

종로구 통의동

최 연 자

---

壓迫받는 東亞日報를 激勵합니다

서울 서대문구 북아현동

안 무 줄

---

## 木浦民主回復國民會議 決議宣言文

一. 오늘날 우리나라가 處한 難局을 打開하는 唯一한 길은 改憲을 通한 民主回復에 있음을 確信하고 民主回生을 爲한 汎市民的運動을 非暴力的, 平和的方法으로 展開할것을 決議한다

二. 人權은 天賦의 權利로써 國家도 침범할수 없으며 가난한 者와 억압받은者를 구제함으로써 人權을 守護하는것은 모든 市民의 權利이며 義務임을 믿고, 拘束된 愛國的 人士의 釋放을 爲한 汎市民的 運動을 推進할 것을 다짐한다.

三. 言論의 自由없이는 基本權의 保障및 國民主權의 原理가 存立할수 없음을 믿고 東亞日報를 돕기 爲한 汎市民的 運動을 展開할 것을 다짐한다.

四. 우리는 自由라는 것은 權力者가 거저 주는것이 아니라 被압박자의 强力한 要求에 依한 투쟁에 依하여서만 爭取된다는 確信下에 서울에서의 民主回復 國民會議 宣言을 積極 支持贊同하고 그 산하團體로서 가칭 木浦民主回復國民會議를 組織하고 위 團體에 加擔할것을 決議宣布한다.

1975年1月9日

假稱 木浦民主回復國民會議

發起人 代表 辯護士 金 己 烈

前 湖南매일편집국장 明 在 用

木浦市 북교동 성당신부 장 진 권

新民黨第2地區黨木浦조직책 변 인 석

---

## 朴大統領에게 보내는 公開書翰 (요지)

朴大統領貴下,

이에 本人은 다음 몇가지 사항을 당면문제로 진언합니다.

1975년 1월 8일

改憲請願百萬人署名運動本部

장 준 하

해설

현재 〈동아일보〉는 '조중동'의 일익을 담당하면서 한국의 대표적 보수 언론임을 자임하고 있다. 그러나 1970년대 〈동아일보〉는 민주화 운동의 선봉장 격이었다고 해도 과언이 아니다. 〈동아일보〉 기자들은 반유신 운동 관련 보도를 지속적으로 게재한 것은 물론이고 1974년 10월 24일 '자유언론실천선언'을 발표하고 스스로 본격적인 반유신 운동에 뛰어들고자 했다. 이에 박정희 정권은 〈동아일보〉를 집중적으로 탄압하는데 그 선봉장은 당연히 중앙정보부였다. 중정의 방법은 이전까지 보기 힘든 매우 참신한(?), 이른바 '광고 탄압'이었다. 참신했지만 방법은 지극히 반자유주의, 반자본주의적이었다.

중정은 1974년 12월 중순부터 이듬해 7월 초까지 광고주들을 남산으로 불러 〈동아일보〉, 〈동아방송〉, 〈여성동아〉, 〈신동아〉 심지어 〈동아연감〉에까지 광고 취소와 광고를 게재하지 않겠다는 서약서와 보안각서를 쓰게 했다.

이에 백지 광고가 나가는 사태가 발생하자 전국의 독자들이 격려 광고를 게재하는 운동이 벌어지기도 했다. 그러나 1975년 3월 〈동아일보〉 경영진은 정권의 탄압과 회유에 굴복했다. 자유언론 운동을 위해 농성 중이던 기자들을 폭력배를 동원해 끌어낸 뒤 49명을 해임하고 84명을 무기 정직하는 만행을 저지른 것이다. 당시 중앙정보부 담당관의 증언에 따르면, 광고 재개 조건으로 '〈동아일보〉의 사과 성명, 편집국장 등 5개 국장의 주요 간부 인사를 중앙정보부와 사전 협의할 것' 등을 제시했고, 동아일보사가 이를 수용했다고 했다.

이후 〈동아일보〉가 친정부 언론으로 돌아선 것은 불문가지였다. 해직된 기자들은 '동아자유언론수호투쟁위원회'를 조직하여 계속 언론자유, 반유신 운동을 전개했으며, 그 노력은 1988년 〈한겨레신문〉의 창간으로 이어졌다.

일제 치하 이른바 '일장기 말소사건'도 그러했지만, 이번 광고탄압 사건의 경우에도 경영진은 현실 권력과 손쉽게 타협, 굴복하는 모습을 보여주었다. 그들은 언론인의 사명보다는 장사꾼의 계산에 능했다.

# 인민혁명당 사건

1975年 4月 8日 경향신문

**인혁당 8명 사형 확정**
**대법, 민청학련 사건 등 긴급조치 위반 선고**
**9명 무기 · 17명엔 20년~12년**
**38명 중 36명 상고 기각**

대법원 전원합의체(재판장 민복기 대법원장, 주심 이병호 판사)는 8일 상오 인혁당 사건 등 대통령 긴급조치 위반 피고인 38명에 대한 상고심 선고 공판을 대법원 법정에서 열고 연세대생 김영준, 송무호 등 두 피고인에 대해 원심을 파기, 사건을 비상고등군법회의에 되돌리고 서울대생 이철 피고인 등 나머지 36명의 관련 피고인에 대해서는 상고를 기각, 원심을 확정했다.

**김찬국 교수 등 3명도 원심대로** 1975 0408

해설

'사법사상 암흑의 날'이 왔다. 인민혁명당(인혁당) 재건위 사건 관련자 8명이 대법원 확정판결 18시간 만인 1975년 4월 9일 전격적으로 사형이 집행된 것이다. 확정 판결 후 불과 만 하루도 지나지 않아 사형을 집행하는 경우는 극히 이례적으로, 박정희 정권의 의도적인 '사법 살인'이라 할 만했다. 이미 1964년 8월에 중앙정보부에 의해 제1차 인혁당 사건이 터졌는데, 당시에는 징역 1년형 내외의 가벼운 처벌만 내려졌다.

노골적 폭력을 앞세운 유신체제는 언뜻 견고해보였지만, 강제력을 공공연하게 동원해야만 하는 권력은 이미 지속 가능성에 심각한 의문이 던져진 것이었다. 대학생층을 중심으로 반유신 운동이 고조되자 유신체제가 선택한 방식은 더 많은 폭력이었고, 인혁당 재건위 관련자들의 전격 형집행은 그 상징이었다. 이미 유신체제 성립 이후 박정희 정권은 점점 더 폭력과 유혈의 늪으로 빠져들고 있었다. 김대중 납치사건, 1974년 문세광의 광복절 저격사건, 1년 뒤 장준하 의문사 등이 연이어 터지면서 유신체제는 유혈이 낭자한 권력이 되어갔다.

1차는 물론이고 재건위 사건에서도 고문과 인권 유린은 기본이었다. 폭력을 통해 자백을 끌어내고 그 자백을 통해 폭력을 정당화하는 고문은 유신체제의 일상다반사였다. 인혁당 사건 관련자들의 개인적 사상이나 신념을 떠나 실제 행위는 매우 미미했다.

근대 사법체계의 핵심이 개인의 내면이 아니라 구체적 · 실제적 행위에 대한 처벌이라고 한다면, 유신체제는 이러한 원칙을 거의 완전히 무시했다. 그들에게 공산주의자는 내면의 자유도 인권도 그 어떠한 인간적 가치도 용납될 수 없는 제거 대상일 뿐이었다. 반공이 핵심인 유신체제는 오직 '빨갱이'를 통해서만 자신들의 정당성을 강변할 수 있었기에, 중요한 것은 빨갱이의 발견 또는 발명이었다.

빨갱이에게 무제한으로 폭력을 가해 다른 모든 주민집단의 공포를 이끌어내고자 한 유신체제의 시도는 분명 성공적이었다. 그들은 죽음을 볼모로 삶을 지배하고자 했지만, 그것이 일시적이었음은 이후 역사가 증거한다.

2007년 1월 23일 인혁당 재심 선고 공판에서 사형이 집행된 도예종 · 여정남 · 김용원 · 이수병 · 하재완 · 서도원 · 송상진 · 우홍선 8명 모두에게 무죄가 선고되었다.

【1】 제9087호 The Kyunghyang Daily News 서기1975년4월8일 (화요일) 【일간】

京鄕新聞

# 人革黨 8명 死刑확정

大法, 民靑學聯사건등 緊急措置위반 宣告

38명중 36명 上告棄却

9명無期, 17명엔 20년~12년

金燦國교수등 3명도 原審대로

11명 아직 大法계류

긴급조치위반사건 大法院宣告

# 越機2대, 獨立宮(大統領官邸) 폭격

3층 一角파괴… 티우 無事

5百파운드級 爆彈 4發 투하…2發 명중

3명死亡·4명負傷…사이공 24시간通禁令

苗木값 豫示制 실시토록

印支사태 惡化불구 美의 對韓정책不變

# 臨時國會 21일에 소집

15일께 公告 副總務團서 安保결의안內容 조정

# 騷擾방지 立法 추진

與, 安保저해 要因 규제위해

朴大統領의 自主國防강조 美타임誌서 카버스토리로

新聞週間맞아 내일 休刊

鄭明勳 피아노 協奏

韓國이 낳은 世界頂上의 旋律

오늘下午7시 梨花女大 강당서

"實質生計費는 잘알고 있지만……"

# 남민전 사건

1979年 10月 10日 조선일보

**대규모 반국가 지하조직 적발**
**내무부 발표 '남조선 민족해방전선 준비위' 결성**
**74명 중 20명 검거 54명 수배**
**사제폭탄, 총기 등 1300점 압수** _총실總實 이재문
**잠실 시영아파트 11동 408호 거점**

북괴의 적화통일혁명노선에 따라 '남조선 민족해방전선 준비위원회'를 조직, 대한민국을 전복하고 사회주의국가건설을 꾀했던 대규모 반국가단체가 경찰에 의해 적발됐다. 구자춘 내무부장관은 9일 이 반국가단체의 총실 이재문(45, 전 언론인, 서울 강동구 잠실 시영아파트 11동 408호) 등 일당 20명을 지난 4일 검거하고 나머지 54명을 수배했다고 발표했다. 검거된 일당은 ▲전직교수 및 현직교사 5명 ▲전직 언론인 2명 ▲대학생(제적자 포함) 7명 ▲회사원 1명 ▲기타 5명이다. 경찰은 이들로부터 사제폭탄 소총 및 실탄 도검류 통신문 공작장비 김일성 육성 녹음테이프 3개 등 1374점을 압수했다.

**학생 등 포섭...도시 게릴라 수법 사용**

발표에 따르면 총책 이재문은 74년 4월 민청학련사건 배후조종 혐의로 수배 중인 자로 76년 2월 29일 대한민국을 전복하기 위해 학생, 교직자 등을 포섭, 이른바 남조선민족해방전선 준비위를 조직, 10대 강령 9대 규약 10대 생활규범 4대 임무 3대 의무 등을 만든 뒤 북괴기旗를 모방한 '남조선해방전선기'까지 제작, 지하조직을 이용하여 대정부 투쟁을 선동 조종하고 불온 전단을 뿌리며 도시 게릴라 방법에 의한 강도 등을 자행하고, 민중봉기에 의한 국가변란을 획책해왔다. 1979 1010

**해설**

박정희 정권기 마지막 지하조직사건이 터졌다. '남조선민족해방전선준비위원회(남민전)'라는 긴 명칭을 가진 이 조직은 통혁당, 인혁당을 잇는 지하 혁명운동의 연장선에 있었다. 남민전 주도인물인 이재문은 인혁당 관련자들과 밀접한 관계를 맺고 있었으며, 2차 인혁당 사건으로 수배 중에 남민전을 결성했다. 신향식은 통혁당 관련자였고, 남민전 깃발은 인혁당 사형수들의 속옷을 모아 만들었다고 한다. 명칭에서 드러나듯이 이들은 당시 한국을 신식민지로 파악하였으며 본격적 반제 투쟁에 앞서 민주화 투쟁이 필요하다고 판단했다. 따라서 남민전의 기본 투쟁노선은 반제반파쇼 이념에 입각했으며 '한국민주화투쟁국민위원회'(민투)가 꾸려졌다. 남민전은 해방을 전후해 형성된 좌파 계열, 4·19를 통해 운동에 투신한 세대, 민청학련 세대 등이 결합된 복합 조직의 양상을 보여주었다.

남민전의 주된 활동은 선전 선동이었다. 유신체제를 반대하고 민주주의를 옹호하는 내용의 유인물을 총 8차례에 걸쳐 살포한 것이 대표적이었다. 그 외에 활동자금 마련을 위한 보급투쟁 격으로 '땅벌 작전', '지에스 작전' 등의 활동이 있었는데, 효과가 크지는 않았다. 이를 제외한다면 남민전의 주요 활동은 조직사업이었다. 학생, 지식인, 노동, 농민, 교사 등 다양한 분야의 조직 활동이 진행되었고, 그 결과 '민주구국학생연맹' 등의 부문 조직이 결성되기도 했다.

남민전의 활동은 미약하기 그지없는 것이었는데도 조직 수준에 비하면 과도했다. 투쟁을 통해 조직 확대를 꾀하면서 공안기관들의 수사망을 피하기 힘들게 되었다. 결국 중앙정보부에 의해 와해된 남민전은 사형수 둘(이재문은 사형 집행 전 옥사)과 수감자 수십 명을 남겼다. 특히 시인 김남주는 20여 년에 이르는 수감생활의 후유증으로 출옥 5년 만에 암으로 사망했다. 남민전 관련자들은 투옥 이후에도 제대로 된 지원을 받을 수 없었다. 다른 정치범들과 달리 그들은 '빨갱이'로 낙인찍혀 철저하게 외면당했다. 일명 '남씨네'로 불린 가족들은 다른 정치범 가족들과 접촉할 수 없을 정도로 고립당했고 양말 한 짝 지원받을 수 없었다. 한국사회의 반공 이데올로기는 그만큼 강력했고 이른바 '민주화 운동권'도 그것을 벗어나기 힘들었다.

남민전은 유신체제가 인혁당 관련자 8명을 사형시킨 다음 해에 만들어졌다. 유신체제의 광기와 폭력이 절정을 치닫던 시기에 그것을 정면으로 거부하는 조직활동이 시작된 것이었다. 유신체제는 죽음을 볼모로 삶을 장악하려고 했지만, 남민전은 그 볼모가 되는 것을 거부했고 자기시대와 사라지는 데 기꺼이 동의했다. 물론 시대를 건너 살아남은 사건 관련자도 있다. 이재오 특임장관은 남민전 사건 관련자임에도 이명박 정권의 핵심 실세가 되었다.

(1) 12版 第18000號 조선일보 The Chosun Ilbo 西紀1979年10月10日 水曜日 (日刊)

# 朝鮮日報

# 대규모 反國家 地下조직 적발

內務部발표 「南朝鮮 民族解放戰線 준비委」결성

## 74명중 20명檢擧 54명수배

總責 李在汶 私製폭탄·銃器등 千3百점 압수

蠶室 市營아파트 11동408호 據點

학생등 포섭… 都市게릴라 手法 사용

관련자는 自首를

資金위해 强盜 두차례 1回미수

「反體制운동」과 性格달라

## 議員사퇴 다룰 「對策기구」 구성

新民, 부총재·非主流포함 10명線

내일 1次회의…12일 議總

## 내년 30國에 使節團

非同盟외교…政治보다 經協중점

## "美「亞太지역防衛線」서 韓國 포함안돼"

맨스필드 示唆

## 인구 4萬5千 田園都市로

栗川개발 내달着工… 담·電柱 없게

住公서 땅사 建築후 분양… 83년 完工

第16期 修習記者 모집

朝鮮漫評

# 학도호국단 첫 발대식

1975年 6月 21日 조선일보

**학도호국단 첫 발대식**
**남 36, 여 25개 연대 편성**
**부산시내 10만 고교생**

'뭉쳤다, 부산학도, 배우면서 싸우자' 학도호국단 발단식이 전국에서 처음으로 20일 오전 10시 부산 구덕경기장에서 부산시내 남자 고교 36개 연대, 여자 고교 25개 연대 등 모두 61개 연대 9만 8000명이 참석한 가운데 거행됐다. 제5회 학생교련 실기대회를 겸해 가진 발단식에서 학생들은 멸공호국 대열에 앞장설 것을 다짐했다. 1975 0621

해설 지난해 영화 〈포화 속으로〉가 제법 흥행에 성공했다. 나이어린 학생들을 죽음의 전장으로 내모는 비인간적 상황은 다만 전쟁 때에만 국한되지 않았다. '학도호국단'이라는 어려운 말을 풀어헤치면, '학생 군대'가 될 것이다. 군대 조직에 준해 연대, 대대가 구성되었고, 군사 훈련이 주된 역할이었다면 그것이 군대 아니고 무엇이겠는가. 학생 교육을 주관한다는 문교부가 주도해서 전국의 98개 대학 총장들을 불러 모아 '학생 군대'를 만들 것을 결의시키고 드디어 첫 출발을 내디뎠다.

이것이 박정희 정권의 첫 작품은 아니었다. 이미 1949년 9월 이승만 정권이 선례를 만들었다. 주도자는 이승만 정권의 유명한 이데올로그이자 초대 문교장관이던 안호상이었다. 그는 독일 예나대학 철학박사 출신으로 한국의 대표적인 극우파 인사였다. 이승만의 '일민주의' 기초에 일익을 담당했고, '민족지상, 국가지상'이라는 구호를 내걸던 극우 성향의 민족청년단 부단장을 역임했다. 그렇게 만들어진 학도호국단이 4·19로 해체되었다가 유신체제에 이르러 부활되었다.

역대 정권이 다 그러했지만, 박정희는 유독 김일성을 크게 의식하고 있었다. 일종의 라이벌이자 적대적 동반자이기도 했는데, 서로가 서로에게 좋은 핑계거리가 되어주었다. 예컨대 북한의 '노농적위대'는 남한의 향토예비군, '붉은청년 근위대'는 학도호국단이 짝꿍이다.

학도호국단은 반유신 운동의 중심이던 대학가 통제가 일차 목표였지만, 더 나아가 사회의 군대화를 지향하는 것이기도 했다. 다 알다시피 박정희 정권의 핵심 구호는 '조국 근대화'였고, 군대는 근대의 집약으로 이해되었다. 군대와 근대가 통하는 핵심은 효율성이다. 투입 대비 산출의 효율성을 극대화하는 근대 자본주의와 명령 하나로 일사불란한 행동통일이 가능한 군대는 기술적 근대성의 총아였다. 그런 면에서 군대의 핵심은 규율이었고, 전 사회를 규율 잡힌 무장력으로 재편하는 것이야말로 '조국 근대화'의 과정이자 목적이었다. 이것을 사회적 재생산 과정에 탑재시키는 것이야말로 학도호국단의 진정한 목적이었다.

박정희에게 유신체제는 자신의 오랜 꿈을 실현시키는 것이었다. 강력한 규율과 집단주의로 무장한 채 명령 하나로 일사분란하게 움직여 최고의 효율성으로 고지를 점령할 수 있는 사회와 국가, 이것이야말로 그가 꿈꾸던 이상사회였고 학도호국단은 그 첨병으로 배치된 것이었다.

(7) 10版 第16681號 조선일보 西紀 1975年 6月 21日 土曜日 (陰曆 5月 12日 戊戌)

百萬원이상 市公課金 체납

# 351명 名單공개

## 月末넘기면 行政제재

모두 8億9千萬원… 거의 市稅

최고 「大旺코너」社長… 6千萬원

과태료 萬원으로

20倍 인상

住民登錄法개정안議決 處罰규정도 强化

## 서무課長등 4명拘束

議政府도립병원 運營費등 流用…院長수배

## 官給아스팔트 橫領

美隊건설직원 1명 令狀신청… 3명 手配

釜山시내 10萬 高校生

## 學徒護國團 첫 發隊式

男 36·女 25개聯隊 편성

朴東明 구속 起訴

## 日서「人工肝臟」개발

나고야醫大 昏睡환자 意識회복 성공

## 어제 서울 32도

中部 가뭄-食水難 심각

## 탱크 3개 連鎖폭발

大一化學공장 더위때문인듯… 8명負傷

3人組강도

三韓향로 學術踏査船 어제 仁川서 出帆

## 通禁위반 嚴斷

旱害對策 1호발동

電話사기

# 금지곡 파동

1975年 6月 22日 조선일보

(5) 8版 第16682號

「高浪浦의 神話」

北傀 패잔병 聖職者를 人質삼아 發惡

民族 비극의 뼈아픈 蠻行現場을 그려

메조 소프라노 金松竹 10년만에 2회 獨唱會

演藝오락

6·25

### 대중가요 43곡 금지
### 예윤藝倫 1차로 1392곡 심사
### '거짓말이야' 등 퇴폐 내용 들어

예윤(위원장 조연현)은 21일 문공부가 마련한 '공연활동 정화방침'에 따라 국내 대중가요를 재심, 1차로 43곡을 골라 공연 · 방송 · 판매 금지키로 결정했다.

예윤은 이미 보급된 대중 가요를 놓고 2차에 걸친 예심과 특별심의위원회의 본심을 거쳐 모두 141장의 음반에 수록된 1392곡 중 43곡을 금지곡으로 결정했다.

이번 심의는 윤리규정과 공연활동 정화대책에 따라 ① 국가안보와 국민총화에 악영향을 주는 것 ② 외래풍조의 무분별한 도입과 모방 ③ 패배, 자학, 비관적인 것 ④ 선정적이고 퇴폐적인 사항을 엄격히 적용, 75년도 분부터 거꾸로 국내 대중가요를 재심했다.

금지곡 중에는 '거짓말이야'(신중현 곡 김추자 노래) '댄서의 순정'(박춘석 곡 박신자외 다수 노래) '무정한 밤배'(홍현목 곡 패티김 노래) '기러기아빠'(박춘석 곡 이미자 노래) '잘 있거라 부산항'(김용만 곡 노래) '일요일의 손님들'(임석호 곡 이승연 노래) 등 일반에 널리 불렸던 히트곡도 끼어있다.

나머지 금지곡은 다음과 같다.

'마도로스 도돔파' '항구의 0번지 사랑' '모두가 물이었네' '녹슬은 청춘' '김군 백군'(이상 김용만 곡) '두 남편' '나비같은 사랑' '저기 저 소리' '세상에 만약 여자가 없다면'(신중현 곡) '지금은 남남이지만' '함께 갑시다' '0시의 이별'(배상태 곡) '아메리칸 마도로스' '꽃 한 송이'(고봉산 곡) '맥시 아가씨' '손목은 왜 잡아요'(김학송 곡) '아빠의 이름은' '인정사정 볼 것 없다'(백영호 곡) '네가 좋아' '나를 두고 가지 마' '꽃은 여자' '타버린 담배'(차민호 곡) '철새'(서승일) '네온의 부루스'(박춘석) '미스터 리 흥분하다'(길옥윤) '멋장이 아가씨'(이경석) '그렇게 해요'(조조) '어떤 말씀' '내일 다시 만나요'(백순진) '내 사정도 모르고'(윤항기) '인생은 주

西紀1975年6月22日 日曜日

대중歌謠 43曲 금지

藝倫 1차로 千3百92曲심사
「거짓말이야」등 퇴폐內容들어

각국 從軍기자의 필름 편집
생생한 證言… 전국 無料공개

「韓國動亂」 장편 기록영화

TV 라디오 특집

悲劇은 있다

한국전력주식회사

막'(변혁) '여인'(박정웅) '믿지 못해'(정진성) '아는 척 하지 마'(김동주) '영광의 순간'(이영환) '철날 때도 됐지'(지명길 작사) '겨울 이야기'(최인호 작사)

금지곡은 앞으로 일체의 보급방송 공연 음반제작을 못하게 된다. 예윤은 1차 선정에 이어 계속 같은 방법으로 금지곡을 선정해나갈 방침이다. 1975 0622

**해설** 장발과 미니스커트에 이어 노래조차 권력의 통제대상이 되었음을 알리는 기사다. 이제 한국 대중음악의 수준을 한 단계 높였다고 평가받은 '아침이슬'은 물론이고 '거짓말이야', '미인', '왜 불러'와 같은 친숙한 대중가요조차 함부로 부르거나 들을 수 없게 되었다.

금지곡으로 선정된 이유들도 가관이었다. '거짓말이야'는 불신 풍조 조장, '한 번 보고 두 번 보고 자꾸만 보고 싶네'로 시작하는 '미인'은 '남의 여자를 쳐다보는 것'이기에 '풍기 문란', '아침이슬'이 포함된 김민기의 데뷔 앨범은 이유조차 알려지지 않은 채 금지곡이 되었다. 한대수의 '물 좀 주소'는 물고문을 연상시킨다고 하여 금지되었다. 폭력성을 줄인다고 만화 속 총기 발사음을 '탕탕탕' 3회로 제한하던 검열이었으니 오죽했겠는가? 급기야 춤추는 가수의 손짓이 '북한에 보내는 비밀 수신호'라서 금지곡이 되었다는 유머 내지 소문이 항간에 떠돌 정도가 되었다. 이 해 말까지 국내 가요 223곡, 외국 가요 260여 곡이 금지곡이 되었다.

금지곡은 일제시대부터 있어왔는데, 쿠데타 세력은 권력 장악 직후 1962년 한국방송윤리위원회를 만들고 그 산하에 가요심의전문위원회를 통해 금지곡을 지정하기 시작했다. 그러나 이때의 금지곡은 방송 불가 정도의 제한적 금지였다. 1975년의 그것은 이전과 질을 달리한다. 즉 방송은 물론 음반 제작, 판매 등 모든 것이 금지되었다. 한 마디로 공적 영역에서 완벽한 배제시킨 것이었다. 급기야 이 해 성탄절 전날에는 금지곡이 포함된 앨범을 제작 판매했다는 혐의로 무려 7개 음반사가 영업정지 처분을 받았다. 당시 등록 음반사는 불과 10개였다.

4월 인혁당 사건 관련자의 전격 처형에서 드러나듯이, 1975년은 박정희 정권의 폭압성이 한 획을 그은 해였다. 박정희 정권은 작심하고 강공 드라이브를 남발했고, 금지곡 지정은 그 에피소드 중의 하나였다. 특히 박정희 정권은 당시 청년문화에 대해 매우 불편한 심기를 드러냈다. 학생운동은 물론이고 문화적으로도 서구의 포크 음악이 자유주의와 개인주의를 조장한다고 판단했던 듯 하고, 이는 파시즘적 질서를 추구하던 정권의 지향과 상극일 수밖에 없었다. 정권은 금지곡 대신 '건전가요'를 주문했지만, 박정희 또한 금지곡을 애창하기도 했다. 이미자의 '동백 아가씨'는 왜색 혐의로 1965년 금지곡이 되었지만 또한 박정희의 애창곡이자, 심지어 일본 외상을 초청한 청와대 만찬자리에서 불린 노래였다. 1996년 음반 사전심의제가 폐지되면서 오랜 금지곡 시대도 종언을 고했다.

# 장준하 의문사

1975年 8月 18日 동아일보
1974年 1月 16日 조선일보

**하산 길에 잡은 소나무가 그만…**
**고 장준하 씨 사고 상보詳報**
**산악회원 40여 명과 동행**
**점심 먹는 새 올라갔다 참변**
**'할 일 많은데' 친지들 애통**

해방 전에는 광복군의 일원으로, 해방 후에는 언론과 정치인으로 나라만을 걱정하던 장준하 씨는 아직도 한창 일할 나이에 어처구니없는 등반사고로 너무나 허망하게 일생을 끝막았다.

장 씨는 17일 오전 8시반 평소 함께 등반을 하던 호림산악회 회원 40여 명과 서울운동장 앞에 모여 버스 편으로 경기도 포천군 이동면 도평리 약사봉 등산을 위해 떠나 이날 오전 11시반경 도평리에 도착, 약사봉 중턱까지 올라갔다.

장 씨는 회원들이 이곳에서 점심 먹기 위해 여장을 푸는 사이 김용덕 씨와 함께 약사봉 정상 쪽으로 2시간가량 오르다 산세가 험해 중도에서 하산하기 시작했다.

30분가량 내려왔을 때 장 씨는 경사가 급해 소나무가지를 잡고 바위에 발을 딛다 나뭇가지가 휘청거리면서 미끄러져 12미터 아래 벼랑으로 떨어졌다.

김 씨는 급히 내려와 회원들에게 알리는 한편 인근 군부대 군의관에게 부탁, 진료를 받게 했으나 사고 1시간 뒤인 오후 2시반경 뇌진탕으로 숨졌다.

김 씨에 따르면 장 씨는 이날 일행이 점심을 먹고 함께 올라가자고 말했으나 그대로 혼자 올라가기에 김 씨가 뒤따라 함께 올랐다가 참변을 당했다는 것이다. 1975 0818

青瓦臺서 故陸英修女史忌祭
朴大統領·家族·친척 모여
船員20명生死不明
高速道通行料를引上
9月부터 車種관계없이25%線
伏더위 빰친
市中에 판 늘拘束
乘客超滿員
列車故障나

## 장준하 · 백기완 씨 구속

## 비상군재非常軍裁 긴급조치 1호 위반

下山길에 잡은 소나무가 그만

故張俊河씨事故詳報

山岳會員40여명과同行, 점심먹는새 올라갔다 慘變

"할일 많은데" 親知들 哀痛

故張俊河씨등 獨立軍4명 꿈에 그린 光復 3日만의 귀국

30年만에 發見된 光復軍報告書

美軍機타고 여의도空港에 내렸으나 日軍沮止로 하룻밤지내고 되돌아가

釜山大·慶北大·公州師大 登錄金20~30%引上

조개줍다 4명溺死



1975年 8月 18日 동아일보

비상군법회의 검찰부는 15일 오후 전 국회의원 장준하 씨(59)와 백범사상연구회 대표 백기완 씨(42)를 대통령 긴급조치 제1호(①④⑤항) 위반 혐의로 구속했다고 검찰부 이찬식 대변인이 발표했다.

관련 긴급조치 제1호의 ①④⑤항은 다음과 같다.

▲1항=대한민국 헌법을 부정반대, 왜곡 또는 비방하는 일체의 행위를 금한다.

▲4항=전前 ①②③호에서 금한 행위를 권유, 선동, 선전하거나 방송, 보도, 출판, 기타의 방법으로 이를 타인에게 알리는 일체의 언동을 금한다.

▲5항=이 조치에 위반한 자와 이 조치를 비방한 자는 법관의 영장 없이 체포, 구속, 압수, 수색하며 15년이하의 징역에 처한다. 이 경우에는 15년이하의 자격 정지를 병과併科할 수 있다. 1974 0116

(1) 10版 第16239號 조선일보 The Chosun Ilbo 西紀1974年1月16日 木曜日 (日刊)

# 朝鮮日報

# 玄海灘서 18명溺死 실종

## 貨物船 海恩號침몰…2명구조

花崗石 초과積載 事故원인

救命袋맨 屍體 인양

「低所得 輕減·高所得 重課」조치

# 基本施策으로 制度化

## 年末께 稅制개혁 全面단행

## 버스·택시料 2月부터 油類製品등 引上 허용

45品目 彈力關稅로

濟州개발사업등 減免폐지

## 張俊河·白基玩씨 구속

非常軍裁 緊急措置 1호 위반

國會소집 요구키로

新民간부회의

中東협상 急進展

이·埃軍 隔離 구체결정

키신저, 이指導者와 會談再開

外務部局長級 이동

朝鮮漫評

간밤엔 뭐 또 없었수?

**해설** 여러 면에서 박정희와 대극적 모습을 보여주던 인물이 사라졌다. 강제 징집 후 탈영해 광복군이 된 장준하와 자원입대해 만주군이 된 박정희, 이 둘은 해방 이후에도 서로 다른 길을 갔다. 5 · 16 직후 쿠데타를 지지하는 모습을 보이기도 했지만, 장준하는 박정희를 끝까지 용납할 수 없었다. 유신 이후 장준하는 반유신 운동에 나선 재야의 핵심인물이 되었다. 이러한 장준하가 등산 도중 의문의 추락사로 생을 마감했다.

정권의 수사기관은 단순 실족사로 사건을 종결했지만, 의문점은 한두 가지가 아니었다. 등산로가 아닌 엉뚱한 길을 선택한 것, 추락사인데도 얼굴과 머리 부위에 별다른 상처가 없는 것, 사망 원인인 오른쪽 귀 뒷머리 함몰 부분이 해부학적 보호지점이라 쉽사리 다칠 수 없다는 점, 양쪽 겨드랑이의 피멍이 강제로 끌려간 흔적 같다는 점 등이 의문으로 제기되었다.

또한 유일한 사건 목격자인 김용환에 대한 의혹도 짙었다. 그는 장준하가 의원 신분일 때 지구당 일을 봐주던 자였는데, 피를 토하고 있는 장준하에게 인공호흡을 했다고 했는가 하면 도난 위험 때문에 장준하의 시계를 자기가 차고 있었다고 하는 등 횡설수설했다. 사고 직후 장준하 가족에게 전화를 건 것도 그였는데, 그는 끝까지 그것을 부인했다. 일부에서는 그가 정보기관의 끄나풀일 가능성을 제기했다. 각종 의혹은 철저하게 묵살되거나 봉쇄되었다. 의혹을 제기한 〈동아일보〉 기자는 구속되었고, 박정희 정권기 내내 어떠한 의혹 제기도 불가능했다.

다시 한 번 1975년의 의미를 되새겨 볼 필요가 있다. 1974년 8월 육영수 암살 이후 1975년 들어 4월 인혁당 관련자들의 전격 처형, 5월 긴급조치 9호 발표에 이어 8월 장준하가 의문사했다. 여기에 금지곡 파동까지 겹쳐지면서 사회 분위기는 얼어붙을 대로 얼어붙었다. 박정희 정권은 뭔가에 쫓기듯이 극단적 탄압책을 남발했고 사람의 생명을 앗아가는 일도 대수롭지 않게 여기는 듯 했다. 이에 일부 증언에 따르면 장준하는 반유신 운동의 획기적 진전을 위한 모종의 계획을 준비 중이었다고도 한다. 정치적 암살이 발생할 수 있는 사회심리적 조건이 무르익고 있었다고 볼 수도 있었지만, 대부분의 암살이 그렇듯 명확한 증거는 없다. 2002년과 2004년 두 번의 진상규명 시도는 모두 정보기관의 비협조로 '진상규명 불가'로 끝나고 말았다. 민주화 운동은 한 사람의 투사를 떠나보냈지만, 또 다른 투사를 얻었다. 장준하의 죽음에 큰 충격을 받은 그의 죽마고우 문익환은 이후 본격적인 민주화 투사의 길로 접어들었다.

# 명동사건

1976年 3月 27日 중앙일보

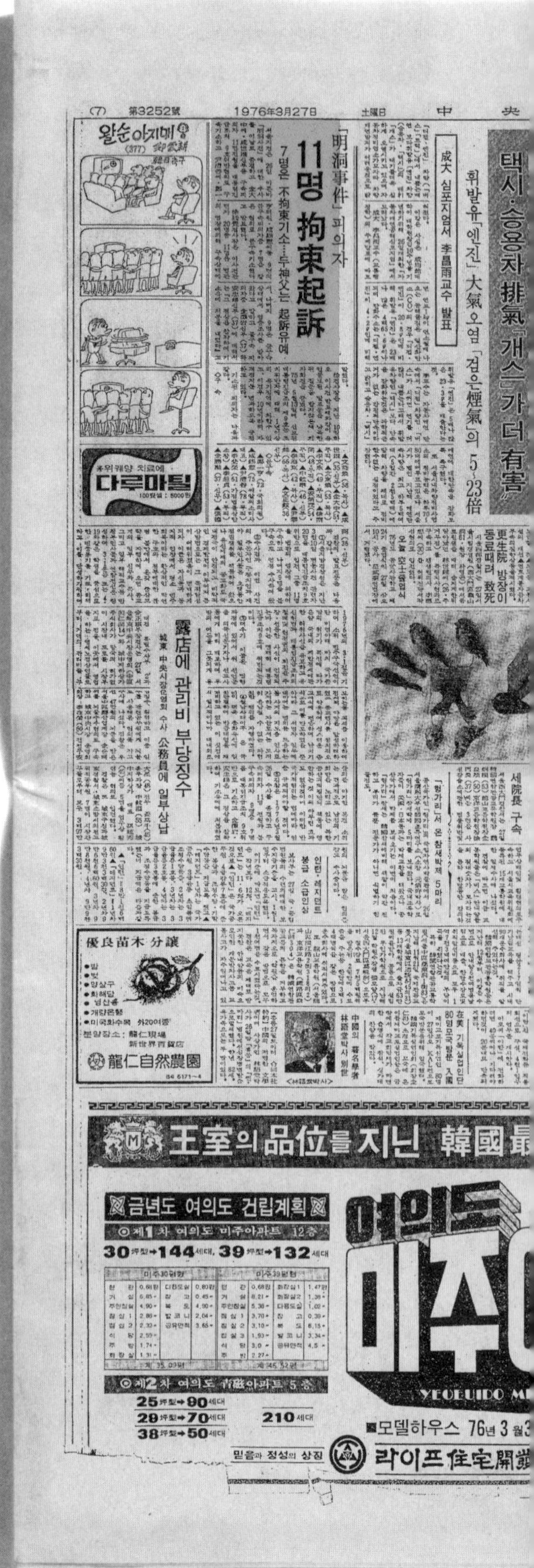
(7) 第3252號 1976年3月27日 土曜日 中央

「明洞事件」피의자 11명 拘束起訴

7명은 不拘束기소…두 神父는 起訴유예

택시·승용차 排氣「개스」가 더 有害

휘발유「엔진」大氣오염「검은煙氣」의 5.23倍

成大 심포지엄서 李昌雨교수 발표

露店에 관리비 부당징수



**'명동사건' 피의자 11명 구속기소**

**7명은 불구속 기소… 두 신부는 기소유예**

서울지검은 26일 이른바 '명동사건'에 대한 수사를 이날로 종결하고 김대중 씨·함세웅 신부 등 구속 피의자 11명 전원을 대통령 긴급조치 9호위반 혐의로 구소기소하고 윤보선 씨·정일형 의원·함석헌 씨 등 9명의 불구속 피의자 중 7명을 같은 혐의로 불구속기소했다고 발표했다.

서정각 검사장은 이 사건 관련자 20명 중 11명을 법관의 영장에 의해 구속 상태에서, 나머지 9명은 불구속 상태에서 엄중 조사를 받아왔다고 말하고 불구속 피의자 중 김택암 신부(37)와 안충석 신부(37)에 대해서는 '그 정상을 참작하여 기소유예 처분을 내렸다'고 말했다. 서 검사장은 지난 10일 하오 이 사건 발표 때에 같이 유인물로 된 발표문을 낭독한 뒤 질문을 받지 않은 채 기자회견을 끝냈다.

75년 5월 13일에 선포된 대통령 긴급조치 제9호는 조치 위반자에 대해 1년이상의 유기징역에 처할 수 있고, 이 경우 10년이하의 자격정지를 병과하도록 규정하고 있다. 1976 0327

力발전소 石炭納品싸고 不正

檢 韓電산하 7개소 搜査

業者들에 收賂, 低質炭 받아

唐人里발전소서 6百萬원 받은것 확인, 4명구속

大韓탄광조합 전무도 구속

軍用物資 전문窃盜

鐵道 公安員과 공모 列車털어

日도착후 증발

美全國에 毒感非常

北傀間諜 孔영순에 執猶

格派 아취型 아파트!!

「필동」「한강」미주아파트에 이어 드디어 「여의도」에 진출!!

건립위치도

1976年 3月 27日 중앙일보

**해설** 1976년 3월 1일 명동성당에서 '3·1 민주구국선언'이라는 성명서가 낭독된 사건을 보도하는 기사다. 선언문 서명자는 김대중을 비롯하여 윤보선·함석헌·함세웅·이우정·정일형·김승훈·장덕필·문정현·문동환·안병무·이문영·서남동 등 정계·종교계·학계의 지도급 인사들이었다. 전직 대통령과 대통령 후보를 포함해 재야의 핵심 인물들이 대거 포진했다.

1975년은 박정희 정권의 서슬 퍼런 탄압으로 특징되는데, 민주화 운동도 일시 주춤할 수밖에 없었다. 그러나 1976년 새해를 맞아 김지하, 지학순, 장일순 등이 있던 원주에서 반유신 선언이 발표되면서 민주화 운동의 불씨가 되살아났다. 가톨릭의 선언이 나오자 개신교 쪽에서도 무언가를 해야겠다는 움직임이 일어났고, 김대중도 반유신 운동의 필요성을 절감하고 있었다.

결국 이러한 흐름이 모아져 3·1절을 기회로 시국선언문을 발표하게 되었다. 선언문은 문익환이 기초한 것이 채택되었으며 민주주의, 통일, 경제문제 등 세 부분으로 구성되었다. 애초 선언문 발표는 조용하게 끝났다. 700여 명의 가톨릭 신자와 수십 명의 개신교도가 참석한 명동성당의 3·1절 미사 이후 신·구교 합동기도회 말미에 선언문을 낭독하고 모두 조용히 귀가한 것이 다였다. 1919년 3·1운동 당시 이른바 '민족대표' 33인이 요리집 태화관에 모여 조용히 선언문을 낭독하고 친절하게 종로서에 전화까지 해서 자신들의 행위를 알려준 것에 비견될 만했다.

다른 것이 있다면 1919년에는 거대한 민중봉기가 뒤따랐지만, 1976년에는 민중 대신 청와대가 봉기(?)했다. 다음날 국무회의에서 사건 보고를 접한 박정희는 노발대발하면서 사건 관련자들의 엄벌을 주문했고, 검찰과 중앙정보부가 수사에 착수했다. 검찰은 죄질이 나쁜(?) 김대중, 문익환, 함세웅, 문동환, 이문영, 서남동, 안병무, 신현봉, 이해동, 윤반웅, 문정현 등 11명을 구속하고 윤보선, 정일형, 함석헌, 이태영 등 9명은 불구속으로 수사를 진행했다. 선언문 낭독 자체는 언론에 한 줄도 보도되지 않았지만 정권의 탄압으로 세상에 널리 알려지게 된 셈이었다.

# 미군 장교 판문점 피습

1976年 8月 19日 조선일보

**미군 경비장교 2명 판문점서 피살**
**어제 오전 북괴병 30명 도끼로 집단 만행**
**미군 4명, 한국군 5명 부상**
**나뭇가지 친다고 트집…기습**
**'돌아오지 않는 다리' 남쪽 평상 작업하던 곳**

미군 경비장교 2명이 판문점에서 북괴군에 의해 살해됐다. 북괴군은 18일 오전 10시 45분쯤 판문점 공동경비구역 유엔군 측 제3초소 부근에 나타나 유엔군 장병들에게 생트집을 걸어 습격, 도끼와 쇠꼬챙이, 그리고 도끼자루 등을 휘둘러 무참히 살상하는 만행을 저질렀다. 이 북괴군의 도발에서 한국군 사병 1명이 중상, 서울 미 육군병원으로 후송됐으며, 다른 한국군 장교 1명과 사병 3명, 그리고 미군 4명도 경상을 입었다.

**김일성에 강경 항의키로**
**푸에블로 피납 이래 최대 사건 단정** 1976 0819

해설 남한에서는 '판문점 도끼 만행사건'으로, 북한에서는 '판문점 도끼 살인사건'으로 불리게 될 일이 벌어졌다. 영화로도 유명한 판문점 공동경비구역은 애초 군사분계선 없이 유엔군과 북한군이 공동으로 경비업무를 담당하는 곳이었다. 그렇기에 유엔군과 북한군은 구역 내에 각각 초소를 만들어 운용하면서 빈번하게 접촉했다.

사건의 발단은 감시에 방해가 되던 미루나무 가지치기에서 시작되었다. 유엔군 측의 가지치기 시도에 북한군이 이의를 제기했으나 수용되지 않자 수십 명의 경비병을 동원하여 유엔군을 공격했다. 가지치기에 사용된 도끼와 몽둥이 등으로 무장한 북한 경비병들은 유엔군 경비병을 무차별 공격했으며 결국 미군 보니파스 대위와 바렛 중위가 살해되었고 나머지 유엔군도 중경상을 입는 피해를 당했다.

'미친 개한테는 몽둥이가 필요하다'는 박정희의 연설 문구가 상징하듯이 사건 직후 한국과 미국은 강력하게 대응하기 시작했다. 한미 당국은 문제의 미루나무를 통째로 잘라버리는 것은 물론 북한군의 도발을 유도해 강력한 군사적 응징을 가한다는 계획을 세웠다. 이를 위해 한국의 공수부대가 카투사 복장으로 위장해 투입되었으며, 북한 초소 4개를 파괴하기에 이르렀다. 또한 미국은 핵폭탄을 탑재할 수 있는 F111, B52기를 출격시키는가 하면 동해상에는 미드웨이 항모전단이 출동했다.

한국과 미국의 강력한 대응에 북한은 상당히 당황했다. 초소 파괴에도 불구하고 북한군은 일체 대응하지 않았다. 후일 알려진 바에 따르면, 북한군은 어떠한 도발에도 대응하지 말라는 엄명을 받고 있었다. 결국 북한이 김일성 명의의 유감표명 서한을 전달함으로써 사태가 일단락되었다.

북한이 더 이상의 확전을 막고자 일체 대응을 삼간 것으로 보아 이 사건이 북한 지도부의 의도적인 도발인지는 애매했다. 그러나 이 사건은 예측 불가능한 우발적 사건이 어떻게 전면 전쟁으로까지 치달을 수도 있는지를 보여준 것이기도 했다. 그만큼 남북관계는 긴장의 연속이었고 통제 불가능한 요소들로 둘러싸여 있었다. 역설적으로 비무장지대는 최고의 무장력이 집결된 곳이었다.

(1) 12版 第17037號 조선일보 The Chosun Ilbo 西紀1976年8月19日 木曜日 (日刊)

朝鮮日報

# 美軍警備將校 2명 板門店서 被殺

어제午前 北傀兵 30명 도끼로 集團蠻行

美軍4명·韓國軍 5명負傷

나무가지친다고 트집 奇襲

「돌아오지 않는 다리」 南쪽 平常作業하던 곳

◇붉은 만행의 현장

## "모든責任 北傀가 져야"

포드大統領 "악랄한 殺人행위" 비난

## 電氣料 10% 引上 검토

南副總理회견

西方案 21일 유엔提出

## 金日成에 강경 抗議키로

푸에블로被拉이래 最大사건 단정

스틸웰司令官

오늘 軍事停戰委 召集요구

北傀선 反應없어

論評없이 報道

日紙들

北傀, 美國비난

## "야만적 殺人에 분노

전세계 自由人 이름으로 糾彈"

文公部대변인聲明

死亡 3千百명

朝鮮漫畫



아이구 답답한 친구…

# 박동선 로비 사건

1976年 12月 29日 조선일보

**서울 · 워싱턴의 난기류**
**한미 현안문제의 경위와 조치**

**박동선 사건**

① 1976년 10월 24일 WP지는 박동선은 한국 기관요원으로서 정부 지시하에 연간 50만~100만 달러 상당의 현금, 선물, 선거자금 등으로써 90여 명의 미국 국회의원 등 공직자에 대한 매수공작을 해왔다는 요지의 보도를 시작하고, 이를 계기로 박동선과 한국정부를 관련시켜 미국, 일본 등 주요 언론에서 유사한 허위 왜곡보도가 확대되기 시작하였음.

② 10월 26일 정부는 청와대 대변인 성명을 통해, 최근 미국내 일부 신문에 재미 한국교포 박동선이 한국 정부에 고용되어 미국 정부 및 의회에 대한 로비활동을 하였다는 보도가 있는 바, 이는 전혀 사실 무근이며 박동선은 한국정부에 고용된 바도 없고, 한국정부와도 하등 관련이 없는 사람임을 명백히 밝혔음.

③ 10월 31일 런던공항 등지의 기자회견서 박동선 자신도 개인적 친분으로 선물을 주거나, 정치헌금을 한 사실이 있으나 미국내법에 저촉되는 행위를 한 일이 없으며, 한국정부와도 아무런 관계가 없음을 강조한 바 있음.

④ 10월 25일 에드워드 루이지애나 주지사는 AP통신과의 회견에서, 자기가 71년도 한국을 방문했을 때 박 대통령을 예방하는 자리에 박동선을 대동코자 했으나, 청와대 당국에서 함께 올 필요가 없다고 거절당하여 자기 혼자 예방했던 사실에 비추어, 박동선이 소문과는 달리 청와대 측의 기피 인물로 되어 있음을 알았다고 언급한 바 있음.

⑤ 현재까지 박동선과 관련이 있는 것처럼 신문지상에 거론되거나, 기타 한국과 관련된 것으로 보도된 미국 공직자는 20여 명에 달하는 바, 그 중 박동선 등으로부터 현금을 받았다고 시인하였거나 판명되었다고 2중 3중으로 보도된 것을 간추려 보아도 7명이고, 그 액수도 모두 합쳐 4만 6000여 달러에 불과하며 1974년까지는 미국에서의 외국인 정치헌금은 불법이 아니었음. 1976 1229

**해설** 지금도 그렇지만 1970년대 한국은 미국의 강력한 영향 아래 있었다. 어느 미국인 학자는 이승만 대통령이 '미국의 끈에 묶인 개'라고 비유했는데, 좀 느슨해지긴 했지만 1970년대 한국, 한국 정권도 마찬가지였다. 끈을 끊어버릴 수는 없었고 느슨하게 하려 버둥대거나 때로 주인을 다른 방향으로 끌고가려할 뿐이었다. 그 버둥거림 중의 하나가 박동선 사건 또는 코리아게이트였다.

이 사건 혐의를 요약하자면, 박동선 · 김한조 등의 한국 정부 로비스트들이 미 정계에 불법 로비를 했다는 것이다. 사건은 위 기사대로 1976년 10월 〈워싱턴 포스트〉의 기사로 시작되었지만, 그 뿌리는 훨씬 더 깊었다.

사건의 주역 박동선은 1935년 평안남도 순천 출신으로, 17세에 도미하여 워싱턴의 조지타운 대학을 졸업했다. 그의 로비스트 인생은 1960년대 중반 미국 쌀의 한국 판매 에이전트, 다시 말해 한국 정부 조달청 쌀 수입 대리인이 되면서부터였다. 톤당 10센트에 불과하던 커미션을 무려 10달러로 올려 그는 막대한 부를 축적했다. 그의 말에 따르면, 무려 920만 달러를 벌어 800만 달러를 미 정계에 뿌렸다. 920만 달러라면 지금도 엄청난 돈인데 당시라면 천문학적 거액이었다. 물론 그는 미국뿐만 아니라 대한 쌀 수입 대리인 자격 유지를 위해 박정희 정권에도 엄청난 정치자금을 제공했다고 한다. 이후 그는 미국 워싱턴에 '조지타운 클럽'이라는 사교클럽을 만들어 로비활동의 주요 무대로 삼았다. 김한조는 미국에서 성공한 교포 사업가로, 대미 로비의 또 다른 주역이었다.

한국정부의 대미 로비가 강화되면서 점차 문제점들이 불거지기 시작했다. '워터게이트' 보도로 닉슨을 낙마시킨 〈워싱턴 포스트〉가 이를 물고 늘어지기 시작했고, 〈타임〉지와 특종경쟁까지 벌였다. 결국 코리아게이트는 한미 간의 외교 갈등으로 비화되어 3년여를 끌게 되었다. 미국은 박정희 정권과의 관련성을 입증하기 위해 청와대 도청까지 시도했고, 박정희 정권도 강력 반발했다. 미국에서는 돈을 받은 의원들이 처벌되었고 의회 청문회까지 열게 되었다. 갈등 끝에 미 정부가 박동선

(3) 12版 第17149號 朝鮮日報 西紀1976年12月29日 水曜日

韓美「3大懸案」발단 背景과 顚末 해설

背景 / 로비活動 / 朴東宣 관계 / 소위 盜聽관계 / 金相根 관계 / 評價

서울·워싱턴의 「亂氣流」

① 朴東宣사건

② 소위 盜聽보도문제

③ 金相根문제

④ 政府措置와 韓美關係

韓美懸案문제의 經緯와 措置

政治淨化로 派生된 "美國內문제"

로비活動은 국제慣例…政治獻金 74年까지 違法안돼

言論 확대誘導…盜聽說로도 美國의 道德性에 懷疑

朴東宣 "美議員 90여명에 政治헌금 百萬弗" 美紙보도

盜聽說 "美기관서 靑瓦臺에 秘密녹음 장치" 美보

金相根 동생의 面談 요청도 實現 안돼

朴外務長官 성명 〈全文〉

日、駐韓 美軍철수 전제로 蘇·中共의 保障요구

印尼、油價 10%引上 적용

蘇反體制 4명 체포强制입원

카터、첫 全體 임시閣僚회의

次官級 관리人選·內外정책등 토의

타임·뉴스위크選定 올해 10大뉴스



에게 전면 면책권을 부여하고 미 의회 증언으로 타협하기는 했지만, 김한조 로비에 연루된 김상근, 손호영 등 한국 중정과 주미 대사관 직원들이 미국 망명을 해버리는 일까지 벌어졌다.

이승만도 그러했지만, 박정희 정권은 한미 간의 수직적 위계 속에서 미국을 '조종(?)'하고 싶은 강렬한 욕망이 꿈틀거리게 되었다. 이승만도 경제적 이권을 대가로 대미 로비를 시도했지만, 박정희는 일정한 경제적 성장을 기반으로 더 많은 돈으로 더 큰 조종권을 얻고자 했다. 이 과정에 돈과 권력을 쫓는 부나방들이 달려드는 것은 불문가지였다. 요컨대 '혈맹'으로 치장된 한미 관계의 이면에서는 추잡한 돈놀이와 음모가 난무했다.

# 수출 100억 달러 돌파

1977年 12月 22日 동아일보

**수출 100억 달러** _장충체육관서 기념식
**886개 업체 유공자 표창**
**기업 이윤 국가발전에**
**박 대통령 치사 처우 · 복지 향상토록**
**자립경제의 새 출발점**
**두뇌산업 육성…국제경쟁력 높여야**

**중화학으로 개편돼야**
**100억 달러 이후의 대책**
**중소기업 균형 발전 필요** _대내
**수입자유화로 시장 확대** _대외

100억 달러 수출 목표 달성 기념 '수출의 날' 기념식이 22일 오전 서울 장충체육관에서 박정희 대통령, 남덕우 경제기획원 장관, 최각규 상공부 장관 등 정부 고위층을 비롯, 수출 유공자, 수출업체 종업원 등 모두 7400여 명이 참가한 가운데 성대히 열렸다.

(중략)

최각규 상공 장관은 이날 100억 달러 수출목표 달성 경과보고를 통해 "지난 62년에 불과 5000만 달러였던 우리나라 수출이 이제 100억 달러를 돌파하게 된 것은 업체의 큰 노력과 정부의 계속된 수출주도 정책에 힘입은 것"이라고 밝히고 우리나라 수출의 공산품 비중은 이제 90퍼센트로 높아졌으며 수출 대상국도 33개국에서 133개국으로 늘어났다고 밝혔다. 1977 1222

지금이야 기업 하나의 수출액에 불과할 정도지만 1977년의 100억 불 수출은 국가의 모든 자원이 집중된 결과였다. 다 알다시피 한국은 무역의존도가 세계 최정상급이다. GDP의 70~80퍼센트대가 무역을 통해 나온다. 싱가포르, 홍콩과 같은 도시국가를 제외한다면 단연 최고 수준이다. 한국의 경제구조가 이처럼 높은 무역의존도를 갖게 된 것은 박정희 정권의 정책에 기인했다. 박정희 정권에게 수출은 단순한 경제정책의 하나가 아니라 국가정책의 모든 것이었으며, 그들의 말 그대로 '전쟁'이었다. 박정희를 총사령관으로 하여 행정부는 참모진이었고, 사장들은 단위 부대 지휘관 격이었다. 전쟁을 수행하는 병사들은 곧 '산업전사'였고, 사령관의 명령에 목숨을 건 전쟁터로 내몰려야 했다.

수출기업에게는 '묻지마' 식 지원이 쏟아졌다. 세제 면에서 수출소득에 대한 소득세와 법인세 전액 감면, 수출시설에 대한 특별상각제 실시, 수출용 원자재와 시설의 도입에 대한 관세를 전액 면제하였다. 금융 면에서 수출금융의 자동화, 수출대출의 우대금리 적용, 수출용 시설의 도입을 위한 외화대출제를 실시하였다. 이밖에 해외시장 개척을 지원하는 '한국무역진흥공사(KOTRA)', 연불延拂[치러야 할 대금을 제때에 지불하지 않고 일정 기간 뒤로 늦춤] 수출을 지원하는 '수출입은행'을 각각 설립하였으며, 또한 수출보험제를 도입하였다. 또한 청와대의 수출확대회의는 중앙청 확대회의로 확대되어 업계 단체와 기업 대표는 물론이고 정당 대표, 학계, 연구기관 등 250명이 참가하는 매머드 회의가 되었다. 이만하면 가히 땅 짚고 헤엄치기식 수출이 가능했다. 수익성이고 뭐고 따질 것도 없었고 오직 수출만 하면 적자가 나도 정부가 뒷배를 봐주던 시절이었다.

당초 제3차 경제개발계획에서 1980년도 수출 목표는 50억 달러였으나 1972년 유신 이후 11월 30일 제9회 수출의 날 기념식에서 100억 달러 수출, 국민소득 1000달러가 천명되었다. 이 목표 달성을 위해 전 산업의 수출산업화, 전 세계의 시장화, 전 국민의 수출 참여, 전 가용자원의 투입 등이 필요했다. 박정희는 '10월 유신이 정신적 기강을 확립하여 3800만 국민이 단합하여 100억 달러 수출을 이룩하자는 운동'이라고 천명했다. 모든 길은 로마가 아니라 수출로 통했다.

그 결과 수출은 비약적으로 증가했고 그 과정에서 종합상사를 필두로 자본의 거대 축적이 가능했다. 그러나 숱한 '산업전사'들이 총알받이가 되어야 했다. 1970년대 한국 노동자들의 노동시간과 산업재해율은 단연 세계 최고 수준이었고, 임금은 최저 수준이었다. 게다가 수출 일변도 정책으로 산업구조는 대일의존을 극도로 심화시켜 갔고, 수출로 번 돈을 고스란히 일본으로 송금하게 되는 실정은 지금도 여전하다.

[1] 第17299號 The Dong-A Ilbo 1977年12月22日 木曜日

# 東亞日報

# 輸出 百億달러

## 企業이윤 國家發展에

朴대통령致辭 處遇·福祉 향상토록

## 「重化學」으로改編돼야

100億달러以後의 對策

## 中小企業均衡발전 필요

## 輸入자유화로 市場擴大

對內 對外

## 自立經濟의 새出發點

頭脳産業육성…國際競爭力높여야

## 8百86개業體 有功者표창

奬忠體育館서記念式

## 油價 내년6月까지 凍結

OPEC 會議폐막

## 字句 최종 절충

朴外務·美大使 「朴東宣」협의계속

干拓사업활발히

東亞戲評

그늘도 넓어졌구나…

# 10대 총선

1978年 12月 13日 동아일보
7月 6日 서울신문

**신민 투표율서 공화 앞질러**
**10대 총선 개표 거의 완료**
**의석은 공화 68 신민 61 통일 3 무소속 22**
**투표율 77.1% 통일당 · 무소속 예상 외로 저조**

제10대 국회의원 총선거는 12일 저녁부터 철야로 개표가 진행돼 13일 오전 10시 현재 공화 68, 신민 61, 통일 3, 무소속 22석의 당선 윤곽을 드러내 공화당이 우세한 가운데 신민당과의 분점 상태를 나타냈다. 그러나 공화당은 9대초의 73석보다 줄어든 대신 신민당은 크게 늘어나 공화 퇴조, 신민 강세의 판도를 보였으며 특히 공화당은 전체 득표율이 32퍼센트로서 신민당의 34퍼센트에 2퍼센트나 뒤졌다. 공화당이 제2당의 득표율에 미치지 못한 것은 이번이 처음이며 이는 정부 여당 전체에 대한 신임도와도 관련지어질 수 있는 것이어서 주목된다.

**신민 34 · 공화 32%** _정오 현재 득표율
**여야 중진 · 거물 무소속 거의 당선…현역 28명 낙선** 1978 1213

**박정희 후보, 9대 대통령 당선**
**국민회의서 압도적 지지로**
**대의원 2578명 출석 2577표 얻어** _무효1

박정희 대통령은 6일 서울 장충체육관에서 열린 제2대 통일주체 국민회의 제1차 회의에서 제9대 대통령으로 당선됐다. 제2대 대의원 2581명(1명 사망 · 1명 사퇴) 중 2578명이 참석, 헌법 제39조에 따라 토론 없이 무기명 투표로 조용하고 순조롭게 진행된 이날 대통령선거에서 박 대통령은 2577표 · 무효 1표라는 거의 전원 일치의 지지를 얻었다.

박 대통령의 8대 대통령 임기는 오는 12월 26일까지여서 9대 대통령으로서의 임기는 12월 27일부터 시작되나 취임식이 이보다 앞당겨질 가능성도 없지 않다. 1978 0706

[1] 第17597號 The Dong-A Ilbo 1978年12月13日 水曜日 [日刊]

東亞日報

# 新民 得票率서 共和앞질러

——10代總選開票 거의완료

## 議席은 共和68 新民61 統一3 무소속22

投票率77·1% 統一黨·무소속豫想外로低調

## 新民34·共和32%

正午현재 得票率

與野重鎭·巨物무소속 거의당선…現役28명落選

白南檍·閔鍾植·朴澈·鄭憲柱·金元萬·李重載·朴炳培씨 落選

## 與村野都 부분적復活

共和退潮 新民强勢는 政府신임과도 관련

長期執權 이미지刷新 실패에 原因있는듯

當選者얼굴 4面에

國民의政治意識수준 向上

平和的政權交替 기틀확립

徹夜開票

政黨別 得票狀況

東亞戱評 白寅洙

祝當選

【1】 The Seoul Shinmun 1978年7月6日 (木曜日) 第10320號 【日刊】

서울신문

# 朴正熙후보, 9대大統領 당선

## 國民會議서 壓倒的 支持로

代議員 2천5백78명 出席 2천5백77票 얻어

## 國家建設에 계속 獻身

朴大統領, 當選소감 밝혀

80年代 내다볼때 무거운 責務느껴

## 民族中興의 새時代 연 信念의 指導者

朴大統領 프로필

歷史的 召命意識서 祖國近代化에 앞장

"試行錯誤도 없지 않았다… 그러나 人氣를 위해 일하지 않았다"

소박한 庶民의 성품… 國民과 언제나 呼吸을 함께

總和로 中斷없는 前進을

朴大統領, 國民會議서 개회사

建設 바탕으로 民族文化 開花 실현

해설

10 · 26을 1년 앞둔 1978년에 치러진 두 번의 선거는 박정희 정권의 앞날을 예고하는 것처럼 보였다. 7월 6일 장충체육관에서 열린 통일주체국민회의 대의원대회는 토론도 없이 만장일치로 단독 출마한 박정희를 9대 대통령으로 선출했다. 이때까지만 해도 박정희 정권은 요지부동인 것처럼 보였다. 그러나 12월 12일 치러진 제10대 총선 결과는 달랐다.

선거 결과 의석수는 공화당 68석, 신민당 61석이었지만 득표율은 공화당 31.7퍼센트, 신민당 32.8퍼센트로 나타났다. 1구 2인 선출이라는 중선거구제의 제도적 특징을 이용해 공화당은 득표율을 뒤지고도 의석수에서는 앞설 수 있었지만 실질적으로 패배한 셈이었다. 공화당이 야당보다 적은 표를 얻은 것은 이번이 처음이었다.

또 하나 무소속 득표율이 무려 28퍼센트나 되었다는 점이 특징이다. 9대 총선에서 20퍼센트 미만이던 비율이 10퍼센트 가까이 증가했다. 무소속의 약진은 야당보다 여당에게 더 큰 충격인 것만은 분명했다. 77석인 유정회 의석을 합치면 공화당이 국회를 지배하는 것은 문제 없었지만 민심 이반은 큰 문제가 아닐 수 없었다.

긴급조치 9호로 모든 저항과 반발을 억누르고 수출 100억 달러를 달성한 경제적 성취에도 불구하고 박정희 정권은 민심 이반을 막지 못했다. 유신을 통해 만든 '체육관 선거'가 아니었다면 박정희의 대통령 당선도 모를 일이었다. 10대 총선에서 확인된 민심 이반은 지배층 내부의 분열을 불러왔고, 김재규와 차지철의 갈등은 그 표현의 일부였다. 이 갈등은 1년 뒤 부마항쟁을 계기로 더욱 격화되었고 끝내 10 · 26으로 연결되었다.

10 · 26을 앞뒤로 두 번의 12 · 12는 묘한 대조를 이루었다. 1978년의 그것이 박정희 정권의 종말을 알렸다면, 1979년의 그것은 '박정희 없는 박정희 체제'의 성립을 의미했다. 어쨌든 10대 총선은 10 · 26의 섬뜩한 징조였다.

# 김영삼 총재 당선과 제명

1979年 5月 31日 조선일보
10月 4日 경향신문

**신민 총재 김영삼 씨**
**2차서 378표 획득** _과반수서 2표 넘어
**신민 전당대회 이철승 씨 367표**

김영삼 씨가 신민당의 새 총재로 2년 8개월 만에 제1야당의 사령탑에 복귀했다. 신민당은 30일 오전 마포구 도화동 새 당사에서 전당대회를 열고 앞으로 2년 동안 당을 이끌어갈 총재선거를 실시, 2차 투표에서 김영삼 씨가 총투표 751표 중 과반선인 376표보다 2표가 많은 378표를 얻어 367표를 얻은 이철승 씨를 11표 차로 누르고 총재에 당선됐다. 전당대회는 이에 앞서 당 지도체제를 집단체제에서 단일체제로 바꾸는 당헌 개정안을 통과시켰다. 김영삼 새 총재는 새 당헌에 따른 4명의 부총재 지명을 6월 1일에 하겠다고 밝혔다. 1979 0531

**김영삼 의원 제명**
**與, 법사위 거쳐 본회의 전격 처리**

국회는 4일 하오 본회의에서 신민당 김영삼 의원에 대한 징계 동의안을 법사위가 제명키로 결의한 대로 가결 통과시켰다. 백두진 국회의장은 이날 상오 10시 본회의에서 김 의원 징계 동의안을 보고, 발의시키려 했으나 신민당 의원들의 단상 점거 등 적극 저지에 부딪쳐 하오로 회의를 미루면서 발의를 시도한 끝에 하오 1시 16분께 본회의장 국무위원석 뒷자리에 서서 "성원이 됐으므로 개회를 선포한다."고 선언한 다음 "김영삼 의원 징계 동의안을 법사위에 회부코자 하는데 이의가 없는가."고 묻고 여당석에서 "이의가 없다."고 하자 단상을 점거한 야당의원들이 알아차리기도 전인 14초 만에 "법사위에 회부됐음을 선포합니다."고 말했다.

**신민 의원들 단상 점거 속에**
**백 의장, 개회 선언 14초 만에 "회부回附"선포** 1979 1004

(1) 12版 第17888號 조선일보 The Chosun Ilbo 西紀1979年 5月31日 木曜日 (日刊)

朝鮮日報

# 新民총재 金泳三씨

## 2次서 3百78표 획득

新民 全黨대회 李哲承씨 3百67표

2년8개월만에 「強硬깃발」들백

◇勝者만세

副總裁등 要職곧 지명

金총재 會見… 在野人士 영입 검토

"위대한 民權승리"

李基澤씨 金씨 지지… 辛道煥씨 李씨 지지

聯合軍부순 「在野接木」 名分대결 勝利

黨경영에 山넘어 山… 政局波高 높을듯

새野黨像 道德的 긍지 期待

"궁지와 사명감으로 나라의 기둥되길"

박대통령, 소년체전 개막식서 당부

撤軍凍結 최종결정

◇總裁 투표 결과

| | 1차투표 | 2차투표 |
|---|---|---|
| 金泳三 | 267 | 378 |
| 李哲承 | 292 | 367 |
| 鄭雲甲 | 92 | (사퇴) |
| 辛道煥 | 87 | (사퇴) |

朝鮮漫評



지헌공 떡봉예

[1] 제10465호 The Kyunghyang Daily News 1979년10월4일(목요일) [일간]

# 京鄕新聞

# 金泳三의원 除名

## 與, 法司委거쳐 本會議電擊처리

## 新民의원들 壇上占據속에

白의장, 開會선언 14초만에 回附 선포

## 懲戒案은 不法

新民, 9개項「事由」반박

## 잘못은폐 一貫

共和·維政, 新民주장에

與「懲戒」提案설명문

## 韓國, 北韓産석탄 輸入

英紙 報道 數萬톤규모

南浦서 釜山直送…長期도입협의 日紙보도

"南北韓당국 양해…31년만의 交易"

南北對話「脫政治化」…經濟交流 조짐

해설

만약에 10 · 26으로 가는 시나리오가 있었다면, 그 첫 장면으로 기록될 만한 일이 벌어졌다. 당시 최대 야당인 신민당 총재에 모든 예상을 뒤엎고 김영삼이 당선된 것이다. 다 알다시피김영삼은 김대중과 함께 40대 기수론의 주역이었고, 박정희 정권에게는 껄끄러운 정치인이었다. 유신체제가 만든 유신정우회 때문에 국회는 구조적으로 여당의 지배를 벗어날 수 없었는데도 야당의 정치투쟁은 여전히 정권의 부담이기는 했다. 따라서 야당을 길들이기 위한 정치공작이 난무했고 유진산, 이철승 등이 정권의 파트너 역할을 하였다.

유명한 사쿠라 논쟁이 나온 것도 이 무렵이었다. 김영삼은 이미 1974년 신민당 총재로 반유신 운동을 전개하다 정치공작으로 총재직에서 밀려난 경험이 있었다. 이후 정권의 은밀한 지원을 등에 업은 이철승이 이른바 '중도통합론'을 내세워 신민당을 주도하고 있었다. 자유와 안보를 중도적으로 통합한다는 중도통합론은 실상 유신정권의 심기를 거스르지 않겠다는 것에 다름 아니었다.

이러한 상황 속에 김영삼은 선명 야당을 내세우면서 총재 경선에 나섰고, 중정부장 김재규가 '정권에 도전하는 당신을 각하가 그냥 놔두겠냐'며 협박했지만 요지부동이었다. 결선투표까지 간 선거 결과는 김영삼의 역전승이었다. 복잡한 정치공학적 계산은 차치하고 신민당 내 반유신 분위기가 그만큼 강해지고 있었다는 사정의 반영이었다. 그것은 또 그만큼 반유신 정서가 대중적으로 확산되고 있었다는 추정을 가능케 했다.

김영삼이 총재에 당선된 후 이철승 등의 비당권파와 박정희 정권은 지속적으로 신민당 흔들기에 나섰다. 그 결과 김영삼의 총재직 직무 정지 가처분 신청을 걸쳐 10월 4일에는 의원직 제명이라는 초유의 사태로까지 이어졌다. 김영삼 의원직 제명은 야당의 격렬한 반대를 불러왔고 그나마 유지되던 제도권 내 정치활동의 폐색을 알리는 것이었다. 거리의 분노가 제도권으로 수렴될 통로가 거의 완전히 막히면서 대중이 직접 행동에 나설 가능성은 더욱 더 높아질 수밖에 없었다.

때때로 특정한 역사적 상황에서 정치 행위자들은 자기 의지와 무관하게 자기 존재를 뛰어넘는 역할을 하기도 한다. 유신체제 아래 야당의 역할이 그러했다. 그들은 유신체제의 부당성을 증거하는 상징이자 그것을 증폭시키는 역할을 했다. 대중들은 지체 높은 야당 총재의 굴욕을 보면서 자신의 비루한 일상의 폭압을 더욱 뼈저리게 느낄 수 있었다. 그들은 총재 김영삼이 아니라 자신을 위해 무언가를 해야만 했다.

# YH여공사건

1979年 8月 12日 | 8月 16日 조선일보

**심야에 밀어닥친 경찰 1000여 명**
**농성 여공 끌어내 연행**
**울부짖는 여공들을 강제로**
**2명이 한 명씩 잡고 버스에**
**한 여공은 동맥 끊고 자살도**

마포 신민당사에서 이틀째 철야농성 중이던 YH무역 여종업원 172명은 11일 오전 2시 1000여 명의 경찰에 의해 농성 40시간 30분 만에 강제 해산됐다. 경찰은 이날 이순구 시경국장이 최후 통고를 한 후 당사에 진입, 4층 강당서 농성 중인 여공들을 끌어냈다. 강제해산-연행과정에서 YH무역 노조 상임집행위원 김경숙 양(21)이 손목의 동맥을 끊은 다음 4층에서 투신 숨졌고, 박권흠 대변인-박용만 의원 등 신민당 당직자와 당원 30여 명, 취재기자 12명이 중경상을 입었다. 15대의 경찰버스에 실려져 시내 7개 경찰서에 연행된 여공들도 연행을 거부하다가 상당수 다쳤으나, 그 수는 확인되지 않았다.

**어제 새벽…'여공 172명 연행 작전'** 1979 0812

**여공 사건 경찰 행동 개탄**
**미 국무부 대변인**

미 국무성은 14일 농성 중인 YH무역 여종업원을 해산시키고자 "한밤중에 경찰이 신민당사에 강제로 진입한 것은 과도하고 잔인한 행동이었음이 의심할 여지없이 명백하다."고 논평했다.

토머스 레스턴 국무성 대변인은 이날의 브리핑석상에서 "우리는 이 사건에 관해 미 대사관의 보고를 받았을 뿐 아니라 여러 신문보도에도 접했다."고 밝히고 "한국정부 당국이 과도하고 잔인한 경찰 행동에 대한 책임자에 대해서는 적절한 징계 조치를 취하기 바란다."고 말했다.

미국 정부가 최근에 한국 정부 조처에 대해 공개적으로 강경한 어조의 논평을 가하기는 약 2주전 신민당기관지 민주전선의 문부식 주간이 구속된 데 대한 논평 이래 이번이 두 번째이다. 1979 0816

(7) 12版 第17951號 조선일보 西紀1979年 8月12日 日曜日 (陰曆 己未 閏6月20日 辛亥)

# 深夜에 밀어닥친 警察千여명
# 농성女工 끌어내 連行

## 울부짖는 女工들을 강제로 2명이 한명씩 잡고 버스에
## 한女工은 動脈끊고 自殺도

어제 새벽…「女工 百72명 連行作戰」

# 北傀軍, 休暇없이 訓鍊·중노동

두 歸順용사 합동회견 "開城엔 탱크 집결시킬 대규모 坑道"

油類難 심각, 軍 보급품 달구지로 輸送

## 水協幹部가 9億횡령

自體감사에서 드러나… 6명 拘束

## 최후通告 60초만에 "突擊" 警察

朴新民대변인 重傷… 議員·記者에도 暴行

記者폭행은 報道自由 否認 「記協」서 성명

新民黨 合同記者 「市警·警察」도합의

龍城관련 5명 연행

連行女工들에 最大限의 寬容 具內務 밝혀

남동생 學費대주던 '외딸' 딸 死亡 모르고 홀어머니는 行商

女工 ABCD분류 A級은 拘束 B級은 卽決

퇴직금·手當지급 他職場 알선도 보장 勞動廳 關係회의

YH무역 本社에선 女工 70명 계속 농성

警察 突入 소문에 女工들 "決死항전"

1979년 8월 16일 조선일보

(1) 第17954號 조선일보 The Chosun Ilbo 西紀1979年 8月16日 木曜日 (日刊)

# 朝鮮日報

## 勞使협조로 難局 극복해야

朴大統領 光復節 34돌 경축사

## 南北대화·交流 촉구

「都産」실태 週末부터 조사

共和·維政결정

## 新民、週內 농성 풀듯

2단계鬪爭결로 「8·11사태 白書」곧 발간

## 新民총재단 職務정지 假處分신청

院外地區委長이 제기

## 黨선 除名키로

籠城黨舍서 光復節기념식

## 出口 안보이는 「斷絶政局」

갈수록 强度짙은 原色의 말잔치

## "三國志나 읽어라" 新民 성토 滿發

統一黨도 농성合流…일부선 불평

朝鮮漫評





## 決議文

오늘 韓國勞總 第一七六次 緊急 中央委員會는 이번 YH貿易會社 事件을 檢討하고 깊은 憂慮를 表明하는 同時에 金景淑孃의 죽음에 대해 衷心으로 哀悼의 뜻을 表하는 바이다.

그리고 우리는 國家的 次元에서 事態가 원만히 收拾되도록 最善을 다하도록 意見의 일치를 봄과 아울러 다음과 같이 滿場一致로 決議한다.

一、우리는 使用者와 當局이 이번 事件을 事前에 충분히 收拾치 못하여 이처럼 事態가 惡化된 것을 遺憾으로 생각하면서 우리 勞動組合도 스스로의 힘으로 解決하지 못한 責任을 痛感하는바이다.

二、新民黨은 YH 從業員들을 新民黨舍에 들어오게 하므로써 이事件이 政治問題로까지 비화하게된 경위를 具體的으로 밝히는 同時에 勞使問題의 政治的 利用을 즉각 中止하라.

三、우리는 이번 事件의 根本的인 원인이 YH貿易會社의 張龍虎會長을 비롯한 經營陣의 利己的이며 無責任한 經營에 있었음을 確認하고 企業人의 社會的 責任의 完遂와 當局의 보다 積極的인 解決策을 촉구한다.

四、모든 政治人들은 勞動問題를 個人의 政治的 人氣와 黨利黨略에 利用하지 말고 不況下에서의 勤勞者 保護를 爲한 보다 根本的인 대책을 確立하는데 最善을 다하라.

五、勞使問題는 勞使當事者間에 解決하는 것이 가장 바람직하다는 事實을 確認하고 都市産業宣敎會를 비롯한 모든 外部勢力의 干涉과 介入으로 社會混亂만을 초래하는 行爲를 絶對排擊 할것을 거듭 경고한다.

六、이번 問題가된 YH勞組支部는 全國纖維勞動組合傘下에서 離脫하여 都市産業宣敎會및 外部勢力과 連繫아래 行動해온 組織이었음을 確認하고 앞으로는 모든 問題를 勞動組合組織을 通하여 自主的으로 解決할것이며 外部勢力의 介入을 排除하고 우리들 스스로의 活動으로 勤勞者의 權益擁護에 더욱 獻身할것을 다짐한다.

一九七九年 八月 十三日

**韓國勞動組合總聯盟** 委員長 鄭東虎

全國鐵道勞動組合 委員長 金鍾旭
全國纖維勞動組合 委員長 金永泰
全國鑛山勞動組合 委員長 崔正燮
全國電力勞動組合 委員長 金鍾鎬
全國外機勞動組合 委員長 黃主武
全國遞信勞動組合 委員長 李龍雨
全國運輸勞動組合 委員長 寶相浩
全國海員勞動組合 委員長 洪建杓
全國金融勞動組合 委員長 尹弘稷
全國專賣勞動組合 委員長 崔昌根
全國化學勞動組合 委員長 鄭東虎
全國金屬勞動組合 委員長 金炳龍
全國港灣勞動組合 委員長 鄭漢株
全國出版勞動組合 委員長職務代理 徐廷會
全國自動車勞動組合 委員長職務代理 李秀洪
全國聯合勞動組合 委員長 金仁根
全國觀光勞動組合 委員長 李龍俊

해설

유신체제 아래 '사는 게 전쟁'인 수많은 대중의 분노와 울분을 상징하는 사건이 벌어졌다. 알다시피 박정희 정권 아래 경제개발의 출발은 노동집약적 경공업이었다. 봉제, 섬유, 가발 등과 같은 노동집약적 공업은 주로 여성 노동력에 의존했고, 농촌 출신의 나이어린 여성 노동자들은 1970년대 공업화의 한 상징이었다.

1966년에 설립된 YH무역은 가발수출 부흥을 타고 급속하게 성장했지만, 1970년대 이후 중화학 공업화가 본격화되면서 점차 사양의 길로 접어들었다. 게다가 무리한 사세 확장과 사장 장용호의 파렴치한 재산 빼돌리기 등으로 YH무역은 폐업 위기로 내몰렸다. 이미 YH무역은 하청업체로 일감 빼돌리기를 통해 잦은 휴업을 반복하고 있었고, 결국 1979년 3월 폐업을 결정했으나 노동자들에 대한 대책은 전무했다.

1975년 우여곡절 끝에 노동조합을 설립한 YH 노동자들은 폐업에 맞서 강력하게 저항했다. 노조는 회사 정상화를 위해 노력했으나 사측은 별다른 관심을 보이지 않았고 관계 기관의 입장도 방관적이었다. 결국 노조는 농성에 돌입하였고, 장기간 이어진 농성은 신민당사로까지 이어졌다. 노조 지도부는 농성 장소로 여러 곳을 물색했지만, 세상의 이목을 끌기에 야당 당사가 적당하다고 판단했다.

사실 야당 당사가 노동자들의 농성 장소로 채택된 것은 전례를 찾아볼 수 없었다. 이는 당시의 노동운동이 경제적 요구조차 정치적 투쟁을 요구한다는 것을 알고 있었음을 의미했다. 신민당사 농성은 곧 YH 투쟁이 일개 기업을 넘어 전국적 이슈가 되었다는 것을 의미했다. 경찰과 정권은 강경책으로 일관했고 결국 강제 진압이라는 초강수를 두었다. 이 과정에서 김경숙 노조 상임집행위원이 의문의 추락사를 당하였다.

강제 진압은 농성 노동자들의 해산에 머문 것이 아니라 야당에 대한 도발이기도 했다. 김영삼은 측근에 둘러싸여 간신히 탈출했지만, 원내총무 황낙주를 비롯해 수많은 당직자들이 경찰 폭력에 희생당했다. 취재기자들도 경찰 폭력을 비켜갈 수 없었다. 요컨대 경찰의 신민당사 진압 작전은 노동대중, 야당, 언론 등을 대상으로 권력의 폭력을 적나라하게 드러낸 것이었다. 박정희 정권은 노골적으로 폭력을 과시하여 점차 위기상태로 치닫던 상황을 장악하고자 한 것으로 보이지만, 대중의 직접행동을 봉쇄하는 것은 불가능했다. YH 노동자의 추락과 죽음은 정권의 몰락과 죽음으로 연결되었다.

# 김형욱 실종

1979年 10月 16日 중앙일보

**"미국서 도착 호텔 빌어놓은 뒤**
**온종일 카지노서 소일"**
**파리서 실종된 김형욱 씨 미스터리**
**처음엔 비행기 표 보이며 미국행 예약 부탁**
**'하루 쉬려 닷새 예약하느냐'에 '또 온다'고** _김형욱 씨

미국에 살고 있는 전 중앙정보부장 김형욱 씨(55)가 지난 7일 프랑스 파리에 도착한 이래 9일째 행방불명이다. 김 씨는 지난 7일 '에어 프랑스' 편으로 파리에 도착, 이날 상오 10시쯤 샹젤리제 부근 '웨스트 엔드 호텔'에 방을 잡아 놓고 나간 뒤 16일 현재까지 돌아오지 않고 있다. 호텔 측은 예약이 없었던 김 씨가 혼자 나타나 5일간 방을 쓰겠다고 말한 다음 405호실에 짐을 풀고 30분쯤 뒤 호텔을 나갔다고 밝혔다. 김 씨의 행적은 호텔을 나간 뒤 그가 자주 다니던 파리 시내 개선문 옆의 카지노 '르 그랑 세르크로'에서 온종일 도박을 했다는 것까지만 밝혀지고 있다.

**5일 지나 가방 등 치워** _호텔 측
**여권번호 34817, 발행일자는 74년 10월 14일**
**뉴욕서 아들과 딸이 행방 묻는 전화**

**북괴 측 납치 아니면**
**범죄에 말렸을지도**
**김 씨, 항상 거액 지니고 다녀** 1979 1016

**해설** 1979년은 죽음의 냄새가 짙은 한 해였다. YH 김경숙의 죽음에 이어 남민전 사건으로 두 죽음이 예고되었다. 죽음의 덫은 권력 속으로도 파고들었다. 박정희의 죽음이 그 정점이었다면 김형욱의 실종 혹은 죽음은 막간극으로 손색이 없었다. 김형욱, 한때 박정희 정권 최고의 번견番犬으로 낭만의 남산을 공포의 대명사로 바꾸어 놓았던 그가 007시리즈 영화처럼 사라졌다. 토사구팽兎死狗烹의 한 전형일 수 있는 그의 삶과 실종은 박정희 정권의 알파와 오메가이기도 했다.

김형욱은 중정부장 자리에서 떨려나와 국회의원이 되기는 했지만, 편안한 잠자리를 가지기에는 너무 많은 것을 알고 있었고 또 너무 많은 일을 저질렀다. 게다가 그토록 충성했던 박정희는 더 이상 그를 찾지 않았다. 그에게 선택의 여지는 별로 없었다. 온갖 원성을 뒤로 하고 미국행을 택했지만, 태평양도 완벽한 보호막일 수는 없었다. 박정희에 대한 배신감과 원망으로 날을 지새우던 그에게 코리아게이트는 하나의 기회, 매우 위험한 기회였다. 거침없이 박정희 정권의 추문을 들춰내던 그는 급기야 회고록 발간을 통해 정말 위험한 도박을 감행했다. 박정희는 지독한 배신감을 맛보았고 김형욱이 한때 자신의 부하였던 자들에게 제거될 운명에 처하게 된 것은 어쩌면 자업자득이었다.

김형욱의 실종에 대해서는 많은 가설과 추측이 난무하지만 현재까지 정확한 경위는 파악되지 않고 있다. 파리 근교 양계장 사료분쇄기 속으로 사라졌다거나 청와대 지하 벙커에서 총살당했다는 주장과 증언들이 있기는 하지만, 확실한 것은 아무것도 없다. 그러나 대체적인 정황은 밝혀진 상태다. 중앙정보부의 공작에 의해 파리로 유인되었고 거기서 죽음의 골짜기로 실종된 것은 분명했다. 6년 넘게 정보기관의 수장이던 김형욱이었기에 웬만한 공작으로 그를 유인하는 것은 쉽지 않았을 것이다. 오랫동안 박정희 정권의 귀국 권유와 협박에도 꿈쩍하지 않았던 그가 돌연 파리로 날아간 이유는 무엇이었을까? 일설에 의하면 그와 긴밀한 관계에 있던 연예계 여성이 동원되었다고 한다. 그의 마지막 길은 박정희의 그것을 예고하는 듯 했다. 여자 연예인과 함께 부하의 손에 최후를 맞이한 일 말이다.

(7) 第4342號 1979年10月16日 火曜日 中央日報 (陰八月二十六日 丙辰)

「美國서 도착 『호텔』빌어 놓은뒤 온종일 「카지노」서 消日」

「파리」서 失踪된 金炯旭씨의 「미스터리」

처음엔 飛行機票보이며 美國行豫約부탁

'하루쉬려 닷새豫約하느냐'에 '또 온다'고

金炯旭씨

5일지나 가방등 치워 「호텔」側

旅券번호 34817, 발행일자는 74년10월14일

「뉴욕」서 「아들」과 「딸」이 行方묻는 電話

夫人은 出他中 크게 걱정안해

美國의 가족들

北傀측 拉致아니면 犯罪에 말렸을지도

金씨, 항상 巨額지니고 다녀

서울버스割增料 11月부터 부활

釜山은 26일부터

販賣시설 개선없이 실시

體典 사이클競技서 연쇄충돌

선수 23명부상

取材記者, 戰警隊에 폭행당해

爲黨미망인 장례식에 爲黨靈柩도 함께

우수작품에 『말』등 4편

대한민국舞踊祭입상작 결정

季刊美術

韓電 光州지점 經理·工事부정

직원46명 집단징계

聖水大橋 개통…橋脚 사이가 긴 날씬한 모습

透視

釜山인구 3百萬넘어

月刊中央

女性中央

운전사男便 때리고 구속된 女醫師

내게도 할말은 있다

빚에 몰려 6일간 暴행당하고 血書쓰고

人氣연재 「朴東宣스캔들」

왈순아지매

엘사벤

롯데産業

PPC型(普通用紙使用)複寫機

컴퓨터化된 롯데PPC複寫機 SELEX-1100LD

복사기의 컴퓨터화로 사무능률을 더욱 높일 수 있게 되었읍니다. 롯데 PPC복사기 SELEX-1100LD는 복사기의 작동 기능을 컴퓨터화 시킴으로써 모든 작동이 원터치로 이루어집니다. SELEX-1100LD는 가장 작은 콤팩트싸이즈의 탁상형이므로 좁은 공간에도 설치가 가능하며, 복사할 때에는 소음이 전혀 없읍니다. 빠르고, 선명하고, 고장이 없는 이상적인 복사기—그것이 곧 컴퓨터화된 롯데 PPC복사기 SELEX-1100LD입니다.

취급품목

마이크로 컴퓨터

드럼 세척 비틈

자동 경보장치

탄력있는 원고압판

LOTTE COPYER SELEX-1100LD

# 부마 항쟁

1979年 10月 18日 동아일보

**부산에 비상계엄**
**대학생 등 소란으로 18일 0시 기해**

박정희 대통령은 대학생들의 시위사태가 연 이틀 빚어진 부산직할시 일원一圓에 18일 새벽 0시를 기해 비상계엄을 선포했다. 박 대통령은 이와 함께 계엄사령관에 박찬극 육군중장을 임명했다. 박 대통령은 18일 오전 계엄선포에 즈음한 담화를 발표, "오로지 악랄한 선동과 폭력으로 사회질서를 파괴하고 국리민복을 해치며, 헌정 기본질서를 위태롭게 하는 불순불자들의 일체의 경거망동과 불법행위를 발본색원하자는 데 계엄 선포의 목적이 있다"고 밝혔다. 박 대통령은 이날 오전 청와대에서 임방현 대변인을 통해 발표한 특별담화를 통해 "따라서 안정과 번영을 바라는 대다수 국민들의 사회활동과 공사公私생활에는 추호의 불편이나 위축을 주지 않도록 할 것이며 모든 국민이 안심하고 생업에 열중하여 국력배양에 계속 기여할 수 있도록 최선의 노력을 다할 것"이라고 말했다.

**불순분자 경거망동 발본拔本**
**박 대통령 담화 부산사태 기본질서 위협**

**대학 휴교 · 밤 10시 통금** 1979 1018

**해설**

박정희 정권에게 결정적으로 타격이 되는 사건이 터졌다. 사실 박정희 정권 18년간 수많은 시위와 저항이 있었지만 정권을 좌지우지할 정도의 것은 없었다. 부마항쟁은 4 · 19 이후 최초로 학생층에 시민대중이 합세하는 대중항쟁의 성격을 띠었다. 18년간 재야와 학생층의 지속적인 반정부 투쟁에 별다른 관심을 두지 않던 대중들이 왜 갑자기 거리로 뛰쳐나가게 되었을까?

김영삼의 의원직 제명이 영향을 미쳤다고도 하지만, 실제 거리에서 김영삼을 연호하는 목소리는 매우 작았다. 경제상황 악화와 부가가치세 도입에 따른 상인층의 반발도 원인 중의 하나로 언급되지만, 그것만으로는 부족하다. 실제 상인들이 시위에 우호적이었다고는 하지만 직접 거리로 나서는 경우는 많지 않았다. 대학생 층은 부마항쟁을 촉발시킨 결정적 요인이었다. 1974년 민청학련 사건, 이듬해 재일교포 간첩단 사건 등으로 부산대 학생운동은 장기침체로 접어들었는데, 1979년 10월 15일 유인물 살포와 16일의 거리시위는 사실상 새로운 운동의 시작이었다.

그렇지만 부산대생들이 거리로 나서자 마치 기다렸다는 듯이 수많은 시민 대중이 동참하기 시작했다. 낮의 대학생 시위가 밤이 되면서 폭력적 시민항쟁으로 전화되기 시작했으며, 학생보다 일반 시민의 참가가 두드러졌다. 파출소, 방송국, 세무서가 공격당해 불타올랐고 경찰력은 항쟁 대열에 압도당했다. 시위조사차 내려간 중정부장 김재규도 큰 충격을 받았는데, 특히 당시까지의 연행자 160명 중 학생이 16명에 불과한 것을 보고 단순한 학생시위가 아님을 직감했다.

시민 대부분이 학생시위에 동조적이었다는 점에서 항쟁의 확대를 확인하는 것이 가능하다면, 한편으로 항쟁의 격화에 결정적 역할을 한 것은 기층 대중이라 할 수 있는 도시빈민, 하층 노동자 등이었다. 학생들의 시위를 이어받은 그들은 파출소를 비롯한 권력기관에 대한 물리적 직접 공격을 주도하였다. 항쟁은 부산에 이어 마산과 창원으로도 확대되었고 결국 박정희 정권은 계엄령과 위수령으로 맞섰다. 공수부대를 앞세운 군 투입으로 항쟁은 종료되었다.

일단 항쟁은 종료되었지만 그 후폭풍은 권력 중심부를 강타했다. 사실상 최초의 대중항쟁을 경험한 정권 핵심부는 혼란 속에 분열되기 시작했다. '탱크로 깔아뭉개버리자'는 강경파와 대화와 타협을 강조하는 온건파의 대립이 나타나기 시작했고, 차지철과 김재규의 갈등은 그 구체적 표현이었다. 이 분열은 정권 자체의 몰락으로 연결되었다.

봉기에 직면한 권력이 택할 수 있는 방법은 노골적 폭력 외에 별로 없다. 그러나 그것이 이번에 통했다고 다음에도 통할 것이란 보장은 어디에도 없었다. 부마는 곧 광주로 이어졌다.

[1] 第17856號 The Dong-A Ilbo 1979年10月18日 木曜日 (日刊)

東亞日報

# 釜山에 非常戒嚴

## 大學生등 소란으로 18일0時 기해

### 불순분자 輕擧妄動 拔本

朴大統領 談話 釜山사태 기본질서 위협

朴大統領

### 大學休校·밤10時通禁

司令官에 朴贊兢中將

金文公, 深夜臨時閣議후 발표

### "釜山·東亞大生 3千여명 16·17연이틀 都心서示威"

治安本部발표

警察56명·학생·일반市民등 多數부상

파출소 21곳·경찰車輛18대 파괴放火

"政權타도" 주장·道廳·放送局등 侵入

시위집운을 경비하고 있는 계엄군.

### 校門밖 경찰저지로 해산

### 오후西面·光復洞 재집결

### "政府 깊은反省을"

新民 現地진상調査團 파견키로

連行者 輕重가려 處理

具內務 첫날事態후 회견

<7면에 관련기사>

東亞戲評 白寶達

末路

靑春保險 대한생명

젊음의 미래가 활짝

# 위수령 발동

1979年 10月 21日 한국일보

**마산에 위수령**
**"데모대 주위 군중 의법 조치**
**구경하다 체포되지 말도록"** _조옥식 사령관 담화문 발표

경남 마산지역 위수작전사령관 조옥식 육군소장은 김성규 경남지사의 요청에 따라 20일 정오를 기해 마산지구(창원출장소 포함) 일원에 위수령을 발동한다고 발표했다. 조 사령관은 육군참모총장의 승인을 받아 취해진 위수령 발동에 즈음한 담화를 발표 "우리 군은 마산시 일원의 일부 학생과 불순분자들의 난동, 소요사태로 치안유지가 곤란하여 병력 출동을 요청받고, 마산시의 안녕과 질서를 유지하고 시민의 생명과 재산을 보호하기 위해 치안 유지에 적극 노력하겠다."고 밝히고 "우리 군은 데모대 주위의 모든 군중을 시위 군중으로 판단하고 전원 의법 조치하겠다."고 경고 "시민들은 시위군중에 끌려 시위를 구경함으로써 주동자 체포나 질서 확립에 지장을 초래케하고 데모 군중으로 체포돼 피해를 당하지 않도록 유의해 달라."고 당부하였다.

**학생 등 소요騷擾로 20일 정오 기해** 1979 1021

**해설** 권력은 총구에서 나올 뿐만 아니라 총구로 지켜진다. 권력 최후의 보루는 적나라한 폭력, 곧 군대다. 박정희 또한 이 말을 정확하게 이해하고 실천했다. 군대를 정권유지 수단으로 써먹으려 할 때 가장 먼저 떠오르는 것은 계엄령일 것이다. 그러나 계엄령은 한 번 선포하기도 힘들고 너무 부담스럽기도 했다. 닭 잡는 데 소 잡는 칼을 쓰는 건 좀 민망할 것이다. 그래서 박정희 정권이 만든 것이 위수령이었다. 1970년 대통령령 제4949호로 제정된 위수령은 이미 1965년도에 한 번 사용된 적이 있었다. 한일수교 반대시위가 격렬해지자 서울시장 윤치영의 요청으로 서울 지역에 위수령이 발동되었다. 그 당시 위수령은 법적 근거가 없는 것이기에 논란이 되었고, 이를 방지하고자 대통령령으로 법제화되었다. 그러나 대통령 명령으로 헌법적 권리를 유보할 수 있다는 것은 곧 위헌논리로 연결될 수 있었다.

위수령은 제정 이후 총 두 차례 발동되었다. 1971년 대학가 시위가 격화되어 발동된 후 근 10년 만에 부마항쟁으로 다시 발동된 것이다. 두 번의 위수령은 묘하게도 체제 운명과 직결되는 것처럼 보였다. 1971년의 위수령은 곧 유신체제 성립으로 이어졌고, 1979년의 그것은 유신의 종말로 이어졌던 것이다. 요컨대 위수령은 자신의 모태인 유신체제와 운명을 같이 했다고나 할까.

사실 가장 좋은 지배체제는 저항이 일어나기 전에 그것을 방지하는 것이다. 그것이 가장 경제적인 지배이기도 하다. 그러나 저항을 완전히 제거할 수 있었던 체제는 역사상 존재한 적이 없기에, 최선의 선택은 저항을 내장한 채 지배질서를 유지하는 것이다. 곧 지배란 곧 저항의 무화가 아니라 그것의 포섭이다. 이런 점에서 위수령은 한참 저열한 지배기술이 될 것이다. 그러나 이 저열한 수단이 권력의 최후 보루인 것도 사실이다. 폭력이 권력의 막장이기에 그것을 넘어선다는 것은 곧 권력의 최후, 또는 혁명적 상황을 의미했다. 1979년의 위수령은 시위진압이라는 임무를 완수한 듯 보였지만 체제 몰락의 길을 막지는 못했다.

(1) 第9531號 The Hankook Ilbo 1979年10月21日 (日曜日) (15版) 【日刊】

한국일보

# 馬山에 衛戍令

## "데모隊 주위群衆 依法措置"

趙玉植사령관 談話文 발표 "구경하다 逮捕되지 말도록"

學生등 騷擾로 20일 正午기해

治安유지·公共시설보호

## "學生등이 放火·파괴로 騷擾 私製銃·화염병써 暴動비슷"

馬山署長발표 이틀계속… 不純세력介入징후

## 北傀, 날조·왜곡선전

"流血참극" "學生학살"등

## 私立敎員 年金通算기간 延長

文敎部, 改正法案마련 종전70年을 61年12月로 소급

年金限度도 賞與金포함 75%까지로

"合作등 經協 계속增進노력"

## "브레즈네프 턱癌 意識잃고 入院중"

西獨紙보도

"亞洲유사시 駐歐美軍 이동 스윙戰略은 雙方의 對處策"

브라운 美國防

時局收拾등 논의

운동회날

# 해외현장 파견요원 모집

중동지역에 파견할 기능요원을 아래와 같이 모집합니다.

**1. 모집직종 및 인원**

| 구분 | 직종 | 인원 |
|---|---|---|
| 중기 | 불라, 크레인, 타워크레인, 윌타크레인, 배처플랜트, AP플랜트, 발전공, 양수공, 중기엔진, 중기하체, 선반, 밧데리, 타이어, 콘크리트 펌프카, 중기전공, 모타수리, 중기도장, 중기용접, 노뮬라치정비, 크링카 및 운전, 크락사, 콤푸렛사. | ○○○명 |
| 건축 | 건축십장, 일반비계, 철골비계, P/C조집비계, P/C모콜드보수, 철근, 견출, 미장, 바닥미장, 타일, 형틀목공, 내장목공. | ○○○명 |
| 토목 | 토목십장, 측량, 토목시험, 토목배관, 실험, 하수처리, 하역비계, 윌타비계. | ○○○명 |
| 기계 | 에어콘계장, 닥트, 기계도장, 기계비계, 콤퓨터보수공. | ○○○명 |
| 전기 | 일반내선, 일반외선, 케이블, 계장, 플랜트기기설치(각종릴레이, 미터설치 및 시험가능자), 철탑조립, 철탑가선, 플랜트전공. | ○○○명 |
| 통신 | 항법무선(ILS, PAR, NDB), 일반무선(Video, Audio). | ○○○명 |
| 제도 및 요리 | 건축, 토목, 전기제도, 한식요리, 양식요리. | ○○○명 |

**2. 응시자격**

가. 해당분야 2년이상 유경험자로서, 1979년 10월 20일 현재 45세 미만인 자. (단, 토목 및 중기 운전원은 40세 미만인자)
나. 병역필 또는 면제자로서 해외여행에 결격사유가 없는 자.

**3. 제출서류**

가. 자필이력서(우측상단에 희망직종명기) ……… 2통
나. 면허증사본(소지자에 한함) ……… 2통

**4. 서류제출처**

가. 현대건설(주) 해외인력관리부
주소 : 서울시 종로구 세종로 178번지
전화 : (73)5211~20(구내 267, 476, 577)

나. 현대건설 관악중기공장
주소 : 서울시 관악구 사당동 615번지
전화 : (58)7031~5

다. 울산 현대중공업내 중동지원부
주소 : 경남 울산시 전하동 1번지
전화 : (5)1201~5

라. 현대건설 부산사무소
주소 : 부산시 동구 광량동 4가 80번지
전화 : (44)0322, 0323

마. 현대자동차 대구영업소
주소 : 경북 대구시 신천동 300번지 12호
전화 : (72)4971~5

바. 현대자동차 마산영업소
주소 : 경남 마산시 양덕동 156번지 11호
전화 : (5)9482~4

**5. 서류제출기간**

1979. 10. 20(토) ~1979. 11. 15(목)

**6. 전형방법**

서류심사후 합격자에 한하여 면접 및 실기시험 일자를 개별통지함.

**7. 기타**

가. 우편접수도 가능함 (단, 1979. 11. 15 한 당사 도착분에 한함)
나. 이력서상의 현주소는 통, 반 및 우편번호를 명기바람.
다. 해외취업 경력자는 우대함.
라. 기타 상세한 사항은 서류제출처에 문의 바람.

당사는 해외 취업 근로자를 모집함에 있어서 부조리한 행위를 일체 용납하지 않습니다.
해외 취업을 미끼로 금품을 요구하거나, 부조리한 행위를 하는자가 있으면 노동청 해외근로국 계획과 (전화 63-8521) 또는 당사 해외인력관리부 (전화 74-6057)로 연락바랍니다.

노허 제79~371. 381. 431. 451. 465

1979. 10.

現代建設株式會社

# 10·26사건

1979年 10月 27日 조선일보 | 조선일보 호외

**박정희 대통령 유고有故**
**대통령 권한대행에 최 총리**
**유고 내용 심각… 9시 반에 공식 발표**
**오늘 새벽 4시 기해… 전국 비상계엄** _제주도 제외

정부는 박정희 대통령의 유고로 국가의 안전과 사회질서의 유지를 위해 10월 27일 새벽 4시를 기해 전국(제주도 제외)에 비상계엄을 선포했다. 유고 내용은 밝혀지지 않았으며 대통령의 권한 대행은 최규하 국무총리가 수행하게 됐다.

**통금 연장…밤 10시~새벽 4시**
**모든 대학 휴교 조치…집회 금지** _포고문 발표

다음 사항을 포고한다. (제주도 제외)

포고문=국가의 발전과 공공의 안녕질서를 확립하고 국민의 생명과 재산을 보호하기 위하여 다음 사항을 포고한다.

1. 일체의 실내외 집회를 허가받아야 하며 시위 등의 단체 활동은 금한다.
2. 언론출판보도는 사전에 검열을 받아야 한다.
3. 야간통행금지는 22시부터 다음날 04시까지로 한다.
4. 정당한 사유 없이 직장 이탈 및 태업행위를 금한다.
5. 유언비어의 날조 및 유포행위를 금한다.
6. 항만 및 공항의 출입은 검열을 받아야 한다.
7. 모든 대학(전문대학 포함)은 별명別命이 있을 때까지 휴교 조치한다.
8. 일체의 집단적 난동, 소요 및 기타 범법행위를 금한다.
9. 주한 외국인의 활동은 이를 보장한다.

상기 포고를 위반한 자는 영장 없이 체포-구금-수색하며 엄중 처단한다.

1979년 10월 27일

계엄사령관 육군대장 정승화 1979 1027

(1) 13版 第18015號 조선일보 The Chosun Ilbo <1920年3月5日創刊> 西紀1979年10月27日 土曜日 (日刊)

# 朴正熙 대통령 有故

## 大統領權限代行에 崔總理

### 有故내용 심각… 9時半에 公式발표

### 오늘 새벽4時기해… 全國 非常戒嚴

濟州道 제외

정부는 朴正熙대통령의 유고로 국가의 안전과 사회질서의 유지를 위해 10월27일 새벽 4시를 기해 전국(濟州道제외)에 非常戒嚴을 선포했다. 유고 내용은 밝혀지지 않았으며 대통령의 권한 대행은 崔圭夏국무총리가 수행하게 됐다.

## 通禁연장… 밤 10시~새벽 4시

## 모든 大學 休校 조치…集會금지

布告文발표

다음사항을 포고한다.(제주도제외)

포고문=국가의 안전과公共의 안녕질서를 확립하고 국민의 生命과재산을 보호하기위하여 다음사항을 포고한다.

一, 일체의 屋內外집회를 허가받아야하며 시위등의 단체活動은 금한다.

二, 언론출판보도는 사전에 검열을 받아야 한다.

三, 야간통행금지는 22시부터 다음날 04시까지로 한다.

四, 정당한 사유없이 직장이탈및 태업행위를 금한다.

五, 유언비어의 날조및 유포행위를 금한다.

六, 港灣 및 空港의 출입은 검열을 받아야한다.

七, 모든대학(전문대학포함)은 別命이 있을때까지 휴교조치한다.

八, 일체의 집단적 난동, 소요및 기타 범법행위를 금한다.

九, 주한외국인의 활동은 이를 보장한다.

상기포고를 위반하는자는 영장없이 체포·구금·수색하며 엄중처단한다.

1979년10월27일

계엄사령관 육군대장 鄭昇和

## 초저녁부터 軍·警 非常

## 國防部에 閣僚들 모여

### 긴장속에 記者室 들어와

### 칠판에 發表文 직접적어

金文식

建國후 네번째

部心요소 탱크進駐

# 朴正熙대통령 被擊逝去

어젯밤 情報部서 만찬중

## 金載圭中央情報部長이 銃擊

## 車智澈 경호실장 등 5명도 死亡

葬禮는 國葬으로

朴正熙대통령이 26일 오후 7시50분 金載圭 중앙정보부장이 쏜 총탄에 맞아 서거했다. 金聖鎭문공부장관은 27일 오전 7시20분 「朴대통령은 26일 오후 6시 서울宮井洞 소재 중앙정보부에서 金載圭중앙정보부장이 마련한 만찬에 金桂元비서실장 車智澈경호실장과 함께 참석 만찬중 金정보부장과車경호실장사이에 우발적 충돌사태가 야기되어 金부장이 발사한 총탄에 맞아 26일오후 7시50분 서거했다」고 발표했다. 金장관은 朴대통령은 피격직후 金비서실장에 의해 급거 軍서울병원에 이송되던 도중 殞命했다고 군병원장이 밝혔다. 金정보부장이 쏜 총탄에 맞아 車경호실장등 5명이 사망 했으며 金정보부장은 현재 戒嚴軍에 의해 구속되어 조사를 받고있다. 정부는 朴대통령의 서거를 애도하는 온국민의 뜻을 받들어 國葬을 지내기로 결정했다. 國葬절차에 관한 발표는 추후 발표된다. 金장관은「國葬기간중 국민 모두가 弔旗를 달고 경건하게 애도의 뜻을 표하기 바란다」고 당부했다.

朴正熙대통령

朝鮮日報

10月27日 號外

1979年 10月 27日 조선일보 호외

**박정희 대통령 피격 서거** _어젯밤 정보부서 만찬 중

**김재규 중앙정보부장이 총격**

**차지철 경호실장 등 5명도 사망**

**장례는 국장으로**

박정희 대통령이 26일 오후 7시 50분 김재규 중앙정보부장이 쏜 총탄에 맞아 서거했다. 김성진 문공부장관은 27일 오전 7시 20분 '박 대통령은 26일 오후 6시 서울 궁정동 소재 중앙정보부에서 김재규 중앙정보부장이 마련한 만찬에 김계원 비서실장, 차지철 경호실장과 함께 참석, 만찬 중 김 정보부장과 차 경호실장 사이에 우발적 충돌사태가 야기되어 김 부장이 발사한 총탄에 맞아 26일 오후 7시 50분 서거했다.' 고 발표했다.

김 장관은 박 대통령은 피격 직후 김 비서실장에 의해 급거 군 서울병원에 이송되던 도중 운명했다고 군 병원장이 밝혔다. 김 정보부장이 쏜 총탄에 맞아 차 경호실장 등 5명이 사망했으며 김 정보부장은 현재 계엄군에 의해 구속되어 조사를 받고 있다. 정부는 박 대통령의 서거를 애도하는 온 국민의 뜻을 받들어 국장을 지내기로 결정했다. 국장 절차에 관한 발표는 추후 발표된다. 김 장관은 '국장 기간 중 국민 모두가 조기弔旗를 달고 경건하게 애도의 뜻을 표하기 바란다.' 고 당부했다. 1979 1027

**해설** 한 시대가 끝났다. 해방 이후 최장 기간인 18년 5개월 이상 절대 권력을 누리던 박정희가 심복의 손에 의해 최후를 맞았다. 최후의 만찬을 함께한 자들은 경호실장, 비서실장과 중정부장이었다. 정권 핵심 중의 핵심 멤버들만 모인 것이다. 물론 여흥을 돋울 여인들이 시바스 리갈을 들고 동석했다. 최상의 보안과 경호가 펼쳐진 이 은밀한 술자리가 유신의 마지막이 될 줄은 아무도 몰랐다. 누구도 예상하지 못했고 누구도 기대하기 힘든 상황이었기에 그 충격은 상상하기 힘들 정도였다. 충격은 전국적이었고 전 계급적이었다.

충격과 함께 즉각 찾아온 것은 죽은 자에 관대한 한국사회의 관습대

로 전국적인 애도 물결이었다. 충격과 애도가 잦아들면서 '포스트 박정희' 정치가 꿈틀거렸다. 여러 의혹에도 불구하고 분명한 것은 유신의 핵이 사라진 것이었다. 박정희 없는 유신은 껍데기와 같았고 급속하게 체제가 와해되기 시작하였다. 이른바 '서울의 봄'이었다. 김대중, 김영삼을 위시한 야권이 움직이기 시작했고, 재야와 학생운동권의 발걸음도 빨라졌다.

그렇지만 더 빨리 움직인 것은 신군부였다. 전두환이 핵심인 신군부는 권력 공백을 신속하게 메웠고, '박정희 없는 박정희 체제' 유지에 진력했다. 신군부 핵심은 익히 박정희의 총애 속에 성장하던 '앙팡 테리블'이었다. 하나회로 결집된 그들은 윤필용 사건에도 불구하고 승승장구했으며 이미 체제 수호의 핵심 중견이었다. 전두환은 군부는 물론 민간 정보까지 꿰고 있던 보안사령관이었고, 노태우는 수도권을 책임지는 9사단장이었다. 그들은 박정희의 적자였다. 박정희는 자신의 생물학적 소멸과 유신체제의 사회정치적 생명을 분리시킬 수 있었고, 신군부는 기꺼이 그 생명을 책임지고자 했다.

당시 신군부의 결심을 제지할 만한 세력은 국내외 어디에도 없었다. 야당은 권력욕은 넘치는 반면 군부와 맞설 용기와 힘은 부족했다. 재야와 학생운동권 또한 군부와 정면대결을 펼치기에는 힘에 부쳐보였다. 물리력을 앞세운 신군부의 노골적 권력 장악 시도에 유혈을 감수하면서 맞설 힘은 기층 대중이었으나 그들의 싸움은 광주에서 너무 늦게, 그것도 고립된 채 진행될 수밖에 없었다. 언제나 그렇듯 권력 향방의 외적 요소는 미국이었지만, 신군부가 그들의 이익을 해치지 않을 것임을 확인한 다음, '한국 국민은 들쥐와 같아 누가 지도자가 되든 따라갈 것'이라는 말뿐이었다.

결국 신군부의 권력 장악과 함께 군사독재는 지속되었고 박정희 없는 박정희 체제도 여전했다. 한 시대가 끝난 듯 보였지만, 실제로는 한 사람만 사라진 셈이었다. 한 시대가 끝나는 것은 한 사람이 아니라 수많은 사람의 삶과 죽음이 교차하는 투쟁을 통해서였다.

# 김재규 사형 선고

1979年 10月 29日 조선일보
1979年 12月 21日 한국일보

**계획된 범행**

_계엄사 합동수사본부, 조사 내용 중간발표

**김재규, 박 대통령에 총격 3발**

**무능 힐책 받아…요직 해임 두려워 권총으로**

박정희 대통령 시해사건을 수사해 온 계엄사 합동수사본부는 28일 오후 중간발표를 통해 '이번 사건은 김재규 전 중앙정보부장이 사전에 계획한 범행이었음이 드러났다' 고 밝혔다. 계엄사 합동수사 본부장인 전두환 육군소장은 이날 오후 4시 국방부 제1회의실에서 가진 내외신 기자회견에서 이같이 밝히고 '범행 동기는 평소 대통령께 건의하는 정책에 대해 불신을 받아왔고, 자신의 모든 보고나 건의가 차지철 경호실장에 의해 제동을 당했을 뿐 아니라 차 실장에 대한 개인적 감정에다 업무처리 무능으로 인해 수차 대통령으로부터 힐책을 받았으며, 최근 요직 개편설과 관련, 자신의 인책 해임을 우려한 나머지 범행한 것' 이라고 발표했다.

**차 실장의 오만한 비난에… "총성나면 밖의 경호관들 쏴라"**

**식사 중 나갔다 총 갖고 입실… 먼저 차 실장 쏴**

수행비서관 박흥주 · 중정 의전과장 박선호 · 의전 과장 운전사 유성옥 · 비서실 경비원 이기주 · 중정 경비원 김태원 등 5명도 구속 1979 1029

**김재규 · 김계원 사형 선고**

**박선호 · 박흥주 · 이기주 · 유성옥**

**김태원 등에도 구형대로 사형**

**유석술엔 징역 3년**

육군본부 계엄보통군법회의(재판장 김영선 중장, 심판관 유범상 소장, 이호봉 소장, 오철 소장, 법무사 황종태 대령)는 20일 상오 11시 10 · 26사건에 대한 선고 공판을 열고 전 중앙정보부장 김재규 피고인, 전 청와대 비서실장 김계원 피고인, 전 중정 의전과장 박선호 피고인, 전 중정 수행비서관 박흥주 피고인, 전 중정 경호원 이기주 피고인, 전 중정 운전사 유성옥 피고인, 전 중정 경비원 김태원 피고인 등 7명에게 내란목적살인, 내란수괴미수 및 내란중요임무수행미수죄를 적용, 검찰관의 구형대로 전원 사형을 선고하는 한편 전 중정 경비원 유석술 피고인에게는 징역3년(구형5년)을 선고했다.

**"어떤 명분이나 동기에 불구**

**총칼 사용은 국가 · 민족 반역"**

_계엄사 보통군재普通軍裁

이날 선고로 현역 군인인 박흥주 피고인은 관할관(이희성 육군참모총장)의 형 확정 확인 절차만 남았으며, 김재규 피고인 등 7명의 피고인은 10일 내에 관할관의 확인 절차를 거친 뒤 육군 계엄고등군법회의에 항소를 제기할 수 있다.

재판부는 판결문에서 김재규 피고인의 경우 "자유민주주의 회복이란 대의명분을 내세우고 있으나 설사 피고인의 동기가 숭고하고 순수한 것이라 할 지라도 총칼로서 민주 회복을 기도하였다면 그것은 폭력의 악순환만을 초래한다."고 전제한 뒤 "재판부는 이번 범행을 국가와 민족에 대한 반역죄로 다스리지 않을 수 없다."고 밝혔다.

재판부는 이어 김계원 피고인에 대해 "대통령 비서실장으로서 대통령을 보호하기는커녕 김재규 피고인의 범행을 용이하게 하였다는 점만으로도 법의 심판에 앞서 윤리적 비난을 면키 어렵다."고 밝혔다.

재판부는 박선호, 박흥주, 이기주, 유성옥, 김태원 피고인 등에 대해서는 "대통령을 시해한다는 사실을 알고서도 상사의 개인적 의리와 자신들의 영달만을 위하여 아무런 주저 없이 범행을 지휘했고 한 점의 후회의 빛도 보이지 않고 있음은 정상을 참작할 여지가 없다."고 밝혔다. 1979 1221

(1) 12版 第18017號 조선일보 The Chosun Ilbo 西紀 1979年 10月 29日 月曜日 (日刊)

朝鮮日報

# 計劃된 犯行

—— 戒嚴司 合同수사본부, 捜査내용 中間발표

# 金載圭、朴大統領에 銃擊 3發

## 無能 詰責 받아… 要職解任 두려워 拳銃으로

## 車室長의 오만한 非難에… "銃聲나면 밖의 警護官들 쏴라"

## 食事중 나갔다 銃갖고 入室… 먼저 車室長 쏴

### 朴興柱·朴善浩·柳成玉·李基柱·金泰元등 5명도 구속

◇구속된 金載圭

◇소복을 입은 故朴正熙대통령의 큰영애가 아버지의 영전에 향을 올리고 영정을 바라보고 있다.

## 故 朴大統領의 國葬준비

### 陸英修 墓所 오른쪽에 나란히 安葬키로

### 永訣式 「오전 10시부터 1시간半등」예정

## 어떤 事態에도 對備

### 위컴 韓美聯合令官 盧國防방문 强調

### 崔大統領代行에 "獻身" 書翰

### 내달10일까지 國會휴회검토

## 蘇·中共에 北傀抑制 요청

### 美, 韓美防衛公約 상기시켜… 日, 同調

### 北傀, 韓國情勢 세밀히 注視

### 弔問使節 공식초청 않기로

### 朴大統領 맞은편에 金載圭

### 食堂東南 待機室엔 警護官

◇金載圭가 사용한 스미스웨슨 38口徑리벌버의 同型권총.

朝鮮漫評

(1) 第9584號 The Hankook Ilbo 1979年12月21日 (金曜日) (15版) [日刊]

한국일보

# 金載圭·金桂元 死刑선고

## 朴善浩·朴興柱·李基柱·柳成玉 金泰元등에도 求刑대로 死刑

劉錫述엔 징역 3年

"어떤名分이나 動機에 불구 총칼사용은 국가·민족叛逆"

戒嚴司 普通軍裁

◇判決文을듣는 金桂元

◇宣告받은후의 金載圭

## 오늘 崔大統領취임식

就任辭서 政治發展일정 밝혀

"내년에 憲法개정등 政治發展절차끝내고 81年前半엔 政權인계해야"

金共和총재 政治日程구상

新民 不參키로

12·12事態이후 政局등논의

## 5部次官등 任命

## 올림픽 單一팀 제의

北傀 "1月17日 서울이나 平壤서회담"

朴外務·日大使요담

社會漫評

官民은 한결같습니다…

**해설** 엄청난 충격과 함께 숱한 의혹을 남기고 10 · 26의 주인공 김재규가 사형선고를 받았다. 신군부의 권력 장악과 함께 그의 사형선고는 이미 예견된 것이나 마찬가지였다. '실패한 쿠데타'가 살아날 가망은 없었다. 쿠데타치고 10 · 26은 매우 엉성하기 그지없었다. 대통령 암살 후 구체적 권력 장악 계획도 없었고 김재규는 우왕좌왕하다 신군부에 체포되고 말았다. 도대체 김재규는 왜 이렇게 엉성한 계획으로 왜 그렇게 엄청난 사건을 일으켰을까? '자유 민주주의를 위해서'라는 그의 말을 액면 그대로 믿을 수 있을까?

물론 김재규는 1970년대 초반 재야의 거물 장준하와 교분을 나누기도 했고 김수환 추기경과 박정희의 만남을 주선하기도 했다. 본인의 주장에 따르면 유신체제 성립 직후부터 이른바 '민주혁명'을 꿈꾸었다고 했다. '양심과 직책' 사이에서 고민했다고도 했다. 그러나 검증 불가능한 그의 내면을 차치하면, 그는 박정희 체제의 충실한 핵심 인물로 기능했다. 박정희와 마찬가지로 김재규 또한 민주주의에 대한 신념을 키울 만한 삶을 살지 않았다. 사건 두 달 전만 해도 YH 여성노동자들의 신민당사 농성 강제 진압을 밀어붙인 그였다. 게다가 그는 박정희의 고향 후배이자 육사 동기로 인간적 관계도 끈끈하기 그지없었던 심복 중의 심복이었다. 그런데 그는 '야수의 심정'으로 '유신의 심장'을 향해 치명적 일격을 날렸다.

당시 김재규에게 영향력을 행사할 수 있는 인물은 그리 많지 않았다. 대통령 박정희가 가장 큰 영향력을 갖고 있었을 테지만, 이번 건은 경우가 완전히 다르다. 대통령을 빼고 중앙정보부장을 움직일 수 있는 것은 무엇일까? 아마 국내에서 그것을 찾는 것은 쉽지 않을 것이다.

다 알다시피 KCIA는 미국 CIA와 매우 긴밀한 관계에 있었다. 당시 인권외교를 내세운 카터 행정부는 박정희 정권과 여러모로 불편한 관계였고, 미 대사와 CIA 한국지부장은 한국의 민주주의를 '걱정(?)'하고 있었다. 그 걱정이 김재규 귀에까지 들렸다는 것은 여러 정황으로 확인된다. 암살 불과 10일 전에 김재규는 글라이스틴 주한 미 대사를 만났고, 1주일 전에는 부르스터 CIA 지부장을 만났다. 미국은 이미 1970년대 말부터 '포스트 박정희'를 화제에 올리고 제법 많은 거물 한국인들의 의사를 떠보고 있었다. 글라이스틴은 미국이 '의도하지 않게 10 · 26에 연루되었다'는 의미심장한 말을 남겼다.

미국을 제외한다면 김재규의 결심에 가장 큰 영향력을 행사한 것은 부마항쟁인 것으로 보인다. 부마항쟁 현장에 내려간 김재규는 기층 대중의 정권 이반이 심상치 않은 정도임을 간파해 박정희에게 보고했으나 돌아온 것은 유약하다는 대통령의 핀잔과 경호실장 차지철의 힐난이었다. 거사 10일 전 김재규는 국내외적 요인으로 박정희 체제의 지속불가능성을 심각하게 고민하게 된 것으로 보인다. 게다가 차지철과의 권력 투쟁에서 밀리면서, 자신의 지속가능성도 확신할 수 없게 되었다. 결국 그는 체제의 지속불가능성을 폭발시켜 자신의 지속불가능성을 만회하고자 한 것으로 보인다. 그러나 김재규는 박정희를 제거할 수는 있었지만 박정희 없는 박정희 체제를 어쩔 수는 없었다.

김재규는 브루투스를 떠올렸을지 모른다. 시저를 사랑하지 않은 게 아니라 로마를 더 사랑했다는 말로 암살을 정당화한 그처럼, 김재규도 한국의 민주주의를 더 사랑했는지도 모른다. 그러나 그의 사랑은 외사랑과 짝사랑 사이의 버림받은 사랑이었다. 민주주의는 인민에게 사랑보다 주권을, 시혜보다 직접 행동의 권리를 돌리는 데 있기에.

# 위장 결혼식 사건

1979年 11月 26日 서울신문

**결혼식 가장 불법 정치집회**
**포고령 위반 96명 검거**
**전국서 일제 궐기 선동…전단 뿌려** _24일 하오 YWCA서

계엄사령부는 지난 24일 하오 5시 45분쯤 서울 중구 명동 YWCA 강당에서 결혼식을 가장, 이른바 '통대統代에서의 대통령 선출 저지 국민대회'라는 불법 집회를 주동한 전 국회의원 박진태 · 양순식 · 자칭 자유실천문인협의회원 김병걸, 자칭 '국민연합공동의장' 함석헌 등을 비롯, 현장에 참석했던 96명을 포고령 1호 1항 (불법 옥내외 집회 금지) 위반 혐의로 검거, 조사 중이라고 26일 발표했다.

**사회혼란 조성 등 행위**
**앞으론 일체 용납 안 해** _계엄사 경고
빠른 시일 안에 진상 발표

계엄사 발표에 따르면, 이들은 비상계엄 아래서 불순 집회를 열기가 불가능하다는 것을 알고 당국을 속여 집회를 갖기 위해 이른바 '민청협民靑協' 회원 홍성엽 군과 가공인물 윤성민 양의 결혼식을 가장한 청첩장 500여 장을 인쇄 배포하고 구두口頭로 알려 이날 YWCA강당에 사람들을 모이게 했다는 것이다.

이 가짜 결혼식장에는 이러한 점을 모르는 일부 사람까지 참석했으며 기독청년협회장 김정택 사회로 가짜 신랑 홍 군이 입장한 데 이어 전 국회의원 박종태가 등단, '통대 선출 저지를 위한 국민선언'을 낭독했다고 이 발표는 밝혔다.

계엄사는 이들이 이 선언을 통해 서울 광화문을 비롯해 전국 주요 도시에서 어두움을 이용해 일제히 궐기할 것을 선동하고 나아가 법질서를 문란시키고 사회혼란을 조성하기 위해 미리 준비한 전단 등을 뿌리려다 출동한 계엄군에 의해 검거됐다고 발표했다.(중략) 1979 1126

**해설** 10 · 26 이후 유신체제는 사형선고를 받았으나 집행은 차일피일 미루어지는 셈이었다. 이 사이 기존 권력관계가 요동치면서 신군부가 서서히 권력 중심으로 떠오르기 시작했다. 이 상황에서 새로운 지배질서를 짜기 전에 일단 기존 시스템을 당분간 유지하는 것이 유리하다는 것이 기존 권력 블록의 판단이었고, 구체적으로는 최규하를 통일주체국민회의에서 허수아비 대통령으로 선출하자는 것이었다. 이는 즉각적이고도 급속한 민주화를 요구하던 민주화 운동 진영의 반발을 불러오게 되었다.

그러나 계엄령 아래 모든 집회가 금지되었기에 민주화 운동 진영은 '위장 결혼식'이라는 기발한 전술을 동원하였다. 11월 24일 신랑 홍성엽과 신부 윤정민의 결혼식을 명분으로 500여 명의 군중이 명동 YWCA 강당에 집결했다. 신랑은 민청학련 사건 관련자인 연세대 복학생의 실명이었지만, 신부 성명은 얼마 전 작고한 윤형중 신부의 성과 민주정부의 줄임말인 민정을 뒤집은 것으로 가상의 인물이었다. 신랑 입장과 동시에 전 공화당 국회의원 박종태가 민주화를 요구하는 선언문을 낭독함으로써 시위가 시작되었지만, 경찰과 계엄군이 난입하여 대회장은 난장판이 되었다. 일부 참가자는 명동 시내로 나와 가두시위를 시도했지만 역시 경찰에 진압되었다. 이 사건으로 140여 명이 연행되어 혹독한 고문과 조사를 받았으며 14명이 구속되기에 이르렀다.

이 사건은 당시 민주화 운동 진영의 핵심 구성원들이 대부분 망라되어 진행되었다. 윤보선, 김대중, 함석헌, 백기완, 양순직, 김상현, 박종태 등이 관련자들이었고 신랑 역을 맡은 홍성엽은 민청학련 세대를 대표했다. 박정희 사망 후 최초의 시위인 이 사건은 10 · 26이 즉각적 민주화로 연결되지 않을 수도 있다는 상황 인식에 기반하면서 향후 격렬한 정치적 대립의 서막을 알리는 것이었다. 기존 권력 블록은 사건 관련자들을 매우 잔혹하게 다루었고 이 역시 향후 신군부의 행보를 예고하는 것과 다름없었다. 요컨대 기존 권력 블록의 위장 민주화는 저항 진영의 위장 결혼식을 불러왔다.

【1】 The Seoul Shinmun 1979年11月26日 (月曜日) 第10748號 【日刊】

서울신문

# 結婚式 가장 不法政治集會

# 布告令위반 96명 檢擧

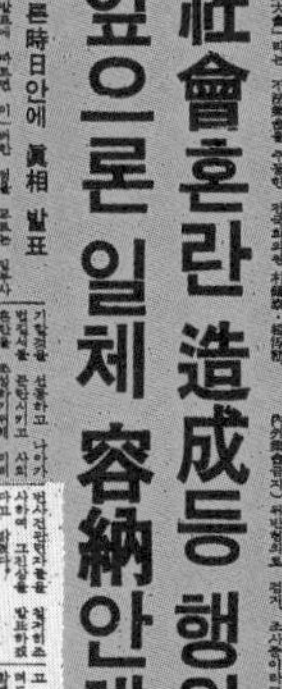

## 社會혼란 造成등 행위 앞으론 일체 容納안해

戒嚴司 경고

全國서 일제궐기 선동… 傳單 뿌려

24일 下午 YWCA서

## 勞總·女性團體와도 「時局」협의

崔大統領代行 國葬고문들도 차례로 만나

## 海外 4개鑛山 연내 試錐끝내

動資部 계획

## 서울·釜山·大邱·光州·馬山·仁川 通禁 오늘밤부터 還元

1개월만에 全國 종전대로

戒嚴司 布告

## 改憲特委, 與野同數로 구성

國會 통과

## 14對14… 새달초부터 活動

滿場一致합의제로 運營… 委員長은 與黨서

## "崔代行구상 타당"

宗敎人들

## "經濟安定施策 계속 推進"

國會豫決委 예산안 提案설명 들어

豫決위원장 金裕瑋의원

# 최규하 정권 출범

1979年 11月 10日 경향신문
12月 7日 한국일보

**새 대통령, 1월 26일 전 선출**
**통일주체국민회의서…합헌 절차 따라 정부 이양**
**잔여 임기 안 채우고 조속히 개헌-선거 실시**
**각계 의견 들어…헌정 중단 불행 방지**
_최 대통령대행 시국 특별담화

최규하 대통령권한대행은 10일 상오 '시국에 관한 대통령권한대행의 특별담화'를 발표, "헌법에 규정된 시일 내에 국법이 정하는 절차에 따라 대통령 선거를 실시하여 새로 선출되는 대통령에게 정부를 이양한다는 것을 정부 방침으로 확정했다."고 밝히고 "새로 선출되는 대통령은 현행 헌법에 규정된 잔여 임기를 채우지 않고 현실적으로 가능한 빠른 기간 내에 각계각층의 의견을 광범하게 들어서 헌법을 개정하고 그 헌법에 따라 선거를 실시해야 한다는 것이 헌법 문제에 관한 본인의 의견"이라고 말했다. 최 대통령권한대행의 이 특별담화에 따라 통일주체국민회의는 헌법 제45조 2항의 규정대로 대통령 유고有故(10월26일) 후 3개월 이내인 내년 1월 26일 안에 제10대 대통령을 선출하게 되며 새 대통령은 오는 84년 12월 26일까지 잔여 임기 5년 2개월을 채우지 않고 가능한 빠른 기간 안에 헌법을 개정, 새 헌법에 따라 선거를 실시하게 될 것으로 보인다. 1979 1110

**10대 대통령 최규하 후보 당선**
**통일주체국민회의서 2549명 중 찬 2465 무효 84표로**
**전 국민 화합 · 협조 통해정치발전 최선의 노력** _당선인사 1979 1207

해설

역대 한국 대통령 중 가장 막강한 권력을 보장받고도 가장 힘없는 허수아비로 기억되는 대통령이 나왔다. 박정희와 최규하가 동일한 법적 권한을 부여받은 대통령이었다는 것 자체가 일종의 농담처럼 여겨질 정도다. 사실 최규하가 대통령이 될 것이라고 예상한 사람은 아무도 없었을 텐데, 관운이 극히 좋은 운명이라고나 할까.

알다시피 최규하는 전형적인 관료였다. 정치적 이념이나 주관적 신념보다는 이른바 시류를 타는 처신에 능한 인물이었다. 일제하 동경 고등사범학교를 졸업하고 만주로 건너가 대동학원을 졸업한 이후 만주국을 시발로 미군정, 이승만, 박정희 정권의 관료로 출세가도를 달렸다. 박정희가 졸업한 만주 군관학교가 만주국 군인 양성소라면, 대동학원은 관료양성소였으니, 박정희와 최규하는 같은 궤도에 있었다고 할 수 있다. 즉 일본은 만주국 지배를 위해 일본, 조선, 만주, 중국, 몽골의 5족협화를 내세우고, 특히 조선인을 2등 국민으로 인정해 만주를 지배하는 도구로 써먹고자 했다. 따라서 1930년대 이후 식민지 조선인들에게 만주는 '동양의 서부'로 여겨져 수많은 출세주의자들의 활동 무대가 되었다. 박정희와 최규하는 그 길의 선두주자였다.

박정희는 정권 유지 수단의 하나로 만주 인맥을 적극 활용했다. 한국군의 상당수는 만주군 출신이었고, 이들은 박정희의 유력한 후원 세력이었다. 그 대표적 인물이 정일권이다. 최규하는 관계 만주 인맥의 핵심이었다. 미군정이 '일본에 충성했다면 우리에게도 충성할 것'으로 판단해 일제와 만주국 출신들을 대거 활용한 것은 정확한 판단이었다. 최규하는 모든 정권에 최고의 충성을 바쳤고, 그 대가로 고속 승진과 안락한 삶을 보장받았다. 그 결과가 10 · 26 당시 국무총리 최규하였다. 관료로 최고의 자리에 오른 그는 예상치 못한 '주군'의 사망으로 대통령 자리까지 올랐다.

역시 그에게는 주군이 필요했다. 그에게 최고의 자리는 '일인지하 만인지상'이었지, '천상천하 유아독존'이 아니었다. 대통령 최규하는 새로운 주군이 등극하기 전 막간극의 주인공일 뿐이었고, 기대대로 충실하게 막간극의 피에로를 연기하고 퇴장했다. 분수를 아는 처신의 달인이자 시류를 거스를 줄 모르는 부평초였다.

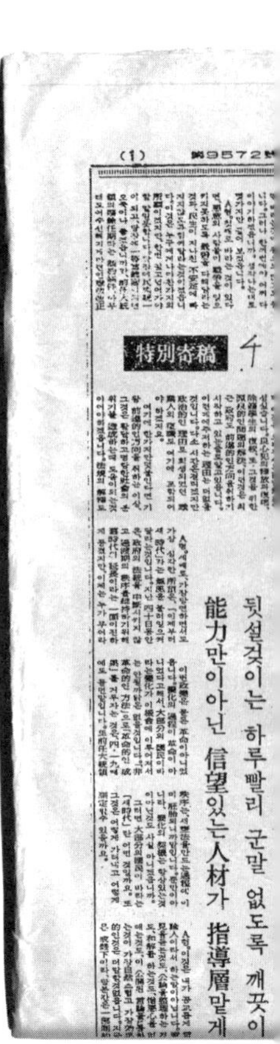
特別寄稿
뒷설겆이는 하루빨리 군말 없도록 깨끗이
能力만이 아닌 信望있는 人材가 指導層맡게

The Kyunghyang Daily News 1979년 11월 10일 (토요일)

京鄕新聞

# 새大統領, 1월26일전選出

統一주체國民會議서…合憲節次따라 政府이양

## 殘餘임기안채우고 早速히 改憲-選擧실시

崔大統領대행 時局특별談話

各界 意見들어…憲政中斷 불행防止

國家保衛만전·民生 不安없게 經濟안정

### 收拾의 길은 열렸다

崔대행 특별談話에 비친 國政指標

졸속한 變化에서오는 混亂을막아 國民總意집결 安定기틀 지혜롭게

崔대행 談話全文

安定속의 政治발전 韓·美간에意見일치 金文公

1979年 11月 10日 경향신문

The Hankook Ilbo 1979年12月7日 (金曜日)

한국일보

# 10代大統領 崔圭夏후보 當選

統一主體國民會議서 2,549명 중 贊2,465 무효84票로

## 오늘 全閣僚사표·來週組閣

崔大統領 緊急措置관련 오늘 談話

總理는 來週初에 임명될듯

## 전국민和合·協調통해 政治發展 최선의 노력

在籍 代議員중 11명만不參

大統領임기

新民, 憲法改正試案

維政會·國民會議는 폐지

새政府에 바란다 ①

1979年 12月 7日 한국일보

# 12·12사태

1979年 12月 13日 | 12月 18日 서울신문
12月 25日 조선일보

**정승화 전 육참총장 연행 조사**
**박 대통령 시해 관련…일부 장성도 구속**
**김재규가 숨기고 있던 새 사실 드러나**
**연행 과정에서 경미한 충돌**
_계엄군 증가 배치할 때 국방부서도 오인 충돌

노재현 국방부 장관은 13일 상오 정승화 계엄사령관 겸 육군참모총장이 박정희 대통령 시해사건에 관련된 혐의가 드러나 연행 조사 중이며 이에 관련된 일부 장성도 구속 조사 중이라고 발표했다. 노 장관은 담화문을 통해 김재규에 대한 조사 과정에서 새로운 사실이 드러나 그 진부眞否를 확인하기 위해 12일 밤 군 수사기관이 정 총장 공관으로 출동, 경비병과 경미한 충돌이 있었으나 정 총장의 신상에는 아무 이상이 없다고 밝혔다.

**새 육참총장 이희성 대장**
**계엄사령관 겸임 정부, 승진 임명** 1979 1213

**군은 정치 관여 않는다**
**정치 발전, 양식 있는 정치인에 의해** _이 계엄사령관 특별담화
**12·12사건, 합법 절차 따른 것**
**전 장병 명예 걸고 법질서 유지** _수일 내 진상발표

이희성 계엄사령관은 18일 담화문을 발표, "군의 기본 사명은 국토방위에 있으며 정치는 군의 영역 밖의 분야이기 때문에 군이 정치에 관여해서는 안 된다."고 밝히고 "정치는 애국심과 양식 있는 정치인에 의해 발전되어야 한다는 것이 한결같은 군의 소망"이라고 말했다. 이 계엄사령관은 "계엄군 전 장병이 명예를 걸고 법과 질서를 유지함으로써 국민의 염원이 하나하나 풀리도록 국민의 여망과 협력을 바탕으로 확고부동한 소신을 갖고 계엄 업무를 차분히 수행해 나가겠다."고 다짐했다. 1979 1218

**정승화 전 총장 내란 방조 혐의 구속**
_국방부, '12·12사태' 관련 수사 결과 발표
**김재규 범행에 묵시적 동조**
**권한 이용 관련자 관용 기미**

국방부는 24일 박 대통령 시해사건 및 '12·12사건'에 관련, 연행 조사 중이던 정승화 전 육군참모총장과 4명의 군 수뇌 장성에 대한 수사 결과를 발표, 정승화 전 육군참모총장을 내란방조죄로 구속 입건했으며, 전 3군사령관 이건영 중장, 전 합참본부장 문홍구 중장, 전 특전사령관 정병주 소장, 전 수도경비사령관 장태완 소장은 죄상에 따라 적의 처리할 방침이라고 밝혔다. 박진수 국방부 대변인을 통해 발표한 바에 따르면 정 전 총장은 김재규가 시해사건의 범인이라는 심증을 굳히고도 기회주의적 야심을 품고 군대 이동을 김에게 유리하게 조처하는 등 범행에 묵시적으로 동조했다는 것이다. 정 전 총장은 국방부에서 김재규의 체포를 지시하면서도 "헌병감은 보안사령관과 협조하여 신병을 확보하고 보안사령관은 시내 모처로 옮겨 정중히 모시라."고 만하여 기회주의적 행동으로 김재규의 범행을 방조했을 뿐만 아니라 특히 김재규 일당의 공판이 진행되면서 범행 미화 발언의 무절제한 방임 등으로 국민여론이 오도되어 이를 구실로 범행 관련자에 대한 관용 조치 징후 등 관할관으로서 부당한 권리 행사를 할 가능성이 점증되고 있다고 발표했다. 이에 따라 더 이상 방조하고 조사를 지연할 수 없는 상황에 도달, 지난 12일 수사관들이 총장 공관에 가서, 자발적으로 출두하여 수사에 협조해 줄 것을 요구했으나 동행을 거부하고 소리를 질러 경호병들이 사격을 개시함으로써 총격전이 벌어져 사망 3명 중상 4명 등 23명의 사상자가 발생했다고 밝혔다. 발표문은 또 이건영 전 3군사령관과 정병주 전 특전사령관, 문홍구 합참본부장, 장태완 수도경비사령관 등은 정 총장을 구출한다는 구실로 전차부대 및 병력을 출동케 하고 발포 명령을 하달하는 등 저항하거나 추종 세력의 단

【1】 (1964.1.1 ...) (1964.3.11 ...) <1945.11.22 創刊> The Seoul Shinmun 1979年12月13日 (木曜日) 第10763號 【日刊】

서울신문

# 鄭昇和전陸參總長 連行조사

# 朴大統領弑害 관련… 一部將星도 拘束

## 金載圭가 숨기고 있던 새事實 드러나

### 連行과정에서 경미한 衝突

戒嚴軍 증가配置할때 國防部서도 誤認총돌

## 새陸參總長 李熺性大將

### 政府, 승진 任命 戒嚴司令官 겸임

## 安定유지 時期에 不祥事 생겨 죄송

### 점진적 政治發展위해 最善의 노력

盧國防 담화

盧國防長官 담화 全文

## 臨時國務會議 소집

中央廳서

## 새內閣 아직 人選中

徐宵五 靑대변인 週內에 매듭·發表

申鉉碻總理 正式임명

崔大統領 裁可後 戒嚴司令官 교체

崔大統領에 「事態」 보고

「民主化」 불변 日外務省 논평

## 農協貸金 상환 연기

작물재배 農家에 64억원…6개월~1년간

## 美, 北傀에 强力警告

### 韓國의 새事態 惡用 말도록

韓國政府에 美立場전달

民主化과정 沮害 된다면 韓美關係에 심각한 影響

新民政務會議 연기

原子力 改正을 내일 협정

血圧計

[1] The Seoul Shinmun 1979年12月18日 (火曜日) 第10767號 [日刊]

# 서울신문

# 軍은 政治關與 않는다

## 李戒嚴司令官 特別談話 政治發展, 良識있는 政治人에 의해

# 金載圭등 7명 死刑 구형

## 朴大統領弑害사건 軍裁

## 證據인멸 劉錫述엔 5年

## "國家에 대한 背信者"

### 檢察論告 要職에 있으면서 信義저버려

## 12·12事件, 合法절차 따른것

### 수일내 眞相발표 全將兵 명예걸고 法秩序 유지

## 國家안위 沮害 不容

### 戒嚴 업무指針

① 南侵유도하는 煽動 배제
② 外勢의존 事大主義 是正
③ 公職者의 不正介入 규탄
④ 企業倫理·공익성 提高
⑤ 他人의思考배척을 根絶
⑥ 不純한 目的達成 엄단

### 李熺性戒嚴사령관 談話 全文

## 合參議長 柳炳賢大將 陸參次長엔 黃永時中將

### 一致團結… 防衛임무 완수

崔大統領 柳合參議長 申告받고 당부

## 韓國代表 7명, 쿠바에 첫入國

(1) 12版 第18066號 조선일보 The Chosun Ilbo 西紀1979年12月25日 火曜日 (日刊)

朝鮮日報

# 鄭昇和 前總長 內亂방조혐의 拘束

## 國防部,「12·12事態」관련 搜査결과 발표

## 金載圭범행에 默示的 同調
## 權限이용 관련자 寬容기미

## 李建榮(前3軍사령관)·鄭柄宙(前特戰사령관)·文洪球(前合參본부장)·張泰玩(前首警사령관)도 연행

### 「12·12」충돌 戰車·兵力동원… 鄭前總長 連行방해 作戰

### 3명 死亡·20명 重輕傷

〈혐의 내용〉

〈12·12경위〉

### 鄭前總長이 同行거부 소리쳐 銃擊戰
### 追從者들 "拉致" 주장… 휘하兵力출동

## 共和 少壯의원들 整風운동
### 黨內 腐敗者등 自退토록 건의

### "自由사랑하는 곳에 平和를"
崔大統領 우리將兵에 聖誕메시지

## 政府·企業의 協調필요
### "7백만 勤勞者 마음 편하게 일하도록"
李副總理 강조

### 鐵道 石炭수송운임 3월까지 引上보류
국무회의 議決

### 韓半島 여전히 危險
"美·蘇대결 가능성 매우 높다"

朝鮮漫評

메리 X-머스

합을 기도 또는 선동했다고 발표했다.

**이건영(전 3군사령관) · 정병주(전 특전사령관) · 문홍구(전 합참본부장) · 장태완(전 수경사령관)도 연행**
**전차 · 병력 동원…정 전 총장 연행 방해 작전** _'12·12' 충돌
**3명 사망 · 20명 중경상** 1979 1225

해설 드디어 1970년대의 대미를 장식하는 사건이 터졌다. 유신체제를 대신해 80년대를 지배할 신군부가 전면에 등장한 것이다. 헌정 질서를 무시하는 신군부가 권력을 장악하기 위해 믿을 것은 물리력 곧 군대밖에 없었다. 그러나 당시 신군부가 군을 전적으로 장악한 상황도 아니었고 또 최고위 지휘권을 가지고 있지도 못했다. 오히려 계엄사령관이 된 정승화 육군 참모총장의 영향력이 막강한 상황이었다.

정승화는 공화당이 김종필을 대통령 후보로 옹립하려고 하자 직접 전화를 걸어 이를 무마시킬 정도로 강력한 영향력을 행사하고 있었다. 군내 정승화 인맥도 상당히 퍼져 있었다. 수도기계화사단장 손길남, 26사단장 배정도, 30사단장 박희모 등이 정승화 계열이었고, 1979년 11월 16일에는 참모차장에 윤성민, 수경사령관에 장태완, 육군 작전참모부장에 하소곤 등을 임명하는 인사를 단행하여 군 요직을 장악하고 있었다.

여기에 김재규와 가까운 것으로 보이는 군 인맥도 만만치 않았다. 정병주 특전사령관은 김재규의 안동 농림고 후배였고, 이건영 3군사령관은 김재규 밑에서 중정 차장을 역임했다. 신군부는 김재규와 정승화의 연합이 형성되었다고 판단했고, 이들을 제거하지 못한다면 권력 장악은 일장춘몽이라고 확신했을 것이다. 요컨대 하나회 중심의 신군부와 상대적으로 비육사 출신이 많았던 정승화 군맥 간의 권력 투쟁이 필연적일 수밖에 없는 상황이었다.

전반적 군 지위 분포로만 보면 신군부가 열세인 것처럼 보였지만, 혼미한 정세 속에서 그들은 결정적 이점을 갖고 있었다. 바로 정보망을 장악하고 있었던 것이다. 유신체제 정보기구의 양대 축이라 할 중앙정보부와 보안사령부를 동시에 장악한 인물은 전무했다. 전두환은 합수부장으로 두 기관을 장악함으로써 실질적으로 정보를 독점했다. 신군부는 이 점을 적극 활용해 정승화를 김재규의 대통령 시해사건에 연루시켜 제거하고자 했다.

사실 정승화와 김재규의 관계는 의혹을 사기에 충분했다. 정승화는 김재규와 동향이었고 또 그의 추천으로 참모총장에 임명될 수 있었다는 판단이 많았다. 김재규는 스스로 자신의 '거사'에 정승화를 끌어들이기 위해 공을 많이 들였다고 했다. 거사 이후 보여준 정승화의 행적은 김재규의 의도와 일치하는 지점들이 많았다. 비서실장 김계원도 김재규에 동조하는 듯 했지만 바로 입장을 바꿨다. 그러나 정승화는 그러지 않았다. 이는 물론 두 사람뿐만 아니라 최규하를 비롯한 대부분의 국무위원들이 보인 기회주의적 행태이기도 했다. 절대 권력이 사라진 마당에 모두 다음 권력 향배에만 혈안이 되어 있었다. 문제는 도대체 다음 권력이 누구인지를 아무도 알 수 없었다는 것이었다. 권력 공백의 불확실성을 깬 것은 신군부였고, 자신의 잠재적 현재적 경쟁 권력인 정승화 계열을 제거함으로써 그 목적을 달성할 수 있었다.

12·12는 유신체제가 만들어낸 필연적 결과였다고 할 수 있다. 박정희는 끊임없이 분할 지배 전략을 구사했고 군을 비롯한 권력 블록 내부에는 복잡한 이해관계로 얽힌 다양한 집단들이 할거했다. 박정희는 이들의 경쟁과 대립을 조정, 이용하면서 최고 권력을 유지할 수 있었다. 그것은 정치라기보다 조폭의 이권 다툼에 가까웠고, 절대 권력이 사라지자 오직 적나라한 폭력만이 그들간의 새로운 질서였다. '강한 자가 살아남는 게 아니라 살아남는 자가 강한 것'이라는 식의 현실을 신봉한 그들의 언어는 아이러니하게도 '정의사회 구현'이었다.